创新型高等教育精品教材

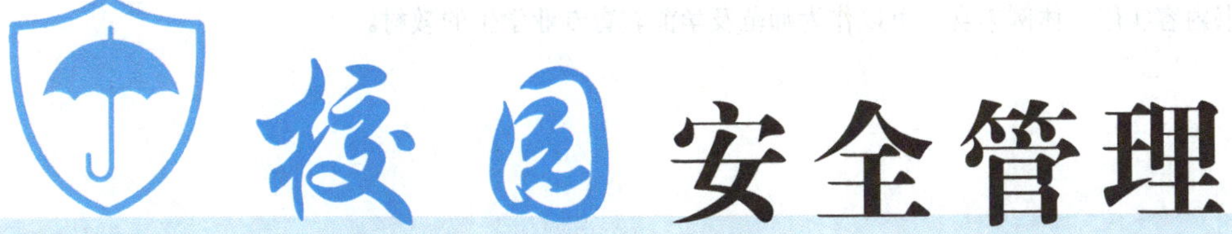

校园安全管理

主审　何小忠

主编　肖　勇

内容提要

本书采用项目任务式的编排方式，以校园安全管理的重要环节为主线，融入校园安全管理典型案例，旨在引起学生对安全管理工作的重视，从而提升其校园安全管理水平。本书共 9 个项目，包括校园安全管理概述、校园安全教育培训、校园及其周边环境安全管理、校园安全隐患管理、校园突发事件的应急管理、校园公共卫生类事故的管理、校园意外伤害类事故的管理、校园故意伤害类事故的管理、自然灾害类事故的管理。

本书内容实用，体例丰富，可以作为师范及学前教育专业学生的教材。

图书在版编目（CIP）数据

校园安全管理 / 肖勇主编. -- 上海 : 上海交通大学出版社, 2024.9. -- ISBN 978-7-313-31292-1

Ⅰ. G474

中国国家版本馆 CIP 数据核字第 2024G8C719 号

校园安全管理

XIAOYUAN ANQUAN GUANLI

主　　编：肖　勇

出版发行：上海交通大学出版社　　地　　址：上海市番禺路 951 号

邮政编码：200030　　电　　话：021-64071208

印　　制：三河市祥达印刷包装有限公司　　经　　销：全国新华书店

开　　本：787 mm×1092 mm　1/16　　印　　张：16

字　　数：370 千字

版　　次：2024 年 9 月第 1 版　　印　　次：2024 年 9 月第 1 次印刷

书　　号：ISBN　978-7-313-31292-1　　电子书号：ISBN　978-7-89424-985-2

定　　价：58.00 元

本书编委会

前言

学前儿童及中小学生的安全事关千万家庭的幸福与安宁，事关整个社会的和谐与稳定。然而，校园安全隐患严重威胁着他们的安全。做好校园安全管理工作，是学校开展所有教育教学活动的前提。

为了满足校园安全管理工作的需要，学校的教职工需要掌握校园安全管理的专业知识，并具备一定的应急处理能力。本书从校园安全教育培训、校园安全隐患管理、校园突发事件的应急管理等 9 个方面展开，全面介绍学校应当如何开展校园安全管理工作。

总体而言，本书主要具有以下几个方面的特色。

一、立德树人，德技并修

党的二十大报告指出："育人的根本在于立德。"本书有机融入党的二十大精神，秉持"立德树人，德技并修"的编写理念，将安全意识、责任意识、大局意识融入教材中。例如，在"学习目标"中设置素养目标，在"项目综合评价表"中设置素养评价指标，引领学生在学习过程中培养安全管理工作责任心，敢于担当，主动作为。

二、学思并重，知行合一

本书采用项目任务式的编排方式，将复杂的项目分解为若干个任务，化繁为简、化难为易。本书的每个项目均包含以下模块。

- 项目导入：以校园安全管理的真实案例引出项目内容，激发学生的学习兴趣。
- 项目考核：包含单选题、多选题、判断题和简答题 4 种题型，方便学生查漏补缺，巩固所学知识。
- 项目实践：设计切实可行的实践活动，提升学生的应用能力与实践能力。
- 项目综合评价：从素养、知识、能力、成果 4 个维度对学生的学习成果进行评价，便于教师了解学生的学习情况，从而开展有针对性的指导。

三、巧设体例，趣味横生

本书融入丰富的体例，具有较强的互动性、趣味性和实践性。具体来说，本书的特色体例如下。

- **安全贴士：** 解释正文中出现的专有名词，或提示重要的安全信息，帮助学生更好地理解所学内容。
- **小试牛刀：** 以课堂讨论的方式引发学生思考，活跃课堂氛围。
- **经典案例：** 引入真实或改编案例，将校园安全管理知识与实际相联系，强化学生的安全管理意识。
- **知识拓展：** 介绍与正文相关的政策、科技或其他重要内容，拓宽学生的知识面。

四、数字资源，丰富多彩

本书配有丰富的数字资源，将教材、在线课堂和教学资源进行融合，构建了线上、线下相结合的教学模式。学生可借助智能手机或其他移动设备扫描扉页二维码获取相关内容，教师可登录文旌综合教育平台“文旌课堂”查看和下载本书配套资源，如“项目考核”答案、优质课件、教案、课程标准等。

此外，本书还提供了在线题库，支持“教学作业，一键发布”。教师只需登录“文旌课堂”App，即可迅速选题、一键发布作业、智能批改作业，以及查看学生的作业分析报告，提高教学效率，提升教学体验。学生可在线完成作业，巩固所学知识，提高学习效率。

特别说明：

（1）本书在编写过程中，参考了大量的资料。这些引用的资料大部分已获授权，但由于部分资料来自网络，我们未能确认出处，也暂时无法联系到原作者。对此，我们深表歉意，并欢迎原作者随时与我们联系，我们将按规定支付酬劳。

（2）本书所选案例均来源于真实事件，但为了避免不必要的误会，部分人物使用了化名。

（3）本书没有注明来源的案例，均为编者根据真实事件自编。

由于编者水平有限，书中存在的疏漏和不当之处，敬请广大读者批评指正。

本书配套资源下载网址和联系方式

网址：https://www.wenjingketang.com

电话：400-117-9835

邮箱：book@wenjingketang.com

片头

目 录

项目一 校园安全管理概述……1
项目导入……2
任务一 认识校园安全管理……2
一、校园和校园安全……2
二、校园安全事故……3
三、校园安全管理……5
任务二 解读校园安全管理相关法律法规……7
一、与校园安全管理相关的法律法规……7
二、各主体在校园安全管理中的法定职责……9
任务三 构建校园安全管理体系……11
一、校园安全管理机构……11
二、校园安全管理制度……22
三、校园安全绩效管理……24
项目考核……28
项目实践……30
项目综合评价……32
项目二 校园安全教育培训……33
项目导入……34
任务一 了解校园安全教育培训的对象及内容……34
一、校园安全教育培训的对象……34
二、校园安全教育培训的内容……34

任务二　熟悉校园安全教育培训的实施程序……36
一、识别校园安全教育培训的需求……36
二、校园安全教育培训的计划与实施……38
三、校园安全教育培训档案的建立与管理……42
任务三　掌握各阶段校园安全教育的重点……43
一、幼儿园阶段校园安全教育的重点……43
二、小学阶段校园安全教育的重点……44
三、初中阶段校园安全教育的重点……46
四、高中阶段校园安全教育的重点……47
项目考核……48
项目实践……50
项目综合评价……52

项目三　校园及其周边环境安全管理……54

项目导入……55
任务一　校舍安全管理……55
一、校舍建筑标准……55
二、校舍安全管理措施……61
任务二　学校设施设备安全管理……63
一、学校教学设施安全管理……63
二、学校教学设备安全管理……66
三、学校安全设施设备管理……67
四、学校特种设备安全管理……70
任务三　校园周边环境安全管理……73
一、校园周边环境存在的主要问题……73
二、校园周边环境问题产生的原因……74
三、整治校园周边环境的措施……75
项目考核……76
项目实践……78
项目综合评价……80

项目四　校园安全隐患管理……81

项目导入……82
任务一　排查校园安全隐患……82
一、校园安全隐患排查的原则……82

二、校园安全隐患排查的内容和方式……83
三、校园安全隐患排查的流程……86
任务二　整治校园安全隐患……86
一、校园安全隐患的记录……86
二、校园安全隐患的报告……90
三、校园安全隐患的整改……91
四、校园安全隐患的防范……93
项目考核……94
项目实践……96
项目综合评价……98

项目五　校园突发事件的应急管理……99

项目导入……100
任务一　建立校园应急预案体系……100
一、校园应急预案……100
二、校园应急预案体系……103
三、校园应急演练……107
任务二　处置校园突发事件……111
一、校园突发事件的处置原则……111
二、校园突发事件的处置程序……113
项目考核……117
项目实践……119
项目综合评价……121

项目六　校园公共卫生类事故的管理……122

项目导入……123
任务一　了解校园公共卫生管理和食品安全管理……123
一、校园公共卫生管理……123
二、校园食品安全管理……125
任务二　防范与处置集体性食物中毒事故……126
一、食物中毒概述……126
二、集体性食物中毒事故的防范……127
三、集体性食物中毒事故的处置……131

任务三 防范与处置传染病疫情事故……133
一、常见的传染病……133
二、传染病疫情事故的防范……135
三、传染病疫情事故的处置……136
项目考核……139
项目实践……141
项目综合评价……143

项目七 校园意外伤害类事故的管理……144

项目导入……145
任务一 了解校园意外伤害类事故的类型与处置原则……145
一、校园意外伤害类事故的类型……145
二、校园意外伤害类事故的处置原则……146
任务二 防范与处置校园火灾事故……147
一、校园火灾事故的常见类型……147
二、校园火灾事故的防范……149
三、校园火灾事故的处置……153
任务三 防范与处置校内外交通事故……156
一、常见的学生交通违法行为……156
二、校内外交通事故的防范……157
三、校内外交通事故的处置……160
任务四 防范与处置校内外溺水事故……161
一、校内外溺水事故的原因……161
二、校内外溺水事故的防范……162
三、校内外溺水事故的处置……165
任务五 防范与处置校园踩踏事故……166
一、校园踩踏事故的特点及原因……166
二、校园踩踏事故的防范……168
三、校园踩踏事故的处置……170
任务六 防范与处置校内外集体活动事故……172
一、校内外集体活动事故的防范……172
二、校内外集体活动事故的处置……172
项目考核……175
项目实践……178
项目综合评价……180

项目八　校园故意伤害类事故的管理 …… 181

项目导入 …… 182
任务一　了解校园故意伤害类事故及损害赔偿 …… 182
　一、校园故意伤害类事故的类型 …… 182
　二、校园故意伤害类事故的损害赔偿 …… 184
任务二　防范与处置校园性侵害 …… 187
　一、校园性侵害概述 …… 187
　二、校园性侵害的防范 …… 188
　三、校园性侵害的处置 …… 189
任务三　防范与处置校园欺凌 …… 191
　一、校园欺凌概述 …… 191
　二、校园欺凌的防范 …… 193
　三、校园欺凌的处置 …… 195
任务四　防范与处置其他校园故意伤害类事故 …… 197
　一、校园非法入侵的防范与处置 …… 197
　二、校园滋扰的防范与处置 …… 199
　三、校园绑架的防范与处置 …… 200
　四、校园抢劫的防范与处置 …… 201
　五、校园盗窃的防范与处置 …… 204
　六、校园恐怖袭击的防范与处置 …… 206
项目考核 …… 209
项目实践 …… 211
项目综合评价 …… 213

项目九　自然灾害类事故的管理 …… 214

项目导入 …… 215
任务一　了解自然灾害类事故的管理 …… 216
　一、自然灾害类事故的影响 …… 216
　二、自然灾害类事故的防范 …… 217
　三、自然灾害类事故的处置 …… 220
任务二　防范与处置洪水灾害 …… 221
　一、洪水灾害概述 …… 221
　二、洪水灾害的防范 …… 225

三、洪水灾害的处置……226
任务三　防范与处置地震灾害……229
一、地震灾害概述……229
二、地震灾害的防范……232
三、地震灾害的处置……235
项目考核……236
项目实践……238
项目综合评价……240
参考文献……242

项目一

校园安全管理概述

导语

校园安全关系到万千家庭的幸福和社会的和谐。近年来，一些校园安全事故频繁发生，严重威胁着广大教职工和学生的生命和财产安全，提升校园安全管理水平迫在眉睫。因此，各学校应加强安全意识教育，完善安全设施，提高应急管理能力，为广大教职工和学生创造一个安全、和谐、健康的校园环境。

学习目标

知识目标

- 了解校园、校园安全及校园安全事故的相关知识。
- 了解校园安全管理的内容与漏洞。
- 熟悉校园安全管理相关法律法规。
- 熟悉校园安全管理体系。

技能目标

- 能够根据相关法律法规和学校的实际情况，制订校园安全管理制度。
- 能够熟练运用校园安全绩效考核表，对各部门的安全工作进行评价。

素养目标

- 树立安全观念，增强责任意识。
- 认真履行自己在校园安全工作中的职责。

地震中学校零伤亡的“最牛校长”

“我一生的梦想就是办一所好学校。”这是四川省绵阳市安县（今安州区）桑枣中学原校长叶志平生前常挂在嘴边的一句话。

为了这个梦想，叶志平自从担任校长后，除了严抓教学工作，还十分重视校园安全管理。他不仅执着于加固教学楼，加强学生的安全教育，还执着于校内安全应急演练。从2005年开始，他每学期都会组织一次全校应急疏散演练，并规划好每个班级的疏散路线。“5·12”汶川特大地震来袭时，他和全体师生共同创造了2 200余名师生零伤亡的奇迹，叶志平也因此被人们亲切地称为“最牛校长”。

地震过后，以桑枣中学为代表的安县校园安全教育成果得到了社会的广泛关注和借鉴。桑枣中学创造的零伤亡奇迹，直接影响了全国人民代表大会对《中华人民共和国防震减灾法》的修改。2009年3月，中国红十字会总会训练中心将桑枣中学确定为中国紧急避险和救护培训示范基地。

（资料来源：吴浩，《绵阳桑枣中学原校长叶志平：地震中学校零伤亡的“最牛校长”》，《四川日报》2019年8月4日）

思考：桑枣中学为什么能创造地震中零伤亡的奇迹？

任务一 认识校园安全管理

一、校园和校园安全

（一）校园

在我国，学校教育分为高等教育和中小学校及幼儿园教育两个部分，相应地，校园也分为高等学校和中小学校及幼儿园。本书所说的校园，主要是指中小学校及幼儿园区域内的教学、活动、生活场所，以及区域周边的社区、道路等。

（二）校园安全

1. 校园安全的内涵

校园安全是指在学校的职责范围内，通过采取一系列措施，确保全体师生的人身安

全、财产安全及校园环境的稳定和谐。校园安全，首先是保障校园活动主体的安全，即学生的安全；其次是保障校园活动重要组成人员的安全，即教职工的安全；最后是保障校舍、体育器械、消防设施等与师生有密切联系的物的安全。

安全贴士

校园安全的3个层次是相辅相成、有机联系的。人的安全是根本目的，物的安全为保障人的安全服务；人对物的适当管理，是保障物的安全的必要手段，物的安全反过来又可以促进人的安全。

2. 校园安全的现状

近年来，中小学校及幼儿园发生安全事故的频率越来越高，酿成了很多悲剧。这不仅给学生留下了心理阴影，影响了学校的正常教学秩序，还对我国的教育发展带来了不良影响。虽然学校的安保工作在一定程度上能遏制校园安全事故的发生，但是很多方面仍然存在管理漏洞。因此，中小学校及幼儿园的校园安全值得各方面重视。

二、校园安全事故

校园安全事故是在校园实施的教学活动、在校内外组织的活动中，以及在学校负有管理责任的场所内发生的，对在校学生（在园幼儿）和教职工的安全造成威胁或损害的事故。

（一）校园安全事故的特点

中小学校及幼儿园实行封闭式管理，校园内人员结构、基本素养、社会地位及影响等完全不同于社会。因此，校园安全事故有其特殊性，主要表现在以下几个方面。

1. 多样性

校园安全事故的多样性主要体现在事故类型上，目前，常见的校园安全事故有20多种，如意外事故、交通安全事故、食品安全事故等。此外，由于教师的认知层次不同、学生的年龄阶段和层级不同、学校的安保设施和应急处置不同，校园安全事故在发生原因、后果等方面也呈现出多样性。

校园安全事故警示

在发生原因方面，造成安全事故有人为因素、设施因素、环境因素、管理因素等，如学生在课间打闹时不注意分寸造成的事故、校园设施老化造成的事故、自然灾害等不可抗力造成的事故、学校安全管理制度不健全造成的事故等。在后果方面，校园安全事故可能直接导致受害者伤亡，还可能间接导致学生、教职工等人员产生心理创伤。

2. 阶段性

由于学生年龄阶段不同，高发的校园安全事故种类也不同。一般来说，幼儿园阶段的校园安全事故主要是意外事故，小学阶段的校园安全事故主要是意外事故、交通安全事故、溺水事故等；初中阶段的校园安全事故主要是意外事故、交通安全事故、溺水事故、校园欺凌等；高中阶段的校园安全事故主要是交通安全事故、溺水事故、校园欺凌等。

3. 破坏性

校园安全事故具有严重的破坏性。一方面，校园内人员比较集中；另一方面，中小学校及幼儿园的学生普遍缺乏必要的安全知识和自我保护能力。因此，校园安全事故一旦发生，更容易造成学生受伤甚至群死群伤。在应对校园安全事故时，如果学校处置不及时或处置不当，学生则可能因情绪激动而迅速聚集，并产生过激行为。这不仅会破坏学校的正常秩序，还可能引起其他矛盾爆发。

4. 突发性

校园安全事故往往在没有明显预兆的情况下突然发生，给师生带来极大的惊吓和伤害。由于幼儿及青少年天生活泼好动，难以管理，且认知水平低、防范能力差，这使得校园安全事故的发生具有更高的不可预测性。

5. 敏感性

中小学校及幼儿园的学生是家庭的希望、祖国的未来，是社会主义现代化事业的未来建设者和接班人。因此，他们的安全牵动着家庭和社会的神经。如果他们在校园中发生了安全事故，由于其特殊的身份和地位，这类事故很容易形成网络热点问题，引发全社会的关注。

小试牛刀

除了上述特点，校园安全事故还具有哪些特殊性？请举例说明。

（二）校园安全事故的分类

校园安全事故大致分为公共卫生、意外伤害、故意伤害、自然灾害4类。

1. 公共卫生类

公共卫生类事故指在校园内突然发生，可能造成全体师生身体健康严重损害的传染病疫情、群体性不明原因疾病、群体性异常反应、食物中毒等公共卫生事件。

2. 意外伤害类

意外伤害类事故是指在校园及其周边地区发生的，非人为故意的、无法预见和避免的、突然发生的事件造成的人身伤害事故。

3. 故意伤害类

故意伤害类事故指在校园内发生的由人为因素导致的、有预谋或冲动性的伤害事

件，包括学生在校园内因争执或误解导致的冲突和斗殴、教师或其他学校员工体罚或虐待学生、校园欺凌等。这些事故可能造成学生身体受伤、心理创伤甚至死亡等严重后果。

4. 自然灾害类

自然灾害类事故指由自然因素引起的、无法预见和避免的、突然发生的事件造成的校园安全事故，如地震、洪水、台风等自然灾害导致的校园安全事故。

虽然自然灾害的发生概率相对较低，但其破坏性极大，影响深远。因此，学校应制订完善的应急预案，加强师生的防灾减灾意识。

三、校园安全管理

校园安全管理是指学校为维护校园安全，特别是学生安全，而采取的各种防范措施，以及在事故发生后迅速采取行动，以消除或减轻事故带来的不良后果的管理过程。

（一）校园安全管理的内容

校园安全管理主要包括以下几个方面的内容。

1. 构建校园安全管理体系

构建完善的校园安全管理体系是提升校园安全管理科学化和规范化的关键步骤。它不仅有助于丰富和发展校园安全管理能力的评价体系，还有利于相关人员全面评估校园安全管理的实际水平，从而为学校安全管理人员提供科学、合理的决策依据。

2. 开展校园安全教育培训

校园安全教育培训是校园安全管理工作的重要环节，是实现校园安全管理的基础。通过校园安全教育培训，广大教职工可以提高做好安全工作的责任感和自觉性，增强安全意识，掌握安全管理的知识，不断提高安全管理水平和安全操作水平，从而有效预防校园安全事故的发生。同时，通过校园安全教育培训，学生可以获得安全知识和技能，形成良好的安全习惯，并遵守相关的安全规定和操作规程。

3. 创设校园及其周边安全环境

校园及其周边环境是否安全，直接关系到广大师生的安全。随着国家对教育事业的不断投入，校园及其周边环境变得越来越安全、舒适。但是，一些学校仍然存在设施老化、设备维护不足等安全隐患。此外，校园周边社会闲散人员聚集、交通秩序混乱等，也存在一定的安全隐患。因此，为了降低校园安全事故的发生概率，学校应进一步加强校园及其周边环境的安全建设，确保师生在安全、舒适的环境中学习和生活。

4. 管理校园安全隐患

管理校园安全隐患是学校由被动接受安全监管向主动开展安全管理的转变。实现校园安全隐患排查与管理的常态化、规范化，有利于推动校园安全管理标准化建设工作，建立健全安全管理长效机制，把握事故防范和安全管理工作的主动权。

5. 提升校园应急管理能力

应急管理在校园安全管理工作中扮演着至关重要的角色。目前，我国已构建了一套相对完善的国家应急救援体系。其中，校园应急管理作为国家应急救援体系中的重要组成部分，也得到了持续的加强和发展。通过提升校园应急管理能力，学校能够在事故发生后迅速有效地开展救援，从而尽可能减少人员伤亡和财产损失。

6. 管理各类校园突发事件

校园突发事件，如火灾、食物中毒、传染病、溺水等，无时无刻不在困扰着学校安全管理人员和学生家长。因此，管理各类校园突发事件显得尤为重要。一方面，学校要防范各类校园突发事件，把校园安全事故的发生率降到最低；另一方面，在校园突发事件发生后，学校要妥善处置，把事件造成的损失降到最低。

（二）校园安全管理的漏洞

校园安全管理的漏洞主要包括以下几个方面。

1. 师生安全防范意识淡薄

从近几年发生的校园安全事故中发现，许多事故是可以有效避免的，但是因为师生在日常生活中缺乏安全防范意识，没有及时察觉潜在危险，才造成事故的发生。通常情况下，师生安全防范意识淡薄主要体现在以下两个方面：一是缺乏保护自己生命和财产安全的意识；二是缺乏安全知识和技能，难以应对突发事件。

2. 学校重视程度不够

一些学校只重视文化知识的传播而忽视安全知识的教育，对安全隐患的排查不够细致，导致三防（人防、物防、技防）工作流于形式。此外，校园安全管理是一项综合性、系统性的工作，学校既要善于用人管理、用物保障，也要重视科技在校园安全管理方面的应用，及时更新校园安防系统，用科技切实提高校园安全管理效率和管理水平。

知识拓展

智慧安防系统护航校园安全

智慧安防系统是一种集成先进技术的安防系统，具有多项功能。例如，门禁控制功能可以实现人员录入、人脸识别、人员测温数据统计、考勤等；移动侦测功能可以通过行为分析监测异常情况，如打架斗殴、徘徊滞留、非法聚集等；远程监控功能可以实现防尾随、周边安全防范监测、区域跨越预警等。

在校园安全管理中运用智慧安防系统，除了可以实现师生无感知刷脸出入，还可以通过AI视频分析通道口、走廊、楼梯、楼顶等重点区域，实时监控人流密度，防范拥挤、踩踏、聚众打架等潜在风险。一旦发现有翻越栏杆、登高等危险行为，智慧安防系统会自动语音提醒现场师生，并将预警信息及时通知安保人员进行处置。

3．校园安全管理制度不完善

校园安全工作想顺利开展，需要完善的制度做保障。目前，一些学校没有建立健全校园安全管理制度，未能形成系统的安全管理体系，导致校园安全工作开展的较为随意。此外，一些学校的校园安全管理工作仅仅停留在文件上、口头上，导致很多方案可操作性不强，分工不明确，没有实际意义。

4．缺乏安保设施和安保团队

安保设施齐全和安保团队合格是校园安全的有力保障。但是，一些学校缺乏完善的安保设施，如在校园及其周边未安装足够的监控设备，未按时更换、检修消防设施等。同时，很多学校的安保团队存在不合格问题，如安保人员年龄偏大、未接受过相关培训、警惕性不高等，导致他们在遇到突发事件时缺乏处置能力。

小试牛刀

除了上述管理漏洞，校园安全管理还存在哪些漏洞？请结合实际举例说明。

任务二　解读校园安全管理相关法律法规

为了保障校园安全管理工作规范、有序地开展，我国出台了相关法律法规，规定了学校、安全管理人员及教职工在校园安全管理工作中应承担的法定职责，以及未履行法定职责的相应惩罚。

一、与校园安全管理相关的法律法规

（一）与校园安全管理相关的法律

与校园安全管理相关的法律主要有《中华人民共和国教育法》（以下简称《教育法》）、《中华人民共和国未成年人保护法》（以下简称《未成年人保护法》）等。

例如，《教育法》第 73 条规定，明知校舍或教育教学设施有危险，而不采取措施，造成人员伤亡或重大财产损失的，对相关责任人依法追究刑事责任；《未成年人保护法》第 37 条规定，学校应根据需要，制订应对各类突发事件的预案，配备相应设施并定期进行必要的演练。

教师应尊重未成年人的人格尊严

中学生何某趁陈老师上课板书之际，偷偷在下面抽烟。陈老师发现后，便叫何某交出烟来，但何某再三否认自己抽了烟。陈老师非常生气，打电话找何某的家长，希望他们能配合教育。但何某的家长说："陈老师，孩子不听话你可以随便教训，不用和我们商量。"说完就挂了电话。陈老师没有依何某父母所言"随便教训"，而是选择在课下对何某批评教育，使其深刻认识到自己的错误。

《未成年人保护法》明确规定，学校、幼儿园的教职工应尊重未成年人的人格尊严，不得对未成年人实施体罚、变相体罚或其他侮辱人格尊严的行为。教师应当遵循教育职业道德规范，尊重和保护学生的合法权益，用合理的方式教育学生，促进学生的健康成长。

（二）与校园安全管理相关的法规

与校园安全管理相关的法规主要有《中小学幼儿园安全管理办法》《学校卫生工作条例》《学生伤害事故处理办法》等。

例如，《中小学幼儿园安全管理办法》在安全管理职责、校园安全管理制度、安全教育、校园安全事故的处置等方面做了详细规定；《学生伤害事故处理办法》在学生伤害事故的处理程序、责任认定等方面做了详细规定，为处理学生伤害事故提供了法律依据。

经典案例

拔河比赛中的学生伤害事故

某高中组织了一场拔河比赛。尽管比赛当天刮起了风，但鉴于这种状况并不会对拔河比赛造成实质影响，学校决定活动如期举行。不过，用来判断比赛胜负的红布带总是随风飘动，学校便在红布带下端系上了一个直径 2.4 厘米的铁螺母。比赛正在激烈进行时，拔河绳突然从中绷断。红布带上的螺母因惯性被甩起，直接飞向学生刘某头部。老师们随即将刘某送往医院，最终刘某被诊断为重度开放性颅脑损伤，伤残八级。

《学生伤害事故处理办法》规定，学校的校舍、场地、其他公共设施，以及学校提供给学生使用的学具、教育教学和生活设施、设备不符合国家规定的标准或有明显不安全因素的，由学校负全责。最终，法院判决学校赔偿刘某 14 万元。

（三）其他与校园安全管理相关的规范性文件

其他与校园安全管理相关的规范性文件主要有《中小学校岗位安全工作指南》《中小学幼儿园安全防范工作规范（试行）》等。

例如，《中小学校岗位安全工作指南》明确了学校各个岗位的安全职责，健全并落实校园安全管理制度，指导学校将安全教育和管理融入日常工作的各个环节，确保广大师生的安全，确保校园的和谐、稳定。

二、各主体在校园安全管理中的法定职责

（一）学校的法定职责

在校园安全管理中，学校的法定职责主要包括以下几个方面。

（1）建立与本校安全管理工作相适应的安全管理机构，并配备足够数量的专职或兼职安全管理人员，确保校园安全管理工作的有效实施。

（2）根据国家法律法规和教育行政部门的要求，同时结合学校实际情况，建立健全校园安全管理制度，包括学生安全管理规定、教职工安全管理规定等。

（3）针对校园内可能发生的各类安全事故，制订相应的防范措施和应急预案。

（4）建立安全责任制和事故责任追究制，将安全责任层层分解到各处室、部门、岗位的每个教职工，明确各责任人的职责和权利，确保责任到人、责任到位，对发生安全事故的责任人进行严肃处理，以儆效尤。

（5）定期对校园内的教学楼、宿舍、食堂、实验室等重点区域进行安全检查，排查隐患；及时整改发现的安全隐患，确保不留死角、不留隐患。

（6）结合学校实际情况，制订有针对性的校园安全教育培训计划，并定期开展校园安全教育培训活动，提高师生的安全意识和自我保护能力。

（7）与当地公安、城管等部门建立联动机制，加强对校园周边摊贩、流动人员的管理和整治，共同维护校园周边环境的安全稳定。

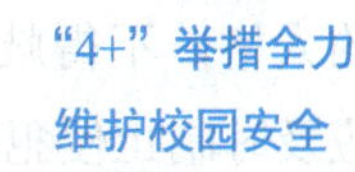

"4+"举措全力维护校园安全

（8）建立健全校园安全预警机制，通过定期发布安全预警信息、建立安全信息报告制度等方式，提高师生对安全风险的感知和防范能力。

（9）建立健全校园应急处置机制，确保在突发事件发生时能够迅速启动应急预案、组织力量进行应急处置。

（二）安全管理人员的法定职责

安全管理人员是指学校设立的校园安全管理机构中专职或兼职安全管理工作的人

员。通常情况下，校长是校园安全管理工作的第一责任人。

不履行安全管理工作和安全教育职责，对重大安全隐患未及时采取措施的，有关部门应责令责任人限期改正；拒不改正或有下列情形之一的，教育行政部门应对安全管理人员给予行政处分；构成犯罪的，应依法追究其刑事责任。

（1）发生重大安全事故、造成学生和教职工伤亡的。

（2）发生事故后未及时采取适当措施，造成严重后果的。

（3）瞒报、谎报或迟报重大事故的。

（4）妨碍事故调查或提供虚假情况的。

（5）拒绝或不配合有关部门依法实施安全监督管理职责的。

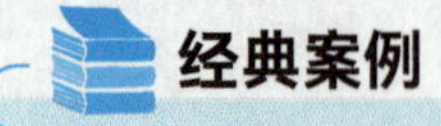

经典案例

北京市某民办学校煤气中毒事件

北京市某民办学校校长李某为节省费用，未在学生宿舍内安装安全设施，导致学生宿舍发生煤气中毒事件。该事件造成4名女学生中毒，其中1人不幸身亡。事故发生后，李某未按照规定及时向相关部门报告，后被公安机关抓获。

事发后，李某对自己的过失行为表示忏悔，并承诺积极赔偿受害学生家庭的经济损失。然而，作为学校负责人，他对学生的安全负有重大责任，其过失行为触犯了《中华人民共和国刑法》（以下简称《刑法》）第138条，已构成犯罪。最终，法院以教育设施重大安全事故罪判处李某有期徒刑6个月，缓刑1年。

（三）教职工的法定职责

学校教职工是校园安全管理工作中岗位主体责任及安全管理制度的具体落实者、参与者和执行者，其安全工作情况直接影响学校整体安全工作目标的实现。

因此，教职工应积极贯彻国家的教育方针，遵守学校的各项安全管理制度，执行学校的教学计划，履行教师聘约，完成教育教学工作任务；应关心、爱护学生，尊重学生的人格，不得歧视学生，不得对学生实施体罚、变相体罚或其他侮辱人格尊严的行为；应及时制止侵犯学生合法权益的行为，批评和抵制不利于学生健康成长的现象。

教职工实施与其职务无关的个人行为，或教职工故意实施违法犯罪行为，造成学生人身损害的，应依法承担相应的责任。教职工有下列情形之一的，由其所在学校或教育行政部门给予行政处分或解聘；有下列第（2）项、第（3）项所列情形之一，情节严重构成犯罪的，应依法追究其刑事责任。

（1）故意不完成教育教学任务，给教育教学工作造成损失的。

（2）体罚学生，经教育不改的。

（3）品行不良、侮辱学生，影响恶劣的。

任务三 构建校园安全管理体系

构建校园安全管理体系首先要建立校园安全管理机构，明确各岗位教职工的具体职责，规范各项安全工作的流程和标准，并据此制订完善的校园安全管理制度。此外，学校还应通过引入校园安全绩效管理机制，对各岗位教职工的安全工作表现进行定期考核与评估，进而不断优化校园安全管理工作，提升管理的质量和效率。

一、校园安全管理机构

校园安全管理必须有组织上的保障，这既是相关法律法规的要求，又是学校做好校园安全管理工作的前提。建立专门的校园安全管理机构，有利于明确并强化学校各机构的岗位职责，构建科学规范的管理体系，使各岗位教职工在安全管理工作中各司其职，共同促进校园安全管理工作的高效、有序开展。

（一）校园安全管理机构的组成

校园安全管理机构包括所有负责校园安全管理工作的组织和部门。校园安全管理领导小组（见图 1-1）是其重要组成部分，一般由学校领导和相关职能部门的负责人组成，负责校园安全管理制度的制订、执行和监督工作。

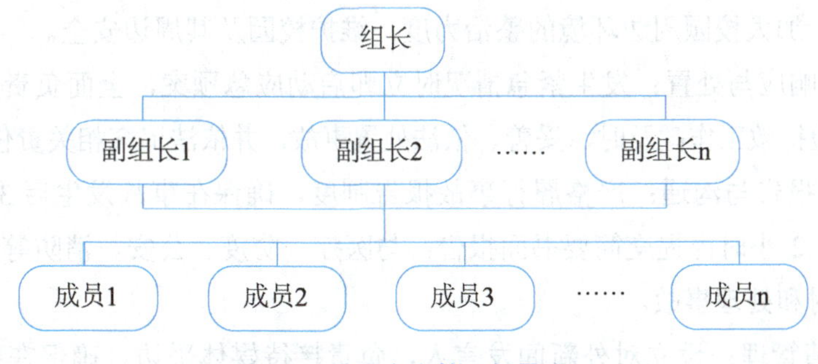

图 1-1 校园安全管理领导小组

校园安全管理领导小组的组长一般由校长担任，负责整体安全管理工作的决策和指导，对校园安全工作负总责。副组长通常由党（总支、支部）书记、分管安全工作的副校长担任。其中，分管安全工作的副校长可以作为第一副组长，负责及时了解校园安全管理工作的具体情况，准确地传达、落实上级和学校领导有关校园安全管理工作的指示精神和具体要求。小组其他成员为学校各职能部门（如总务处、教务处、学生处、后勤管理处、保卫处等）的负责人、班主任等。

（二）校园安全管理领导小组的职责

校园安全管理领导小组的职责主要包括以下几个方面。

（1）资源配置：根据校园安全管理工作的实际需要，合理配置校园安全管理工作所需的人力、财力、物力，确保其顺利进行。

（2）制度建设和执行：制订和完善学校各项安全管理制度、预警和突发事件应急预案，定期检查并督导各项安全工作的落实；协助有关部门处理重大安全事故，并在适当范围内进行通报。

（3）规划与决策：定期召开专题会议，组织学习上级部门下发的关于校园安全管理工作的指导文件；制订年度校园安全管理工作计划，并结合学校特点部署常规性安全管理工作。

（4）签订安全协议：代表学校与家长签订安全协议书，明确双方的安全责任；由第三方提供校车服务的，与第三方签订校车安全管理责任书，确保学生上下学安全。

（5）推进基础性安全管理工作：强化人防、物防、技防手段，确保设施维护、消防、治安、交通、食品、疾病预防、自然灾害防范等基础性安全管理工作的有效执行；定期开展自查，及时排除安全隐患，并重点关注校门秩序、教育教学、学生宿舍、食堂卫生、大型集体活动、集体外出等方面的安全管理工作。

（6）安全宣传与教育：组织开展校园安全宣传教育和培训，定期或不定期开展应急演练，提高师生对各类突发事件的应急处置能力和逃生自救技能。

（7）校园周边环境综合治理：在上级部门的指导下，和学校周边单位成立校园周边综合治理小组，加大校园周边环境的整治力度，维护校园及其周边安全。

（8）应急响应与处置：发生紧急情况时立即启动应急预案，全面负责突发事件的指挥、协调和抢险抢救工作；及时、妥善、依法处置事故，并依法追究相关责任人的责任。

（9）事故报告与沟通：严格履行事故报告制度，确保在事故发生后 30 分钟内进行电话口头报告，2 小时内提交简要书面报告；与医疗、防疫、公安、消防等部门保持密切沟通，共同应对和处理事故。

（10）舆情管理：设立对外新闻发言人，负责接待媒体采访，确保在突发事件发生时能够冷静面对媒体，形成正确的舆论导向；教育师生共同做好稳定工作，未经同意不得随意接受采访或发布信息。

（11）教师行为监管：加强对教师行为的监管，防止教师侮辱、体罚学生等不当行为的发生，确保学生的身心健康和合法权益得到有效保障。

知识拓展

校园安全网格化管理

校园安全网格化管理是一种现代化的校园安全管理模式，即以网格化的管理理念和技术手段，将校园划分为多个网格，并在每个网格内设立专门的管理责任人，以协同合作的方式，实现校园安全的全面、高效管理。

校园网格通常划分为以下3个层级：一级网格是由校园安全管理领导小组组成的安全监管体系，负责学校整体安全管理工作的规划和部署；二级网格是由学校各分管领导、各职能部门负责人及值班领导组成的安全监管体系，负责各自职责范围内的安全监管工作；三级网格是由各班主任、各功能教室负责人、宿舍管理员、后勤人员、安保人员及各类教学活动负责人组成的安全监管体系，负责执行具体的安全管理工作。

在校园安全网格化管理模式下，学校借助安全监控设备和智能安防系统，能够及时捕捉校园内任何异常动态，有效提高安全管理人员的响应速度和处置效率。这种管理模式将过去被动应对问题转变为主动发现和解决问题，显著提升了校园安全管理的能力和水平。

（三）各岗位教职工的安全职责

1. 校长

校长是学校的法定代表人，是校园安全管理工作的第一责任人，其安全职责主要包括以下几个方面。

（1）认真贯彻落实国家有关校园安全管理工作的法律法规和上级对校园安全管理工作的部署。

（2）全面负责校园安全管理工作，构建校园安全管理体系，落实安全工作责任制，依法制订各项校园安全管理制度和应急预案。

（3）建立安全工作奖惩制度，将安全工作纳入各部门及个人的履职考核，将评优推先和安全工作绩效考核挂钩，调动全体教职工共同做好校园安全管理工作的积极性。

（4）组织召开校园安全管理领导小组会议，分析研究校园安全管理工作现状及存在的问题，有针对性地制订校园安全管理工作计划。

（5）及时制止和处理教职工侵犯学生权益和影响学生身心健康的行为。

（6）加强与所属乡镇、街道、社区、公安、消防、卫生、城管等部门的联系，取得他们的支持和配合，共同开展校园及其周边环境综合治理。

（7）遇到突发事件立即组织校园安全管理领导小组启动应急预案，并在第一时间赶到现场。

（8）校园安全职责规定的其他行为。

2. 党（总支、支部）书记

党（总支、支部）书记是校园安全管理工作的共同责任人，对校园安全管理工作负主要领导责任，其安全职责主要包括以下几个方面。

（1）积极协助校长管理校园安全工作；校长不在校期间，履行校长岗位安全职责。

（2）通过党建工作加强安全教育，提高党员干部的安全责任意识，指导落实岗位安全职责。

（3）密切关注教职工的生活和思想动态，及时掌握校园内的不稳定因素，积极化解可能引发安全问题的矛盾，维护校园安全稳定。

（4）督查校园安全管理制度的执行情况，并向校园安全管理领导小组提出整改建议。

3. 分管安全工作的副校长

分管安全工作的副校长具体负责校园安全管理工作，对校园安全管理工作负直接领导责任，其安全职责主要包括以下几个方面。

（1）可代校长组织召开校园安全管理领导小组会议，传达学习上级有关校园安全管理工作的文件，研究校园安全管理工作存在的问题和隐患，提出解决问题的方法和整改意见，确保校园安全。

（2）根据上级要求和相关法律法规，不断完善、健全校园安全管理工作制度，并组织制订各种突发事件应急预案。

（3）全面落实校园安全管理工作责任制，层层签订校园安全管理工作责任书，把校园安全管理工作任务分解到各处室、部门和岗位，并负责检查、督导、落实。

（4）指导校园安全专职干部和各部门负责人开展工作，定期或不定期检查各处室、部门、岗位的安全防范和隐患排查工作，记录并签字确认，确保隐患得到及时排查和处理。

（5）定期组织校园安全教育培训，强化教职工的安全责任意识，提高防范和处置突发事件的能力，杜绝因思想麻痹或工作失误造成的校园安全事故。

（6）定期组织开展各类宣传和应急演练活动，提高师生安全意识和自我保护能力。

（7）定期检查学校各部门的安全设施及器材，保证其完好有效。

（8）协助校长与所属乡镇、街道、社区、公安、消防、卫生、城管等部门建立紧密联系，积极开展校园及其周边环境综合治理。

（9）建立健全校园安全管理档案制度，规范档案的建立和管理，确保安全管理工作的可追溯性。

（10）督促检查常态化安全教育活动的执行情况，确保安全教育深入人心。

4. 分管后勤的副校长

分管后勤的副校长是学校设施设备安全管理的第一责任人，其安全职责主要包括以下几个方面。

（1）制订学校设施设备安全管理工作制度，做好学校设施设备安全管理工作。

（2）定期组织对校舍、学校设施设备的安全检查，特别是消防安全检查，及时消除安全隐患，杜绝安全事故。

（3）加强对食堂、自备水源的管理，确保学校食品及饮用水安全；加强学校卫生防疫工作。

（4）加强学校宿舍的安全管理，确保师生宿舍安全。

（5）督促有关人员做好防盗工作，维护学校的财产安全。

（6）加强学校的安全设施建设，确保校园安全。

（7）认真完成上级交办的其他安全管理工作。

安全贴士

一些学校会设置分管其他工作的副校长，如分管教学的副校长主要负责校园安全教育相关工作、分管法制的副校长主要负责校园安全管理制度的制订工作。虽然这些副校长的具体工作不完全相同，但其基本职责都包括协助校长将校园安全工作落到实处。

5. 保卫主任

保卫主任负责具体的学校日常安全管理工作，其安全职责主要包括以下几个方面。

（1）根据校园安全管理工作计划，制订部门实施细则，定期向分管安全工作的副校长汇报校园安全管理工作情况。

（2）按时参加上级有关部门召开的安全管理会议，并按相关要求上报校园安全管理工作计划、总结、报表、材料、信息等。

（3）坚持每天巡查校园，尤其是重点区域，一旦发现安全隐患，立即启动责任追究制度，责成有关部门整改并明确整改时间；问题严重的，及时向分管副校长汇报，制订详尽的整改方案；建立健全安全隐患排查整改台账，并由相关负责人签字确认。

（4）结合校园安全管理工作的实际情况，开展治安、消防、交通等校园安全宣传教育。

（5）履行校园日常活动安全管理职责，检查、督促各部门落实各种活动安全预案及安全措施。

（6）负责校园三防体系的建设和管理，包括安保人员的培训和管理、安保设施的维护和开放。

（7）负责学校门卫管理，合理安排夜间、节假日的值班和巡逻工作，加强对值班人员的管理和检查。

（8）负责全校消防栓、灭火器、报警器、疏散通道等消防设施的日常检查和维护，确保所有设施完好、有效，随时可用。

（9）配合校园安全管理领导小组的工作，主动与相关部门建立密切的工作关系，共同开展校园及其周边环境综合治理。

（10）遇到突发事件时，要第一时间赶到现场，及时向校园安全管理领导小组汇报，并根据应急预案配合执行报警、抢救、疏散、保护现场、调查取证、信息上报等工作，妥善处置突发事件。

（11）根据有关规定妥善保管视频监控录像资料，并建立完整的资料档案。

（12）完成校园安全管理领导小组交办的其他安全管理工作。

6. 年级组长

年级组长是所在年级安全管理的第一责任人，负责建立年级安全管理工作的各项制度，其安全职责主要包括以下几个方面。

（1）明确本年级每位教师的安全岗位职责。

（2）建立健全由年级组长、班主任、任课教师、学生安全员构成的年级安全管理体系，定期排查年级存在的安全隐患，促进年级安全管理工作常态化。

（3）及时传达上级有关安全管理工作的文件精神，定期组织年级教师召开安全管理工作会议，落实校园安全管理工作有关要求，做好日常安全防范。

（4）关注年级特异体质学生的身体情况，做好登记和管理工作。

（5）制订年级大型活动安全预案，并做好活动前的安全教育工作。

（6）指导班主任和任课教师加强对学生的安全教育和管理。

（7）负责本年级所在楼层、楼梯的安全管理。

（8）完成校园安全管理领导小组交办的其他安全管理工作。

7. 班主任

班主任是班级安全管理的第一责任人，负责本班学生安全及教室内的设施设备安全，其主要安全职责包括以下几个方面。

（1）认真落实校园安全管理工作的各项要求，及时解决班级出现的安全问题，及时排除安全隐患。

（2）在班级内设立安全委员会，并指定若干名学生安全员。

（3）保证晨（午、晚）检时间不被占用，仔细检查并详细记录学生的精神和身体状态，发现异常情况及时上报。

（4）充分利用晨（午、晚）检、班会等时间开展学生安全教育，特别关注季节变化带来的健康风险，提高学生安全防范意识。

（5）严格执行学生考勤和请销假制度，做好学生考勤统计工作；及时了解未到校上课或中途离校学生的情况，及时与其家长取得联系并做好记录。

（6）认真做好班级内各种安全隐患的排查和登记工作，发现问题及时向年级组长和学校领导汇报。

（7）对于特异体质和心理异常的学生，在其家长的配合下做好记录，并在安排体育、劳动、大型活动时予以特殊关照。

（8）协助学校与家长签订安全协议书，并妥善保存协议书回执；通过家长会、家访等形式开展家长安全教育培训，增强家长的安全意识，共同保障学生的安全。

（9）组织班级集体活动须征得学校领导同意后报上级教育行政部门批准，并在活动前做好安全预案和安全教育工作。

（10）发现在校学生出现身体不适或危险情况时，立即采取应急救护措施，并及时通知其家长和学校相关部门。

（11）开展“放学前 1 分钟”安全教育，结合实际情况提醒学生注意交通安全、防劫防骗、预防各种伤害事故等安全事项。

（12）认真、准确地采集学生的个人信息和家庭信息。

（13）完成校园安全管理领导小组交办的其他安全管理工作。

8. 任课教师

任课教师的安全职责主要包括以下几个方面。

（1）明确并履行岗位安全职责，积极落实校园安全管理工作的各项要求，做好安全防范工作。

（2）将安全教育有机融入本学科的教学内容和教学过程中。

（3）课前清点学生人数并上报班主任；课堂上发现学生的危险行为及时制止、告诫和教育；课间关注所在楼层和楼梯的安全工作。

（4）密切配合班主任的工作，协助班主任对学生进行安全教育；及时向班主任反映班级内出现的安全问题并一起妥善处置。

（5）课堂教学中如遇突发事件或安全问题，及时将学生有序疏散到安全区域并妥善处置，同时立即向班主任、分管领导或校长汇报。

（6）开展“放学前 1 分钟”安全教育，结合实际情况提醒学生注意交通安全、防劫防骗、预防各种伤害事故等安全事项。

（7）完成校园安全管理领导小组交办的其他安全管理工作。

经典案例

教师应尽教育、管理职责

小花与小水是某学校二年级学生。一天，小花与小水在教师的带领下前往体育馆上篮球课，因雨天路面湿滑，小水在行走途中不慎滑倒，将小花绊倒，导致小花牙齿受损。经医院诊断，小花需要做手术治疗。于是小花的家长将小水和学校诉至法院，要求小水和学校承担赔偿责任。

法院经审理认为，无民事行为能力人在校期间，学校应尽到注意与保障义务，教师应尽教育、管理职责。事发当日属于雨天湿滑环境，学校理应在走廊通道中加强防滑措施，任课教师也应高度关注学生的行进秩序。而学校所采取的措施尚不足以充分保障无民事行为能力人在校期间之人身安全。结合庭审查明事实及监控视频，认定两名学生不存在明显过错，而学校未尽到注意与保障义务。最终，法院判决原告相关赔偿责任由学校承担。

（资料来源：王慧君，《学生在学校发生伤害事故，责任谁来担？》，中国法院网，2023 年 6 月 30 日）

9. 学生安全员

学生安全员的安全职责主要包括以下几个方面。

（1）以身作则，模范遵守学校的各项安全管理制度。

（2）提醒同学不携带危险物品入校，不翻越围墙、栏杆，不在教室、走道和人群集中的地方追逐嬉闹；发现同学的危险行为要及时制止，如对方不听劝告要及时向班主任报告。

（3）积极配合班主任开展班级安全宣传工作，组织同学参加各类安全教育培训活动，帮助同学们增强安全意识和自我保护能力。

（4）在课间操、运动会、外出集体活动等场合，协助班主任维持秩序，确保同学们有序上下楼、进退场、上下车等。

（5）发现校园内、班级内存在的安全隐患，及时上报班主任和学校有关部门。

10. 实验室管理员

实验室管理员是实验室安全管理的第一责任人，其安全职责主要包括以下几个方面。

（1）认真制订实验室安全制度并贯彻落实。

（2）定期或不定期对实验室的仪器进行检查，及时保养和维修，确保其性能良好；确保实验室内仪器、药品摆放整齐，使用安全。

（3）严格执行有关规定，管理好有毒有害、易燃易爆物品，做好采购、登记、储存、使用和处置工作；及时上报需要处置的过期物品，加强实验室的安全管理。

（4）按规定配置消防器材，并定期检查、维护和更换；禁止无关人员进入实验室，并加强防火、防盗工作。

（5）指导学生安全使用实验用具和药品，避免伤害事故的发生。

（6）制定实验室突发事件应急预案并组织演练，掌握各类事故发生后的处置方法。

（7）每天严格检查实验室及药品存放情况并做记录。

（8）完成校园安全管理领导小组交办的其他安全管理工作。

11. 食堂管理员

食堂管理员是食堂安全管理的第一责任人，负责学校食品安全工作，其安全职责主要包括以下几个方面。

（1）建立健全相应的食品管理档案。

（2）定期组织食堂工作人员参加食品安全培训。

（3）定期组织食堂工作人员体检，确保食堂所有工作人员持证上岗、安全上岗。

（4）严格遵守学校食堂的食品采购索证、进货验收、厨房烹饪、卫生消毒、食品留样等制度，不采购“三无”食品和腐烂变质的食品，严格把控食品生产的各个安全环节。

（5）做好食堂防火、防潮、防尘、防虫害等工作；定期检查并维护食堂设备，特别是燃气、灶具、油烟管道、锅炉等设备，确保其安全运行。

（6）将暂时不用的煤气罐存放在远离灶具的安全地方。

（7）每天严格检查厨房、库房、燃气、水电、设备安全并做详细记录；下班前关闭门、窗、水、电，确认无安全隐患后方可下班。

（8）完成校园安全管理领导小组交办的其他安全管理工作。

12. 宿舍管理员

宿舍管理员是宿舍安全管理的第一责任人，其安全职责主要包括以下几个方面。

（1）建立完善的住宿学生及其家长档案，特别关注特异体质学生，确保学生家长和班主任的联系方式准确无误。

（2）成立学生宿舍管理委员会，为每个宿舍指定宿舍长，方便管理住宿生的各项工作。

（3）按时开关宿舍大门，严格监控宿舍的出入人员，严禁非住宿人员进入；夜间值班保持警觉，确保宿舍大门朝外开，夜间不上锁。

（4）定期检查和维护宿舍各类设施（门、窗、水、电、床、柜、暖气等），一旦发现安全隐患，及时上报相关领导或部门，并配合有关部门及时消除隐患。

（5）加强宿舍的消防安全管理，严禁私拉乱接电线和使用大功率电器，确保消防通道畅通无阻；定期或不定期组织火灾应急疏散演练，并在每间宿舍门后张贴疏散路线图。

（6）掌握消防栓、灭火器的正确使用方法，具备扑救初起火灾的能力；遇到突发事件时，组织学生有序疏散并及时上报。

（7）严格执行学生请销假制度，确保学生请假回家时填写请假登记表，并通知其家长和班主任。

（8）每晚熄灯前，清点各宿舍人数，发现有学生未归的，要立即查找，并及时与其家长和班主任联系。

（9）每晚熄灯后，认真巡逻宿舍及周边环境，检查门、窗、水、电安全。

（10）学生上课后，逐个检查宿舍，发现滞留学生问明情况，如有学生生病，及时联系值班校医，如果情况严重则立即将其送往医院，并通知其家长和班主任。

（11）做好宿舍环境卫生和消毒工作，组织并指导宿舍管理委员会定期评比宿舍卫生，对卫生状况不佳的宿舍进行通报并限时整改。

（12）完成校园安全管理领导小组交办的其他安全管理工作。

13. 校医

校医是学校卫生安全管理的第一责任人，负责学校的卫生保健和疾病预防工作，其安全职责主要包括以下几个方面。

（1）成立学校红十字会，并在每个班级设立生活委员和红十字委员，以协助班主任开展日常的卫生保健工作。

（2）建立学生健康档案，并对特异体质学生单独建档。

（3）负责学校的卫生安全教育工作，组织师生参与食品卫生、疾病预防、急救常识的培训和教育活动。

（4）坚持每日查看各班晨（午、晚）检记录，发现异常，及时通知家长并尽快将患病学生送往医院接受诊治。

（5）负责学生卫生保健工作，如组织体检、预防接种、喷洒消毒、疾病防控、近视眼和龋齿防治等，及时治疗学生常见病并做好记录。

（6）制订学校传染病、食物中毒等突发事件的应急预案，并在发生紧急情况时立即启动，同时上报相关领导和部门，确保事故得到妥善处置。

（7）定期组织全校大扫除和卫生评比活动，并公布评比结果，督促全体师生做好公共卫生工作。

（8）定期检查食堂各项安全卫生制度的落实情况，并建立相应的检查记录台账。

（9）负责卫生室常用药品的采购工作，确保药品供应充足；使用、维护和管理好医疗器械并按规定做好消毒工作，建立消毒登记档案；加强对废弃物品的安全卫生管理。

（10）完成校园安全管理领导小组交办的其他安全管理工作。

14. 门卫

门卫的安全职责主要包括以下几个方面。

（1）执行24小时值班制度，不得擅自离岗或空岗，确保按时交接班并做好交接记录；若发现异常情况立即上报相关领导或部门。

（2）严格落实校门开闭制度，特别是学生上课时间确保校门保持关闭状态。

（3）严格验证来访人员的身份，并依据学校的会客登记制度履行登记手续，严禁无关人员进入校园；学生如需在校期间外出，必须持有班主任开具的出门证。

（4）发现可疑人、事、物或其他治安信息，及时向相关领导或部门汇报；必要时，启动报警器或拨打110紧急电话，并配合公安机关做好处置工作。

（5）严格检查出入人员和车辆所携带或装运的物品，防止危险或违禁物品进入校园，并严防学校物资流失。

（6）疏导出入车辆和行人，清理责任区内的无关人员，确保校门口交通畅通无阻。

（7）禁止在警卫室从事与工作无关的活动，不得存放或代人存放贵重物品、现金和危险品。

（8）做好警卫室的消防安全工作，确保消防器材的充足、完好和有效，并定期检查插头、电线等设施，发现问题及时报修。

（9）妥善保管、定期检查、熟练使用技防工具，在紧急情况下充分发挥其作用，确保师生安全。

（10）在岗期间不与无关人员聊天，不干私活，更不得饮酒。

（11）完成校园安全管理领导小组交办的其他安全管理工作。

15．学校保安

学校保安的安全职责主要包括以下几个方面。

（1）熟悉值勤岗位区域内的地形、地物及消防设施的分布和使用方法，确保在紧急情况下能够迅速采取行动。

（2）熟练掌握保安业务知识和学校的各项安全管理制度，确保工作有章可循。

（3）严格遵守岗位职责和工作规程，爱护通信器材和物防设备；维护值勤岗位区域内的正常秩序，疏导交通。

（4）敏锐发现并及时上报值勤岗位区域内的各类安全隐患。

（5）对值勤中发现的可疑人、事、物或其他治安信息，果断进行盘查或监控，并上报保安班长或相关领导；必要时，启动报警器或拨打 110 紧急电话。

（6）及时制止师生各种不安全或易造成伤害的行为；对于违纪且不服从管理者，应婉言劝阻并妥善处置，情况严重的，及时上报保安班长或相关领导。

（7）如遇火灾或其他紧急情况，迅速采取扑救措施，并及时上报保安班长或相关领导。

（8）建立并维护执勤巡逻和交接班记录台账，准确、清晰地记录每日值勤问题和交接班情况。

（9）按时参加安全工作例会和相关业务培训，认真听讲并做好记录，不断提高自己的业务能力和素质。

（10）工作中遇到疑难问题，应及时上报保安班长，不得擅作主张或隐瞒不报。

（11）在不妨碍保安日常工作的前提下，积极协助其他部门做好校园安全管理工作，共同维护校园和谐与稳定。

（12）按时完成上级交办的其他安全管理工作。

16．校车管理员

校车管理员的安全职责主要包括以下几个方面。

（1）建立并完善校车管理制度，明确校车安全管理职责，并确保各项制度得到有效落实。

（2）建立乘车学生档案，确保学生信息的准确和完整。

（3）定期对校车驾驶员和随车照管人员开展安全教育培训，督促其落实各项安全管理制度。

（4）督促校车驾驶员每天出车前认真检查车辆状况，严禁车辆带病上路；监督校车驾驶员的驾驶行为，制止超载行为，确保行车安全。

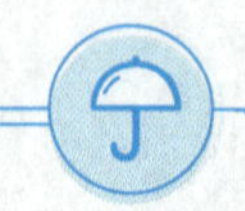

（5）建立校车安全隐患排查制度和台账，定期与校车驾驶员一同对校车进行安全隐患排查；发现安全隐患后，及时整改。

（6）完成校园安全管理领导小组交办的其他安全管理工作。

安全贴士

在实践中，学校为落实各岗位教职工的安全职责，往往会设计并与其签订安全工作责任书，确保每位教职工都清楚知晓自己的安全责任。在安全工作责任书中，能量化的安全指标要量化，不能量化的安全指标要具体化。

二、校园安全管理制度

校园安全管理制度是学校根据我国现行法律法规、行业标准，结合实际情况，以自身名义发布的规范性文件，是防范安全风险、保障师生生命和财产安全的重要手段。

（一）校园安全管理制度的意义

（1）建立健全校园安全管理制度是学校的法定责任。作为校园安全工作的责任主体，学校必须根据《教育法》《未成年人保护法》等相关法律法规，制订并实施校园安全管理制度，以预防和减少安全事故的发生，确保师生的人身财产安全。

（2）建立健全校园安全管理制度是校园管理的重要一环。如果学校的运营缺少制度保障，管理工作就难以顺利展开。因此，健全的校园安全管理制度能够保障学校有序、安全地运行，并将安全风险降到最低。

（3）建立健全校园安全管理制度是保障师生权益的重要手段。校园安全管理制度能够约束学生和教职工，为其提供明确的行为标准和依据，进一步明确其权利和义务，有效保障师生的合法权益不受侵犯。

（二）校园安全管理制度的内容

校园安全管理制度涵盖了校园安全管理工作的方方面面，包括安全管理的目的、范围、管理内容、检查制度、评价标准、责任追究等。通常情况下，学校会根据自身情况建立各项安全制度，包括但不限于以下几个方面。

1. 门卫制度

学校应建立健全门卫制度，实行严格的校外人员入校登记或验证制度；禁止无关人员和校外机动车进入校园；严禁携带非教学用易燃易爆物品、有毒物品、动物和管制器具等危险物品进入校园。

2. 校内安全定期检查制度

学校应建立健全校内安全定期检查制度，定期对学校设施设备进行安全检查，及时

发现并消除安全隐患。

3．消防安全制度

学校应建立健全消防安全制度，落实消防工作责任制，加强对消防设施的日常维护，保证其能够正常使用；设置消防安全标志，保证疏散通道、安全出口和消防车通道畅通无阻。

4．水电气安全管理制度

学校应建立健全水电气安全管理制度，定期自行检查或接受有关部门检查，及时维修或更换老化、损毁的设备。

5．食堂卫生制度

学校应建立健全食堂卫生制度，严格执行食品安全规定，确保食品采购、储存、加工、留样等环节的卫生安全；检查饮用水的卫生状况，保障师生的饮食安全。

6．实验室管理制度

学校应建立健全实验室管理制度，明确实验室安全管理和操作规程；严格控制危险化学品的购买、保管、使用、登记和注销流程，确保其安全存放。

7．卫生保健制度

学校应建立健全卫生保健制度，按照国家有关规定，配备具有从业资格的专职医务（保健）人员或兼职卫生保健教师；购置必需的医疗器械和药品，及时治疗学生的常见病症；建立学生健康档案，定期组织学生体检，并将体检结果及时反馈给学生和家长。

8．学生安全信息通报制度

学校应建立健全学生安全信息通报制度，及时将学生的到校和放学时间、非正常缺席或擅自离校的情况，以及学生的身体和心理异常状况等信息，通知其家长。

9．住宿学生安全管理制度

有寄宿生的学校应建立健全住宿学生安全管理制度，配备专人负责住宿学生的生活管理和安全保卫工作；实行学生宿舍夜间巡查和值班制度。

10．校车管理制度

有校车的学校应建立健全校车管理制度，确保校车的车辆、驾驶员和随车管理人员，以及校车的运行和管理均符合相关要求；定期对校车进行安全检查，对校车驾驶员进行安全教育培训，并向学生讲解校车安全乘坐知识，培养其在校车安全事故中的自救能力。

11．安全工作档案制度

学校应建立健全安全工作档案制度，详细记录日常安全工作、安全责任落实、安全检查、安全隐患消除、安全教育等情况，将其作为评估安全工作、追究责任和处置事故的重要依据。

12．教学安全制度

学校应建立健全教学安全制度，在日常教育教学活动中严格遵循教学规范，落实安全管理要求，合理预见、积极防范可能发生的风险；组织学生参加集体劳动、社会实践活动时，确保各项活动符合学生的心理、生理特点和身体健康状况；在风险可控的前提下，积极组织学生参加体育锻炼和户外活动，培养其强健体魄。

13．预防性侵害制度

学校应按照《中华人民共和国民法典》（以下简称《民法典》）、《未成年人保护法》等法律法规，建立健全预防性侵害制度，通过对学生开展适合其年龄的性教育，提高其防范性侵害的自我保护意识和能力。涉及性侵害学生的违法犯罪行为，学校不得隐瞒，应及时向公安机关、教育行政部门报告，并配合相关部门依法处置；对于遭受性侵害的学生，学校应及时采取保护措施，给予其关爱和帮扶。

14．学生欺凌防控制度

学校应按照《未成年人保护法》《未成年人学校保护规定》《加强中小学生欺凌综合治理方案》等法律法规，建立健全学生欺凌防控制度，建立对学生欺凌行为的零容忍处置机制和受伤害学生的关爱、帮扶机制。

经典案例

福州市中小学校设置“学生欺凌举报箱”

为提高福州市学生欺凌治理工作水平，福州市检察院联合多部门，在全市中小学校设置“学生欺凌举报箱”，通过“线上+线下”双渠道收集学生欺凌线索，及时介入保护、调解和追究法律责任，保护学生安全。

该制度要求全市中小学校均应在学校门口、行政楼、教学楼等便于学生投递信件的地方，设置至少一处实体举报信箱，专门用于收集涉及在校学生欺凌的线索。此外，学生还可通过扫描二维码进入线上举报箱，填写相关信息即可完成举报。

针对获得的学生欺凌线索，各部门应建立常态化联动工作机制，定期会商，对学生欺凌情形进行评估，及时开展有针对性的学生欺凌防治专题教育培训，做到早发现、早预防、早控制。

（资料来源：江苇杭、刘卿，《“学生欺凌举报箱”上线 福州市检察院联合多部门开展学生欺凌线索处置专项工作》，人民网，2024年4月9日）

15．重大事件报告制度

学校应建立健全重大事件报告制度，根据当地有关部门的上报要求和程序及时报告重大事件；如果事件涉及犯罪，应及时向公安机关报案，不得私下处理，以免因延误报告承担相应的法律责任。

三、校园安全绩效管理

校园安全绩效管理是对校园安全进行系统分析和评估，通过日常的校园安全检查、

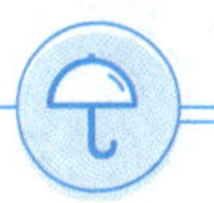

隐患排查，识别学校运营过程中存在的安全风险和问题，指导学校安全管理人员采取相应措施，最终达到减少安全投入、降低安全损失的目的。

（一）构建校园安全绩效指标体系

校园安全绩效管理的基础是构建校园安全绩效指标体系。校园安全绩效指标体系包括安全设施建设指标、应急管理能力指标、规章制度落实指标等。通常情况下，在构建校园安全绩效指标体系时，学校应遵循以下原则。

1. 系统性原则

校园安全绩效指标体系应体现“纵向到底，横向到边，全面覆盖，全面参与”的系统性原则。

2. 量化原则

在构建校园安全绩效指标体系时，对于各部门及其教职工基于自身的岗位安全职责和所承担的安全目标，学校可以将最佳管理标准作为参照，建立具体的量化指标；对于缺乏统计数据的定性指标，则可采用评分法，利用专家意见实现量化评估。

3. 优先原则

在构建校园安全绩效指标体系时，学校应坚持预防和应急处置相结合，优先加强预防工作；坚持消除风险和控制风险相结合，优先采取消除风险措施，加强源头治理；坚持风险全面治理和重点治理相结合，优先治理高风险，减少存量风险，控制增量风险，实现校园安全持续改善。

4. 可操作性原则

校园安全绩效指标的选取应保证具有独立性、完整性、指向性，力求概念明确、定义清楚、关系明确、边界清晰，避免给绩效考核工作带来不必要的麻烦。

（二）成立校园安全绩效考核组

为确保考核工作的专业性和有效性，学校应成立专门的校园安全绩效考核组。校园安全绩效考核组一般由学校领导和各部门负责人组成，其主要职责包括以下几个方面。

（1）制订校园安全绩效考核标准和流程，确保考核工作有章可循。

（2）定期对校园内各部门的安全管理工作进行绩效考核，评估各部门在安全制度执行、隐患排查整改、校园安全教育培训等方面的表现。

（3）根据考核结果，对各部门的安全绩效进行客观、公正的评价，并提出改进意见和建议，以推动校园安全管理工作的持续改进。

（4）监督校园安全工作的整改落实情况，确保各项安全措施得到有效执行。

（5）参与校园安全事故的调查和处置，对事故原因进行深入分析，提出防范措施和改进建议，防止类似事故再次发生。

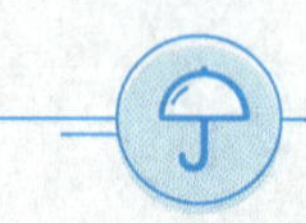

（三）设计校园安全绩效考核表

校园安全绩效考核表的内容一般包括安全目标、安全基础管理、安全教育培训、安全环境管理、安全隐患管理、突发事件应急管理等，如表 1-1 所示。

表 1-1 校园安全绩效考核表

项目	考核内容及分值	得分
安全目标（40 分）	（1）发生重大或特别重大事故（发生 1 起扣 40 分） （2）发生校园公共卫生类、意外伤害类、故意伤害类，以及其他与校园安全相关的突发事件（发生 1 起扣 10 分） （3）安全隐患自检率及整改合格率未达到学校和上级部门规定的考核标准（1 项不合格扣 10 分）	
安全基础管理（30 分）	（1）各级层层签订安全工作责任书和安全承诺（4 分） （2）安全基础资料台账真实、完整、齐全（3 分） （3）各种安全计划、总结、报表报送及时（3 分） （4）安全基础管理成效，包括校园安全管理体系建设、宿舍安全管理、学校设施设备安全管理、特种设备安全管理等（20 分）	
安全教育培训（7 分）	按规定频次定期开展校园安全教育培训（7 分）	
安全环境管理（7 分）	教室、实验室、图书馆、食堂、操场及校园周边场所的安全管理与控制措施（7 分）	
安全隐患管理（8 分）	（1）按规定频次进行安全隐患排查，并及时整改上报（4 分） （2）对于暂无条件整改的安全隐患，制订可控措施和应急预案（4 分）	
突发事件应急管理（8 分）	（1）完善应急指挥与救援系统，准备足够使用的应急资源，按规定频次对安保设施和应急设施进行检查，责任到人（2 分） （2）制订应急预案，定期进行应急培训和演练，对演练效果做出评价，并修订应急预案（4 分） （3）发生突发事件后，按照事故处置原则，对事故进行调查、处置和总结（2 分）	
合计		

在实绩考核时，校园安全绩效考核组根据校园安全绩效考核表对每项内容进行打分（除安全目标外，其余各项每发现一处不合规扣 1 分，分数扣完为止），然后将各项得分加总，即可得到校园安全绩效考核结果。考核结果一般分为优秀（≥90 分）、良好（80～90 分）、常态（70～80 分）、需改进（60～70 分）和不良（＜60 分）5 个等级。

（四）实施校园安全绩效考核办法

校园安全绩效考核包括日常考核、季度考核和年度考核，以促进各级安全管理人员和教职工不断提高自身的安全意识。

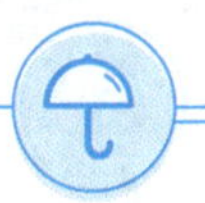

在实际操作中，学校可根据自身情况，对校园安全绩效考核表进行调整，制订具体的考核细则和奖惩办法。例如，班主任安全工作绩效考核表如表 1-2 所示。

表 1-2　班主任安全工作绩效考核表

姓名		班级		日期	
项目	考核内容及分值				得分
安全责任意识（10 分）	（1）高度重视安全工作，与学校签订安全工作责任书，熟知相关条款要求（2 分） （2）安全意识较强，了解并履行自己的安全职责（4 分） （3）关爱学生，保护学生安全（4 分）				
安全教育（32 分）	（1）按照学校要求召开安全主题班会，会后及时上传图片，做好班会记录（8 分） （2）定期开展防交通事故、防溺水、防触电、防火、防自然灾害等知识的教育（8 分） （3）在特殊日子（如安全教育日）或节假日前开展有针对性的安全教育活动（8 分） （4）在日常教育教学活动中提醒学生注意安全，及时制止学生的危险行为（8 分）				
安全防范（48 分）	（1）充分掌握所在班级学生的基本情况，不体罚或变相体罚学生，不以任何借口大骂、挖苦、讽刺学生（6 分） （2）每天到校后和放学前清点学生人数，对于未按时到校或擅自离校的学生，迅速查明原因，及时报告学校领导，并与其家长取得联系（6 分） （3）上课期间确保学生不私自离开课堂，不得随意调用学生参与校外活动或危险活动，不得私自带学生离开学校；如果带学生参加课外活动，必须全程参与（6 分） （4）每天放学护送整队学生安全离校（6 分） （5）每天课间，监控学生的安全；在学生做课间操或参与其他集体活动时，做好上下楼梯的安全教育，防止踩踏事故的发生（6 分） （6）在应急演练前，向学生提出明确的要求，讲清注意事项；在演练过程中，组织学生有序疏散，防止发生安全事故（6 分） （7）教育学生养成良好的个人卫生和饮食习惯，禁止学生购买“三无”产品（6 分） （8）教育学生遵守交通规则，不乘坐超载、酒后驾驶的车辆，不在道路上嬉戏打闹（6 分）				
隐患排查和事故报告（10 分）	（1）发现安全隐患或发生安全事故，立即报告校园安全管理领导小组（5 分） （2）发现安全隐患或发生安全事故，及时采取有效应急措施，控制事态扩大（5 分）				
合计					

项目考核

一、单项选择题

1. 下列关于校园安全的说法，不正确的是（　　）。

   A. 校园安全的范围主要是指中小学校及幼儿园区域内的教学、活动、生活场所，以及区域周边的社区、道路等

   B. 校园安全首先是保障校园活动主体的安全，即教职工的安全

   C. 校园安全应保障与全体师生有密切联系的物的安全

   D. 校园安全是指在学校的职责范围内，通过采取一系列措施，确保全体师生的人身安全、财产安全及校园环境稳定和谐

2. 校园安全管理领导小组的组长一般由（　　）担任。

   A. 校长　　B. 党（总支、支部）书记

   C. 分管安全工作的副校长　　D. 分管教学的副校长

3. 下列关于校园安全绩效管理的说法，正确的是（　　）。

   A. 校园安全绩效管理的基础是构建校园安全绩效指标体系

   B. 校园安全绩效管理不需要成立校园安全绩效考核组

   C. 校园安全绩效管理的最终目的是识别学校运营过程中存在的问题

   D. 校园安全绩效管理的最终目的是对各部门及其工作人员做出奖惩决定

4. 校长的安全职责不包括（　　）。

   A. 认真贯彻落实国家有关校园安全管理工作的法律法规和上级对校园安全管理工作的部署

   B. 组织召开校园安全管理领导小组会议

   C. 全面负责校园安全管理工作，建立健全组织机构和防范体系

   D. 做好教学活动和考试安全预案及管理工作

5. 下列关于校园安全管理漏洞的说法中，不正确的是（　　）。

   A. 师生安全防范意识淡薄　　B. 学校重视程度不够

   C. 校园安全管理制度不完善　　D. 校园安全绩效考核不够频繁

二、多项选择题

1. 校园安全事故的特点包括（　　）。

   A. 常规性　　B. 阶段性　　C. 破坏性　　D. 敏感性

2．学校应建立的校园安全管理制度包括（　　）。

A．门卫制度　　B．消防安全制度

C．水电气安全管理制度　　D．实验室管理制度

3．在校园安全管理中，学校的法定职责主要包括（　　）

A．建立与本校安全管理工作相适应的安全管理机构，并配备足够数量的专职或兼职安全管理人员

B．针对校园内可能发生的各类安全事故，制订相应的预防措施和抢险预案

C．建立健全校园安全预警机制

D．建立健全校园应急处置机制

4．与校园安全管理相关的法律有（　　）。

A．《教育法》　　B．《学生伤害事故处理办法》

C．《未成年人保护法》　　D．《中小学幼儿园安全管理办法》

5．下列关于校园安全管理制度的说法，正确的是（　　）。

A．建立健全校园安全管理制度是学校的法定责任

B．校园安全管理制度是以校长的名义发布的规范性文件

C．建立健全校园安全管理制度是保障师生权益的重要手段

D．校园安全管理制度一般包括安全管理的目的、范围、管理内容、检查制度、评价标准、责任追究等

三、判断题

1．中小学校及幼儿园的学生都是未成年人，如果他们在校园中发生了安全事故，由于其特殊的身份和地位，这类事故很容易形成网络热点问题，引发全社会的关注。（　　）

2．体罚学生，经教育不改的教职工，由所在学校或教育行政部门给予其行政处分或解聘，不必承担刑事责任。（　　）

3．校园安全管理领导小组由学校领导和相关职能部门负责人组成，一般不包括班主任。（　　）

4．校长是学校的法定代表人，是校园安全工作的第一责任人。（　　）

5．校园安全绩效考核包括日常考核、季度考核和年度考核。（　　）

四、简答题

1．简述校园安全事故的特点。

2．简述校园安全管理的内容。

3．简述在构建校园安全绩效指标体系时学校应遵循的原则。

4．简述校园安全绩效考核办法。

项目实践

实践目的

通过模拟校园安全绩效管理，使学生了解校园安全管理工作的落实情况，加深学生对校园安全管理的理解，增强学生的安全意识。

实践描述

以小组为单位，根据所在学校的具体情况，结合所学知识完成以下任务。

（1）参照学校已有的校园安全管理制度，构建校园安全绩效指标体系，并设计校园安全绩效考核表。

（2）选择本校某部门（如食堂、宿舍、实验室等）作为考核对象，模拟考核该部门的安全绩效。

（3）根据考核结果分析该部门安全管理工作的薄弱环节，并制作一份演示文稿，然后派出一名代表在课堂上进行汇报。

实践准备

全班学生以 6～8 人为一组进行分组，各组选出组长并进行任务分工，然后将小组成员及分工情况填入表 1-3 中。

表 1-3　小组成员及分工情况

班级		组号		指导教师	
任务内容					
小组成员	姓名	学号	任务分工		
组长					
组员					

实践记录

将实践任务的具体完成情况记录在表 1-4 中。

表 1-4 实践任务完成情况记录表

时间和任务安排	实施步骤
	1．查找所在学校的校园安全管理制度，要点如下：
	2．构建校园安全绩效指标体系，要点如下：
	3．设计校园安全绩效考核表，具体内容如下：
	4．成立校园安全绩效考核组，根据校园安全绩效考核表，模拟考核本校某部门的安全工作，要点如下：
	5．根据考核结果，分析该部门安全管理工作存在的薄弱环节，具体内容如下：
	6．制作一份演示文稿，进一步讨论并改进，具体内容如下：
	7．各小组代表在全班同学面前进行展示，教师和其他小组成员可以提问或发表意见，具体内容如下：

项目综合评价

指导教师可以根据学生的课堂表现、项目考核情况、项目实践情况对其进行评价。学生配合指导教师共同完成项目综合评价表（见表 1-5）。

表 1-5 项目综合评价表

<table>
<tr><td>班级</td><td colspan="2"></td><td>组号</td><td>日期</td><td></td></tr>
<tr><td>姓名</td><td colspan="2"></td><td>学号</td><td>指导教师</td><td></td></tr>
<tr><td>学习成果</td><td colspan="5"></td></tr>
<tr><td rowspan="2">评价维度</td><td rowspan="2">评价指标</td><td rowspan="2">评价标准</td><td rowspan="2">分值</td><td colspan="2">评价分数</td></tr>
<tr><td>自评</td><td>师评</td></tr>
<tr><td rowspan="4">素养评价 20%</td><td>学习态度</td><td>刻苦认真，勇于钻研</td><td>5</td><td></td><td></td></tr>
<tr><td>纪律意识</td><td>遵守课堂纪律，认真完成课堂作业与课后作业</td><td>5</td><td></td><td></td></tr>
<tr><td>互动意识</td><td>积极发言，完成课堂互动</td><td>5</td><td></td><td></td></tr>
<tr><td>团队精神</td><td>尊师爱友，积极合作，团结奋进</td><td>5</td><td></td><td></td></tr>
<tr><td rowspan="4">知识评价 20%</td><td rowspan="2">基础知识</td><td>了解校园、校园安全、校园安全事故的相关知识，以及校园安全管理的内容与漏洞</td><td>5</td><td></td><td></td></tr>
<tr><td>熟悉校园安全管理相关法律法规、校园安全管理体系</td><td>5</td><td></td><td></td></tr>
<tr><td rowspan="2">应用知识</td><td>能够根据相关法律法规和学校的实际情况制订校园安全管理制度</td><td>5</td><td></td><td></td></tr>
<tr><td>能够熟练运用校园安全绩效考核表对各部门安全管理工作进行评价</td><td>5</td><td></td><td></td></tr>
<tr><td rowspan="2">能力评价 30%</td><td>实践能力</td><td>小组分工合理，能够合作完成安全考核工作，不遗漏考核项目</td><td>15</td><td></td><td></td></tr>
<tr><td>探索创新能力</td><td>在实践过程中有新的想法或思路，有自主探究学习的意识</td><td>15</td><td></td><td></td></tr>
<tr><td rowspan="3">成果评价 30%</td><td>时间观念</td><td>按时完成实践任务</td><td>5</td><td></td><td></td></tr>
<tr><td rowspan="2">演示文稿</td><td>清晰流畅、重点突出、详略得当</td><td>15</td><td></td><td></td></tr>
<tr><td>有效展示考核过程和考核结果，并对本校某部门的安全管理工作提出建设性意见</td><td>10</td><td></td><td></td></tr>
<tr><td colspan="3">合计</td><td>100</td><td></td><td></td></tr>
<tr><td>总评</td><td colspan="2">自评（30%）+师评（70%）=</td><td colspan="3">教师（签名）：</td></tr>
</table>

项目二

校园安全教育培训

导语

校园安全教育培训是校园安全管理的重要一环。目前，我国发生的校园安全事故，多是因为学校安全管理人员与教职工对安全工作的重视程度不够。因此，开展校园安全教育培训尤为重要。这不仅有利于增强广大教职工的安全意识和责任意识，还能够提升他们的安全素养，进而提高整个学校的安全管理水平。同时，通过安全教育，学生能够掌握安全知识和技能，强化自我保护意识，从而有效预防校园安全事故的发生。

学习目标

知识目标

- 了解校园安全教育培训的对象及内容。
- 熟悉校园安全教育培训的实施程序。
- 掌握各阶段校园安全教育的重点。

技能目标

- 能够选择合适的方法，并按照一定流程识别校园安全教育培训的需求。
- 能够按照不同阶段校园安全教育的重点，选择合适的途径实施校园安全教育培训。

素养目标

- 培养安全工作责任心，敢于担当，主动作为。
- 树立安全大局意识，掌握基本的安全知识和技能。

项目导入

"救"在身边·校园守护

自2024年1月8日起，河南省鹤壁市淇滨区教育体育局联合市、区红十字会，邀请郑州红十字会相关专家在鹤壁市120急救中心分期、分批对120名中小学教师进行了应急救护培训。

在培训过程中，专家向教师们传授了心肺复苏、海姆立克急救法等常用的急救知识和技能。通过这次培训，教师们提高了急救意识，增强了急救能力，可以作为初级救护员为辖区学生的安全保驾护航。

依托"'救'在身边·校园守护"行动，各地深入开展学校应急救护知识普及、技能培训、设施配置等工作。参与培训的教师们深有感触，纷纷表示这次培训非常及时且必要。校园内学生活动频繁，难免会出现一些肢体受伤等突发情况。教师们掌握了必要的急救知识，就能在这类事故发生时迅速采取行动，及时对伤者进行急救，挽救生命、减少伤残。中小学校园教职工应急救护水平的整体提升，为青少年生命健康安全提供了坚实的保障。

（资料来源：丁小芳，《鹤壁市淇滨区分批对中小学教师进行应急救护培训》，鹤壁淇滨区委宣传部，2024年1月12日）

思考：为什么要对中小学教师进行应急救护培训？

任务一　了解校园安全教育培训的对象及内容

一、校园安全教育培训的对象

校园安全教育培训的对象涵盖了安全管理人员、教职工、学生家长及学校特种作业人员。通过培训，这些人可以系统掌握校园安全管理的专业知识，并将安全知识传授给学生，提高学生的安全意识和自我保护能力，从而共同防范和减少校园安全事故的发生。

二、校园安全教育培训的内容

针对不同的培训对象，校园安全教育培训的内容也有所不同。

（一）安全管理人员

安全管理人员负责校园的日常安全管理和运营，需要全面了解与校园安全管理相关的政策和法律，掌握校园安全管理的方法和技巧。因此，针对安全管理人员，培训的内容主要包括以下几个方面。

（1）国家安全管理方针、政策，教育系统有关安全管理的法律、法规、规章及标准。

（2）校园安全管理的专业知识。

（3）校园隐患排查与治理、重大危险源管理、重大事故防范、应急管理和救援组织、事故调查处置的有关规定。

（4）国内外先进的校园安全管理经验。

（5）典型校园安全事故和应急救援案例分析。

（6）其他需要培训的内容。

（二）教职工

教职工负责具体落实校园安全管理工作，不仅需要了解与校园安全管理相关的政策、法律及学校的制度，还需要掌握防范和处置校园安全事故的知识和技能，并将相关知识和技能传授给学生。因此，针对教职工，培训的内容主要包括以下几个方面。

江西崇仁：实操培训提升教职工火灾应对能力

（1）国家安全管理方针、政策，教育系统有关安全管理的法律、法规、规章及标准，校园安全管理制度。

（2）校园安全检查、隐患排查与治理的方法，典型校园安全事故的防范措施。

（3）应急管理、应急预案编制及应急处置的内容和要求。

（4）典型校园安全事故和应急救援案例分析。

（5）其他需要培训的内容。

（三）学生家长

学生家长作为学生的监护人，是校园安全管理的重要参与者。通常情况下，学生家长需要掌握典型校园安全事故的防范措施，以降低学生在日常生活或假期中发生安全事故的概率。因此，针对学生家长，培训的内容主要包括以下几个方面。

（1）防自然灾害教育。

（2）夏季防溺水教育。

（3）交通安全教育。

（4）饮食安全和疾病预防教育。

（5）防诈骗教育。

（6）安全接送教育。

（四）学校特种作业人员

学校特种作业人员必须按照国家有关规定，接受专门的培训，具备相应特种作业安全知识，在理论考试和操作技能考试均合格，取得特种作业操作证后，方可上岗作业。

特种作业操作证每 3 年复审 1 次，复审时间和学时应按照国家有关规定执行。特种作业操作证逾期未复审的，作废处理。离开本岗位半年以上的特种作业人员，应重新参加操作技能考试，经确认合格后，方可上岗作业。

安全贴士

学校特种作业人员主要有危险品操作人员（负责管理和处理危险品）、高处作业人员（负责在屋顶、脚手架上作业）、电工作业人员（负责电气设备的安装、维修和检查）等。

任务二　熟悉校园安全教育培训的实施程序

一、识别校园安全教育培训的需求

识别校园安全教育培训的需求是开展培训的前提条件。只有准确识别培训需求，学校才能对症下药，找准培训方向，从而有效解决校园安全问题。

（一）识别培训需求的方法

1. 观察法

观察法是指通过实地观察培训对象在学习和工作中的行为表现，从而发现潜在的安全隐患，并据此分析出培训需求的方法。例如，在校园中观察到体育教师乱放器材、学生逃课翻墙外出等行为，则说明该校的校园安全管理制度不健全或落实不到位。

2. 资料分析法

资料分析法是指借助过往校园安全教育培训资料（如培训计划、培训记录等），分析出培训需求的方法。这种方法有助于学校了解过去培训的效果和不足之处，从而调整和优化未来的培训计划。

3. 面谈法

面谈法是指与培训对象进行面对面的有关校园安全教育问题的交流，从而获取培训需求的方法。面谈法讨论的主要内容包括培训对象对培训的认知程度、对履行安全工作

职责具体成效的评价（包括自我评价和他人评价）、对培训的具体需求（包括培训的内容、方式、形式）等。

4. 问卷调查法

问卷调查法是指以发放调查问卷的形式获取培训需求的方法。这种方法操作简便、覆盖面广，能够帮助学校快速收集培训对象的基本信息、对培训的认知程度、对培训的意见或建议等。

5. 标杆分析法

标杆分析法是指通过分析其他学校的培训方案，了解培训普遍需求的方法。这种方法有助于学校发现培训对象的普遍需求和最佳体验，从而为本校的培训提供有益的参考和启示。

（二）识别培训需求的流程

识别培训需求的流程如图 2-1 所示。

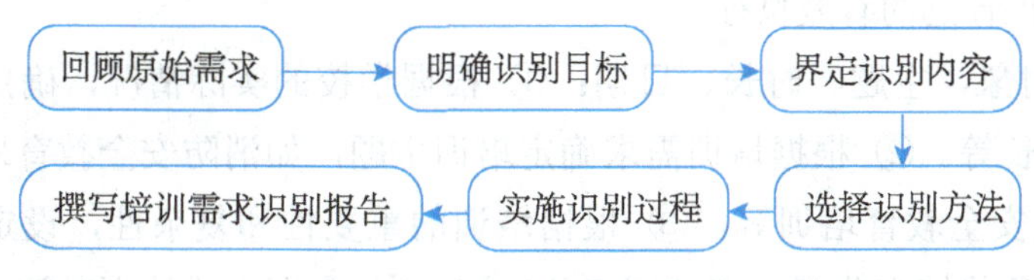

图 2-1　识别培训需求的流程

假设学校打算提升师生的交通安全意识，以降低交通事故的发生概率，则识别该培训需求的流程如下。

（1）回顾原始需求。原始需求是提升师生交通安全意识。这是整个识别流程的出发点和核心目标。

（2）明确识别目标。识别目标是师生在交通安全意识方面的实际表现，包括他们在日常出行中的行为模式、安全习惯等。

（3）界定识别内容。识别内容包括学生在骑自行车、步行上下学过程的行为表现，学生乘车是否有系安全带的习惯，教师开车或家长接送学生过程中的行为表现，等等。

（4）选择识别方法。为了获取更详细、更准确的信息，学校可以选择观察法、问卷调查法等获取有关师生交通安全意识的培训需求。

（5）实施识别过程。确定好识别方法后，学校应详细描述并实施识别过程，然后将收集到的信息进行整理、归纳和总结，形成结论或建议。

（6）撰写培训需求识别报告。学校应将以上内容整理成培训需求识别报告，为后续培训工作的开展提供有力的支持。培训需求识别报告应包含识别的背景、方法和过程，以及信息分析的结论、建议与说明等。

小试牛刀

假设学校打算提升师生预防火灾的安全意识，请你描述识别该培训需求的流程。

二、校园安全教育培训的计划与实施

（一）校园安全教育培训的计划

每学年年初或年末，学校应根据校园安全教育培训的需求，编制新一年度及季度的校园安全教育培训计划。一般情况下，培训计划的具体内容包括以下几个方面。

（1）培训指导思想：明确培训的总体方向和基本原则，确保培训内容符合国家安全法规和教育部门的相关规定。

（2）培训实施负责人：指定专门的部门或人员负责制订培训计划，并负责组织、实施和监管培训，确保计划的有效执行。

（3）培训对象、主题、时长、日期：① 根据学校的实际情况，确定培训对象，如学生、教师、家长等。② 根据培训需求确定培训主题，如消防安全教育培训、交通安全教育培训、食品安全教育培训等。③ 根据培训的重要性和复杂性，设定合理的培训时长，确保培训对象能够充分理解和掌握相关知识。④ 合理安排培训时间，避免影响正常的教学和工作秩序。

（4）培训有效性评估：建立科学的评估机制，通过问卷调查、考试、实际操作等方式，对培训效果进行评估，以便及时调整和完善培训计划。

（二）校园安全教育培训的实施流程

校园安全教育培训的实施流程如图 2-2 所示。

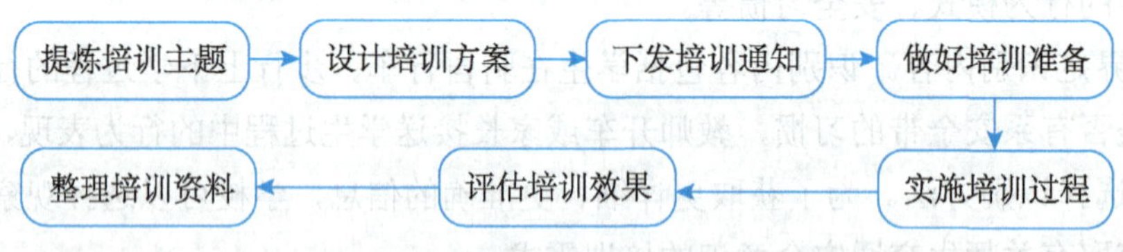

图 2-2　校园安全教育培训的实施流程

（1）提炼培训主题。在开展培训之前，学校应首先从培训需求中提炼培训主题。例如，学校关注到近期许多学生不遵守交通规则，导致校园周边交通事故频发，于是将本次交通安全教育培训主题定为“交通规则记心间，安全幸福你我他”。

（2）设计培训方案。在设计培训方案时，学校应围绕培训主题确定培训形式、时长等具体内容。

（3）下发培训通知。在设计好培训方案后，学校应及时下发培训通知。通知的内容包括培训主题、日期、时长和相关要求，确保师生提前做好准备。

（4）做好培训准备。在实施培训前，培训实施负责人需要做充足的准备：① 准备培训所需的资料，如讲义、案例、练习题等，并打印、装订成册。② 布置培训场地，确保桌椅摆放整齐、宣传条幅悬挂得当。③ 调试视听设备，如电脑、投影仪、麦克风、扩音器等，确保其正常运行。如果是现场实操培训，培训实施负责人需要提前规划培训实施区域，整理现场环境。

（5）实施培训过程。通常情况下，培训的实施过程如下：① 由参与培训的学校领导进行动员讲话，强调培训的重要性，引起培训对象的重视。② 由主持人介绍培训主题、目标、内容、形式、后勤安排和管理规则，使培训对象对培训有全面的了解。③ 由具体培训实施人详细介绍培训的日程安排，并系统讲解课程内容。在培训过程中，培训实施人要注重互动，鼓励培训对象提问和讨论，增强培训效果。

（6）评估培训效果。培训结束后，学校可以选择现场考核、讨论交流、撰写心得体会等方式评估培训效果。通过评估，学校可以了解培训对象对培训内容的掌握情况，以及培训对象安全意识提升的实际效果，为今后的培训提供参考和改进方向。

（7）整理培训资料。培训结束后，学校应对培训方案、培训通知、培训讲义、培训照片、培训视频等资料进行整理、归档和保存，以便随时查阅和使用。这些资料是培训工作的重要记录，也是今后培训和学习的宝贵资源。

（三）校园安全教育培训的实施途径

校园安全教育培训的实施途径多种多样。针对不同的培训对象，学校可以选择不同的实施途径。

1. 召开安全会议

学校可以利用校园安全管理领导小组定期召开安全会议，通过讲座、影像资料展示、视频会议等多种方式，实施对学校安全管理人员的培训，及时传达上级有关安全工作的会议精神，落实安全工作任务，提高学校安全管理人员的安全意识和管理能力。

此外，校园安全管理领导小组还可以定期组织班主任召开安全会议，学习《学生伤害事故处理办法》《中华人民共和国教师法》（以下简称《教师法》）等法律法规，明确班主任在安全工作中的职责，并与其签订相关责任书，确保每位班主任都能充分理解并履行其安全职责。

2. 定期培训与考核

学校可以定期对教职工进行相关安全知识的业务培训，并考核其安全工作业绩，使其熟悉校园安全管理制度、掌握应急救护常识，学会并能指导学生预防校园安全事故，掌握自救、逃生、紧急避险的方法和手段。

经典案例

安防培训活动进校园

为加强校园及其周边安全治理，消除校园安全隐患，全面提高安保人员的整体素质，2023 年 3 月 31 日上午，江西省抚州市东乡区公安局联合区教育体育局在区实验中学共同举办了一场主题为“校园安全防范能力提升”的培训活动。

本次培训特邀专业工程师向所有参训的安保人员讲授了校园“一键报警”“离岗预警”装置的使用技巧，确保每位安保人员都能熟练掌握这些先进设备的使用方法。同时，结合校园安防需要，本次培训还特邀区公安局民警训练基地的专职教官，向所有参训的安保人员讲授了应对突发事件的基本知识和技巧。

在培训过程中，教官们以现场演示、交流互动等方式，让参训的安保人员亲身体验了钢叉、催泪喷剂、盾牌等常用防卫器械的使用，确保安保人员遇到突发情况能在第一时间充分发挥防卫器械的作用。

（资料来源：马光顺，《江西东乡开展校园安防培训活动》，人民网，2023 年 4 月 3 日）

3. 将安全教育纳入教学计划

学校可以将安全教育纳入教学计划，在日常教育教学活动中完成对师生校园安全教育的培训。通常情况下，学校可以采取以下几种方式开展安全教育。

（1）开设专门的安全教育课程，形成长效机制，不断巩固、强化师生的自我保护意识和自我保护能力，切实保障安全教育的落实。

（2）在学科教学中渗透安全教育内容。也就是说，各科教师在学科教学中，要善于挖掘隐性的安全教育内容，将其与学科教学有机整合，在潜移默化中完成校园安全教育。

（3）对于难以通过学科教学渗透的安全教育内容，教师可以利用班会、升旗仪式、专题讲座、综合实践活动的时间，充分利用墙报、板报、参观、演练等方式，通过多种途径，全方位、多角度地开展安全教育。

安全贴士

将安全教育纳入教学计划时，教师要注意以下两点。一是因龄施教，即在教学方式的选择上，对于幼儿园和小学阶段的学生，以游戏和模拟为主；对于初中阶段的学生，以活动和体验为主；对于高中阶段的学生，以体验和辨析为主。二是创新教学手段，即在教学过程中，积极运用广播、电视、计算机、网络等现代教育手段，探索寓教于乐、丰富多彩的教学组织形式，增强安全教育的效果。

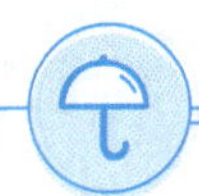

经典案例

海南省将安全教育纳入学校教育教学计划

海南省教育厅印发《2024年度全省教育系统安全生产教育培训计划》（以下简称《计划》），将安全教育纳入学校教育教学计划，保证安全教育时间，引导学生做好自身安全的“第一责任人”。

根据《计划》，海南省各级各类学校要全面落实“1530”安全教育要求，即每天放学前1分钟、每个周末放假前5分钟、每个节假日放假前30分钟开展集中教育；要扎实开展安全主题教育活动、消防安全宣传教育专项行动；要开展安全实践体验教育，依托5个省级中小学安全应急演练基地、青少年学生校外活动综合实践基地，组织学生到基地进行安全实践体验。

（资料来源：张琬茜，《我省将安全教育纳入学校教育教学计划》，《海南日报》2024年4月24日）

4. 开展安全演练活动

学校可以与公安、消防、交通、卫生、地震等部门建立密切的合作关系，聘请有关人员担任校外辅导员，根据各阶段学生的特点，系统规划公共安全教育的内容，并协助学校制订应急疏散预案和组织疏散演练活动。

为确保安全演练活动的有效性和常态化，各学校每学期至少应开展1次安全演练活动，以便师生能够在模拟的真实场景中学习和掌握应对各种紧急情况的正确方法。

经典案例

“培训+演练”筑牢校园安全“防火墙”

河北省沧州市献县商林中心总校组织了一场别开生面的消防安全教育活动。全校师生800余人齐聚献县童星学校，共同参与了消防安全知识培训和逃生疏散应急演练。

这次活动特邀献县消防救援大队的消防宣传员担任主讲，他们向全体师生讲解消防安全知识，并现场演示灭火器和消防栓的使用方法。同时，全体师生参加了逃生疏散应急演练，学生们在教师的带领下快速、有序地离开教室，按照既定路线撤离到安全地带。

通过此次“培训+演练”的活动形式，献县商林中心总校有效提升了师生的消防素养，为筑牢校园安全屏障奠定了坚实的基础。

（资料来源：彭锦帅，《河北献县：“培训+演练”筑牢校园安全“防火墙”》，人民网，2024年3月3日）

5. 召开家长会

开到家门口的
“安全教育监管院坝家长会”

学校可以定期召开家长会，提升家长对学生安全问题的重视程度，帮助家长强化学生在日常生活和假期中的安全意识。此外，学校还可以在家长会后利用学校网站、微信公众号等平台定期收集家长的反馈信息，加强家校之间在安全教育上的沟通和合作。

除了上述途径，你认为校园安全教育培训还有哪些实施途径？请结合实际举例说明。

三、校园安全教育培训档案的建立与管理

为确保校园安全教育培训的系统化和可追溯性，校园安全教育培训档案的建立与管理显得尤为重要。一般情况下，培训档案主要包括以下内容。

（1）上级主管部门发布的关于校园安全教育培训工作的文件、通知、通报等。

（2）学校制订的年度及季度培训计划和实施方案。

（3）每期（班）培训的主要内容、课程与实践安排表、培训材料等。

（4）参加培训的教职工名单及其基本情况。

（5）培训实施结果评价表、教职工签到记录及相关的影像资料等。

（6）学校安全管理人员、安全操作人员的安全资格证书及特种作业操作证的复印件或扫描件。

在建立与管理培训档案时，学校应遵循反映培训过程、内容完整有效、编码简单有序、保存安全可靠、管理使用方便的原则。

安全贴士

培训档案包括电子档案和纸质档案。这两种档案形式应做到格式、式样统一，以确保信息的准确性和一致性。

同时，学校还应指定档案管理人员，专门负责培训档案的整理、保存和日常维护工作。档案管理人员应按照相关规定，做好防火、防盗、防尘、防光、防霉、防鼠咬等工作，确保培训档案的安全。

安全贴士

培训档案必须经档案管理人员批准，并履行相应登记手续后方可查阅、借阅。查阅、借阅期间，培训档案应保持整洁，不得涂改、损坏或遗失。培训档案在使用后应及时归还。

一般情况下，培训档案不得复制、复印、抄录，确需复制、复印、抄录的，经档案管理人员批准后，在复制、复印、抄录件上标注“与原件内容一样”字样，并由经办人签字确认。

任务三　掌握各阶段校园安全教育的重点

一、幼儿园阶段校园安全教育的重点

幼儿园阶段校园安全教育的目的是提高幼儿的安全防范意识，使其掌握简单的自救知识，以便他们能应对生活中可能遇到的一些紧急情况，避免安全事故的发生。这一阶段校园安全教育的重点主要包括以下几个方面。

（一）遵守幼儿园安全制度

教师要让幼儿了解幼儿园的安全制度，并通过多种方式反复强调，确保他们了解并遵守这些制度，帮助他们养成安全的行为习惯，如不得随便离开自己的班级，不得进入厨房、库房等非活动区域，外出活动听从教师的指挥等。

（二）提高安全防范意识

教师要在教育教学活动中时刻提醒幼儿注意安全，提高安全防范意识，掌握安全操作要点。例如，活动时整理好衣服，系好鞋带；攀爬时抓好栏杆，不做任何危险动作；使用剪刀时要集中精神，不能嬉笑打闹；等等。

同时，教师还要引导幼儿认识到生活中的潜在危险，并教会他们如何规避意外事故。例如，过马路时要看红绿灯，走人行横道；不在马路上或停车场玩耍；乘车时要扶好、坐稳，不要将头、手伸出窗外；注意用水、用火、用电安全；等等。

（三）简单的自救知识

教师要教给幼儿一些简单的自救知识，提高幼儿的自我防护和救护能力。例如，遇到火灾要拨打 119 紧急电话，并用湿布捂住口鼻；遇到煤气泄漏要先通风；遇到地震应有序疏散或找安全角落躲好；独自被锁车内时按响喇叭求救；在公共场所与家长走散时，能向警察或相关工作人员说出自己的名字、家长的联系电话；等等。

（四）防拐骗教育

教师要教会幼儿区分陌生人和熟人，并教育他们不轻信陌生人的话、不跟陌生人走、不随便给陌生人开门、不接受陌生人的食物和钱物等。同时，教师还要提醒幼儿在人多拥挤的地方与家长携手同行、遇到危险大声呼救等。

知识拓展

如何设计具体可行的防拐骗演练方案

防拐骗演练是通过模拟真实情况，让幼儿亲身体验遇到拐骗危险时应该如何应对的一种教育方式。防拐骗演练能否达到预期目标，关键在于演练方案是否具体可行。因此，在设计防拐骗演练方案时，教师需要注意以下几个方面。

（1）演练目标：教师应在设计方案之初明确演练目标，如教会幼儿如何辨别陌生人、如何拒绝陌生人的接近、如何报警等。

（2）演练形式与内容：教师应根据幼儿的年龄特点和认知水平，通过角色扮演、情景模拟、游戏等多种形式，设计具有针对性、趣味性和可行性的演练内容，并据此设计具体的情节，如“骗子”的身份及招数、幼儿可能的反应、“骗子”行骗时教师做什么等。

（3）演练准备：教师应确定演练时间、地点和参与人员（包括教师、幼儿、家长及观摩人员）；制订详细的演练计划，明确各环节的具体内容和要求；准备必要的道具和器材，如模拟电话、角色扮演服装等；对参与演练的教师和幼儿进行必要的培训和指导。

（4）演练时机与频次：教师应选在幼儿集体活动时间、上学或放学时间进行演练；幼儿园至少每学年进行 1 次防拐骗演练，并根据实际情况适当增加演练频次。

二、小学阶段校园安全教育的重点

小学阶段校园安全教育的目的是使学生掌握各类校园安全事故的预防和应对方法。因为小学低年级阶段（1～3 年级）与高年级阶段（4～6 年级）学生的心理和生理具有一定差异，所以校园安全教育的重点略有不同，但都包括以下几个方面。

（一）预防和应对公共卫生类事故

对于低年级的学生，教师要使其了解基本的公共卫生和饮食卫生常识；了解肠道和呼吸道等常见疾病的预防常识，养成良好的个人卫生及饮食习惯。

对于高年级学生，教师要使其了解常见传染病的危害性、传播途径和预防措施；了解吸烟、酗酒等不良习惯的危害性，自觉远离烟酒及毒品；了解青春期发育的基础知识，形成明确的性别意识。

（二）预防和应对意外伤害类事故

对于低年级学生，教师要使其了解道路交通安全知识；掌握家用电器、煤气、刀具等日常用品的安全使用方法；安全使用电梯、索道、游乐设施等特种设备；学会在意外事故中自我保护，具备求助、求生的简单技能。

对于高年级学生，教师要使其养成遵守交通规则的良好习惯，主动避让车辆；掌握预防和处理溺水、烧烫伤、动物咬伤、异物入体等意外伤害的基本常识；远离存在安全隐患的设施和区域；具备在事故发生时自我保护的能力，具备求助和逃生的基本技能；了解与意外伤害有关的保险知识，具有一定的保险意识。

（三）预防和应对自然灾害类事故

对于低年级学生，教师要使其了解学校所在地区和所处生活环境中可能发生的自然灾害及其危险性；具备在自然灾害发生时自我保护、求助和逃生能力。

对于高年级学生，教师要使其了解家乡生态环境的常见问题，形成保护自然环境的意识；掌握自然灾害预警信号级别的含义及采取的相应防范措施。

（四）预防和应对社会安全类事故

对于低年级学生，教师要使其了解社会安全类事故的危险性，教育他们自觉遵守公共场所的安全规范，并在与陌生人的交往中保持警惕，初步形成基本的自我保护意识。

对于高年级学生，教师要使其学会如何应对可疑陌生人，了解应对敲诈、恐吓、性侵害的一般方法，提高自我保护意识，同时教育他们不参与影响和危害社会安全的活动。

（五）预防和应对其他校园安全事故

对于低年级学生，教师要使其遵守校园安全管理制度，避免在日常活动、游戏中误伤；在发生突发事件时听从教师的安排，能够利用有限的条件实现自我保护。

对于高年级学生，由于他们已经开始接触网络，教师要引导其认识网络的两面性，学会合理运用网络资源，提高自制力和信息辨别能力，避免沉迷网络游戏或其他电子游戏。

经典案例

为青少年营造清朗的网络空间

随着互联网的普及和深入，青少年成为使用网络的主力军，由于其心智不够成熟、社交需求旺盛等，他们很容易受网络有害信息的侵扰。因此，如何切实保护青少年身心健康，为其提供一个清朗、健康的网络环境，始终是社会各界广泛关注的话题。

近年来，通过开展“清朗”专项行动，网信、公安、教育等部门对涉青少年的网络乱象进行了有效的打击和整治，使网络平台自律水平得到了显著提升。但与此同时，随着互联网新技术、新应用的出现，涉及青少年的网络乱象也在不断“花样翻新”，给网络治理带来了新的挑战。例如，有人运用技术手段“有偿帮助”青少年躲避防沉迷系统，从而谋取不正当收益。更有甚者，一些不法分子利用AI换脸、AI绘图等技术，对青少年实施诈骗。

对此，有关部门、网络平台、学校、家长应各尽其责，形成完整、有效的责任闭环，切实提升青少年网络保护能力和水平，为青少年营造更加健康、安全的网络环境，确保他们在充满阳光的数字世界中茁壮成长。

（资料来源：金歆，《为青少年营造清朗网络空间》，《人民日报》2023年7月14日）

三、初中阶段校园安全教育的重点

初中阶段校园安全教育的目的是确保学生在校园内外的安全，培养他们的安全意识和自我保护能力，从而预防各类安全事故的发生。初中阶段校园安全教育的重点主要包括以下几个方面。

（一）预防和应对公共卫生类事故

教师要使学生了解重大传染病、食物中毒、饮用水污染等公共卫生问题，基本的预防、急救、处理常识，以及简单的用药安全知识；了解青春期常见问题的预防与处理；了解艾滋病的基本常识和预防措施；掌握识别毒品的知识和方法；了解和分析影响生命与健康的可能因素。

（二）预防和应对意外伤害类事故

教师要使学生在遵守交通规则的基础上，分析出行时存在的安全隐患，并采取相应

的措施；能够正确使用各种设施，具备防火、防触电、防煤气中毒的知识和技能；积极预防在校园活动中可能发生的意外事故。

（三）预防和应对自然灾害类事故

教师要使学生了解我国曾经发生的重大自然灾害，认识人类活动与自然灾害之间的关系，增强学生环境保护和生态保护意识。

（四）预防和应对网络、信息安全类事故

教师要引导学生自觉遵守与信息活动相关的法律法规，防范个人信息泄露，自觉抵制网络不良信息的诱惑，提高预防违法犯罪的意识。

（五）预防和应对社会安全类事故

教师应引导学生提高自律意识，养成自觉遵守和维护公共场所秩序的习惯；不参与影响和危害社会安全的活动；理解社会安全的重要性，形成社会责任意识；具备应对敲诈、恐吓、性侵害等突发事件的基本能力。

（六）预防和应对其他校园安全事故

教师要使学生了解校园暴力的危害，掌握应对校园暴力的方法；能够调节和控制青春期的敏感情绪；在人际交往中保护自己，建立坚固的心理防线。

小试牛刀

你还知道哪些初中阶段高发的校园安全事故？请你结合实际谈谈如何预防和应对这类事故。

四、高中阶段校园安全教育的重点

高中阶段校园安全教育的目的是培养学生做守法的公民，让学生掌握在紧急情况下自救和互救的技能，提高生存能力。高中阶段校园安全教育的重点主要包括以下几点。

（一）预防和应对社会安全类事故

教师要引导学生自觉遵守与生活紧密相关的各种行为规范，自觉抵制影响和危害社会公共安全的活动，提高社会责任感和国家意识；理解国际政治、经济、宗教冲突现象，自觉维护国家统一和社会稳定；继承和发扬中华优秀传统文化，自觉抵制不良文化习俗。

（二）预防和应对公共卫生类事故

教师要使学生掌握应对公共卫生类突发事件的相关技能，能够自救、自护，了解报告这类事件的途径和方法；掌握亚健康的基本知识和预防措施；了解应对心理危机的方法和救助渠道；掌握艾滋病的基本知识和预防措施，正确对待艾滋病患者；自觉抵制不良生活习惯和行为，具备洁身自好的意识；学会健康地与异性交往，用恰当的方法保护自己，预防性侵害；当遇到性骚扰时，要用法律保护自己。

（三）预防和应对自然灾害类事故

教师要使学生掌握应急救护的知识和技能，具备在自然灾害中自救和互救的能力；了解有关环境保护的法律法规，并结合当地实际情况，为环境保护贡献力量。

（四）预防和应对网络、信息安全类事故

教师要使学生树立网络安全意识，提升网络道德素养；不利用网络发送有害信息或进行反动、色情、迷信等宣传活动；不窃取国家、教育行政部门和学校的保密信息。

（五）预防和应对其他校园安全事故

教师要使学生自觉抵制校园暴力，维护自己和同学的生命安全；树立正确的安全观，在关注自身安全的同时，关注他人的安全，并为他人提供力所能及的帮助。

你还知道哪些高中阶段高发的校园安全事故？请你结合实际谈谈如何预防和应对这类事故。

项目考核

一、单项选择题

1.（　　）是指通过分析其他学校的培训方案，了解培训普遍需求的方法。

A．观察法　　B．资料分析法　　C．面谈法　　D．标杆分析法

2．下列关于校园安全教育培训实施流程的说法，错误的是（　　）。

A．在开展培训之前，学校应首先从培训需求中提炼培训主题

B．如果是现场实操培训，培训实施负责人需要提前规划培训实施区域，整理现场环境

C．为方便整理培训资料，学校只能选择以撰写心得体会的方式评估培训效果

D．培训准备工作包括准备培训资料、布置培训场地、调试视听设备等

3．针对学生家长的校园安全教育培训的实施途径主要是（　　）。

A．定期培训与考核　　B．召开家长会

C．开展安全演练活动　　D．将安全教育纳入教学计划

4．下列关于校园安全教育培训档案的说法，正确的是（　　）。

A．培训档案的建立与管理应遵循反映培训过程、内容完整有效、编码简单有序、保存安全可靠、管理使用方便的原则

B．因工作需要借阅培训档案，不必经过档案管理人员批准

C．培训档案在任何情况下都不得复制、复印、抄录

D．学校可以不配备档案管理人员专门负责档案管理工作

5．下列选项中，不属于幼儿园阶段校园安全教育重点的是（　　）。

A．教师要教会幼儿区分陌生人和熟人

B．教师要引导幼儿提高自制力，防止沉迷网络游戏或其他电子游戏

C．教师要在教育教学活动中时刻提醒幼儿注意安全

D．教师要教育幼儿注意用水、用火、用电安全

二、多项选择题

1．校园安全教育培训的对象主要包括（　　）。

A．安全管理人员　　B．教职工

C．学生家长　　D．学校特种作业人员

2．培训计划的内容包括（　　）。

A．培训对象、主题、时长、日期　　B．识别培训需求的方法

C．培训指导思想　　D．培训实施负责人

3．对于小学高年级学生，校园安全教育的重点在于（　　）。

A．引导学生学会合理运用网络资源，提高自制力和信息辨别能力

B．教会学生遇到火灾拨打 119 紧急电话，用湿布捂住口鼻

C．使学生了解吸烟、酗酒等不良习惯的危害性，自觉远离烟酒及毒品

D．使学生学会调节和控制青春期的敏感情绪

4．下列选项中，属于高中阶段预防和应对公共卫生类事故教育重点的是（　　）。

A．使学生具备在自然灾害中自救和互救的能力

B．使学生掌握艾滋病的基本知识和预防措施，正确对待艾滋病患者

C．使学生了解应对心理危机的方法和救助渠道

D．引导学生自觉抵制影响和危害社会公共安全的活动

三、判断题

1. 特种作业操作证每 2 年复审 1 次，复审时间和学时应按照国家有关规定执行。（　　）

2. 通常情况下，学生家长需要掌握常见校园安全事故的预防措施，以降低学生在日常生活或假期中发生事故的概率。（　　）

3. 教师在进行安全教育时要注意因龄施教，即在教学方式的选择上，对于幼儿园和小学阶段的学生，以游戏和模拟为主；对于初中阶段的学生，以活动和体验为主；对于高中阶段的学生，以体验和辨析为主。（　　）

4. 小学低年级阶段和高年级阶段的校园安全教育目的都是使学生掌握各类校园安全事故的预防和应对方法，因此可以不做区分。（　　）

5. 初中阶段校园安全教育的目的是培养学生做守法的公民，让学生掌握在紧急情况下自救和互救的技能，提高生存能力。（　　）

四、简答题

1. 简述校园安全教育培训的对象及内容。
2. 简述识别校园安全教育培训需求的方法。
3. 简述校园安全教育培训的实施途径。
4. 简述高中阶段校园安全教育的重点。

项目实践

实践目的

通过组织并实施校园安全教育培训，使学生掌握校园安全教育培训的实施流程，提升其安全意识和责任意识。

实践描述

以小组为单位，结合所学知识完成以下任务。

（1）识别培训需求。各小组可选择合适的方法识别培训需求。

（2）制订培训计划并实施。各小组根据制订的培训计划，选择合适的实施途径，并记录培训实施过程。

（3）制作演示文稿。各小组将培训相关资料制作成一份演示文稿，然后派出一名代表在课堂上进行汇报。

实践准备

全班学生以 3～5 人为一组进行分组，各组选出组长并进行任务分工，然后将小组成员及分工情况填入表 2-1 中。

表 2-1 小组成员及分工情况

<table>
<tr><td>班级</td><td></td><td>组号</td><td></td><td>指导教师</td><td></td></tr>
<tr><td>任务内容</td><td colspan="5"></td></tr>
<tr><td>小组成员</td><td>姓名</td><td>学号</td><td colspan="3">任务分工</td></tr>
<tr><td>组长</td><td></td><td></td><td colspan="3"></td></tr>
<tr><td rowspan="4">组员</td><td></td><td></td><td colspan="3"></td></tr>
<tr><td></td><td></td><td colspan="3"></td></tr>
<tr><td></td><td></td><td colspan="3"></td></tr>
<tr><td></td><td></td><td colspan="3"></td></tr>
</table>

实践记录

将实践任务的具体完成情况记录在表 2-2 中。

表 2-2 实践任务完成情况记录表

时间和任务安排	实施步骤
	1．拆解任务，认识任务中的重点和难点，具体内容如下：
	2．识别培训需求，具体内容如下：
	3．根据培训需求制订培训计划，具体内容如下：
	4．选择合适的培训途径，并做充足准备，具体内容如下：
	5．实施培训，并记录培训过程，要点如下：

（续表）

时间和任务安排	实施步骤
	6. 评估培训效果，参与培训的人员撰写培训心得，要点如下：
	7. 整理培训相关资料，并制作成演示文稿，要点如下：
	8. 汇报演示文稿，其他小组充分讨论，具体内容如下：

项目综合评价

指导教师可以根据学生的课堂表现、项目考核情况、项目实践情况对其进行评价。学生配合指导教师共同完成项目综合评价表（见表 2-3）。

表 2-3　项目综合评价表

<table>
<tr><td>班级</td><td colspan="2"></td><td>组号</td><td></td><td>日期</td><td></td></tr>
<tr><td>姓名</td><td colspan="2"></td><td>学号</td><td></td><td>指导教师</td><td></td></tr>
<tr><td>学习成果</td><td colspan="6"></td></tr>
<tr><td rowspan="2">评价维度</td><td rowspan="2">评价指标</td><td rowspan="2" colspan="2">评价标准</td><td rowspan="2">分值</td><td colspan="2">评价分数</td></tr>
<tr><td>自评</td><td>师评</td></tr>
<tr><td rowspan="4">素养评价 20%</td><td>学习态度</td><td colspan="2">刻苦认真，勇于钻研</td><td>5</td><td></td><td></td></tr>
<tr><td>纪律意识</td><td colspan="2">遵守课堂纪律，认真完成课堂作业与课后作业</td><td>5</td><td></td><td></td></tr>
<tr><td>互动意识</td><td colspan="2">积极发言，完成课堂互动</td><td>5</td><td></td><td></td></tr>
<tr><td>团队精神</td><td colspan="2">尊师爱友，积极合作，团结奋进</td><td>5</td><td></td><td></td></tr>
<tr><td rowspan="4">知识评价 20%</td><td rowspan="2">基础知识</td><td colspan="2">了解校园安全教育培训的对象及内容</td><td>5</td><td></td><td></td></tr>
<tr><td colspan="2">掌握各阶段校园安全教育的重点</td><td>5</td><td></td><td></td></tr>
<tr><td rowspan="2">应用知识</td><td colspan="2">掌握识别校园安全教育培训需求的流程</td><td>5</td><td></td><td></td></tr>
<tr><td colspan="2">掌握校园安全教育培训的计划与实施、校园安全教育培训档案的建立与管理</td><td>5</td><td></td><td></td></tr>
</table>

（续表）

评价维度	评价指标	评价标准	分值	评价分数	
				自评	师评
能力评价 20%	策划能力	能够策划出新颖、生动、有针对性的校园安全教育培训活动	10		
	组织能力	组织培训对象参与培训活动，做好辅助工作，确保培训活动取得预期效果	10		
成果评价 40%	时间观念	按时完成实践任务	5		
	演示文稿	清晰流畅、重点突出、详略得当	10		
	实施培训	准确识别培训需求，根据培训需求制订培训计划，并选择合适的实施途径	15		
		培训心得体会结构清晰、逻辑严密，具有较强的感染力和说服力	10		
合计			100		
总评	自评（30%）+师评（70%）=		教师（签名）：		

项目三

校园及其周边环境安全管理

导语

校园及其周边环境安全是保障师生生命安全、维护正常教学秩序的重要基础。随着社会的快速发展和校园环境的日益复杂化，校园及其周边环境安全管理面临诸多挑战。为了有效应对挑战，学校可以通过加强校舍、相关设施设备及校园周边环境等方面的安全管理，保障校园及其周边环境的安全与稳定。

学习目标

知识目标

- 了解校舍建筑标准，掌握校舍安全管理措施。
- 掌握学校的教学设施设备、安全设施设备、特种设备的安全管理。
- 掌握校园周边环境存在的主要问题及其产生的原因。

技能目标

- 能够采用有效的措施整治校园周边环境。
- 能够按照要求对学校教学设施设备、安全设施设备、特种设备进行安全管理。

素养目标

- 自觉遵守各项安全管理制度，维护校园安全。
- 提高沟通能力，加强与学校所在地的公安、消防、卫生、城管等部门的联系。

项目导入

教学楼强震不倒，经受住地震考验

某校新任校长发现该校教学楼老旧且质量不佳，决定分步骤对学校教学楼进行改造，以确保教学楼的结构稳固，保障师生的生命安全。

第一步，学校找来正规的建筑公司，拆除了与教学楼相连的一栋质量较差的厕所楼，然后在一楼的安全处重新建造了厕所。这样做虽然会造成高层教室上课的同学去厕所不太方便，但是，学生们的安全却有了保障。

第二步，学校将楼板缝隙中的水泥纸袋去掉，重新灌注了混凝土，使楼板的承受力大大提高。

第三步，学校按照标准要求对教学楼进行整改，将整栋楼的 22 根承重柱子，从边长 37 厘米的承重柱子，加粗为边长 50 厘米以上的承重柱子。

…………

对于新建的教学楼，学校更是严格把关。例如，学校要求施工者对教学楼外立面贴的大理石石板进行打孔，用 4 个金属钉将其挂在外墙上并粘好，以防止大理石石板掉下来砸到学生。

在特大地震发生后，该校 8 栋教学楼只有部分受损，建筑主体屹立不倒，经受住了地震的考验。

思考：中小学校舍建筑标准有哪些？为了保障校舍安全，学校应对校舍进行哪些安全检查？

任务一　校舍安全管理

一、校舍建筑标准

校舍是师生工作、学习和生活的重要场所，其质量和安全直接关系到师生的生命安全。因此，校舍在建设时必须严格遵守《中华人民共和国建筑法》《城市普通中小学校校舍建设标准》《农村普通中小学校建设标准》《中小学校设计规范》等相关法律法规及标准，确保校舍的结构、装修、所用材料等各个方面均符合相关要求，为广大师生提供一个安全、舒适、健康的活动环境。

（一）城市普通中小学校舍主要建筑标准

1. 建筑层数

学校的教学、办公用房宜设计成多层建筑。小学的普通教学楼层数宜在 4 层以下，不宜超过 4 层；中学的普通教学楼层数宜在 5 层以下，不宜超过 5 层。其他教学、办公用房可根据实际使用要求设计。

2. 层高

层高是指楼房上下两层楼面之间的距离。城市普通中小学各类用房的层高要求如表 3-1 所示。

表 3-1　城市普通中小学各类用房的层高要求

中小学用房名称	层高要求
小学普通教室	不宜低于 3.6 米
中学普通教室	不宜低于 3.8 米
专用教室、公共教学用房	若进深大于 7.2 米，则层高不宜低于 3.9 米
办公用房	不宜低于 3 米
阶梯教室	最后一排的楼地面至顶棚的净高度不应低于 2.2 米

3. 耐火等级

耐火等级是衡量建筑物耐火程度的重要指标，主要依据其建筑构件的燃烧性能和耐火极限来划分。

耐火等级通常分为 4 个等级。一级耐火等级建筑物的主要建筑构件全部为不燃烧性。二级耐火等级建筑物的主要建筑构件除吊顶为难燃烧性外，其他建筑构件为不燃烧性。三级耐火等级建筑物的主要建筑构件除屋顶承重构件为可燃烧性外，其他建筑构件为不燃烧性或难燃烧性。四级耐火等级建筑物的主要建筑构件除防火墙为不燃烧性外，其他建筑构件为难燃烧性或可燃烧性。

校舍的耐火等级为楼房不应低于二级，平房不应低于三级。

4. 建筑结构

（1）校舍的建筑结构应根据校舍的功能、平面和空间的变换要求，以及保障安全和防御较大自然灾害的要求，采用混合结构或钢筋混凝土承重结构。其中，教学用房宜采用钢筋混凝土承重结构。

（2）校舍不得采用空斗砖墙、空心砖墙和生土墙体作为承重结构。

（3）校舍的建筑材料和建筑构件的品种、规格、型号、标号、质量等必须符合设计要求。

5. 屋面

校舍的屋面应根据各地区雨雪量等气象条件和建筑材料供应情况，采用钢筋混凝土平屋面或坡屋面。不论采用哪种形式，校舍的屋面均应有可靠的防水、隔热、保温措施。需要注意的是，可以上人的屋面应设置安全防护栏，其净高度不应低于 1.1 米。

6. 楼地面

楼地面是建筑物底层地面和多层建筑一层地面的简称。中小学各类用房宜采用的楼地面的基本要求如表 3-2 所示。

表 3-2　中小学各类用房楼地面的基本要求

中小学用房名称	楼地面的基本要求
普通教室、门厅、走道、楼梯	防尘、易清洁、耐磨
化学实验室	耐酸碱腐蚀
音乐教室、多功能教室、体育活动室	宜采用弹性地面（如木地板等）
语言教室	需要埋设管线的部位应易于管线维修
计算机教室	需要埋设管线的部位应易于管线维修，且宜采用能导出静电的材料
厕所	防滑、易清洁，且应有可靠的防水和排水设施

7. 门厅、走廊

（1）教学楼的门厅宜宽敞，有利于人群通行和短暂停留。

（2）教学楼宜采用外廊（建筑物外侧的开敞式走廊）或单内廊（建筑物一侧的封闭式走廊），其宽度不应小于 2.1 米。若教学楼采用中内廊（建筑物中间的走廊），则其宽度不应小于 3 米。办公用房的走廊宽度不应小于 1.5 米。

（3）门厅和走廊的楼地面不宜设台阶。走廊两端或走廊与房间楼地面略有高差时，应采用防滑坡道；高差较大必须设置台阶时，台阶不得少于 3 级。

（4）教学楼外廊栏杆（栏板）的净高度不应低于 1.1 米。

8. 楼梯

（1）校舍楼梯的数量、宽度、位置和形式应满足使用要求，符合安全疏散和国家防火规范要求。

（2）楼梯间应有直接天然采光。

（3）楼梯的台阶高度不应高于 0.15 米。楼梯井的净宽度不宜大于 0.2 米。

（4）室内楼梯栏杆（栏板）的净高度不应低于 0.9 米；室外楼梯栏杆（栏板）的净高度不应低于 1.1 米。

9. 门窗

（1）校舍的门窗应清洁、耐用，且便于开启，开启后不得影响室内空间的使用和走廊通行的便利与安全。

（2）教学用房的门窗设置要有利于采光、通风。

（3）普通教室、各种专用教室和部分公共教学用房应根据安全疏散的要求设置前门和后门。

（4）普通教室安全出入口门洞的宽度不应小于 1 米；多功能教室、合班教室安全出入口门洞的宽度不应小于 1.5 米；阶梯教室安全出入口门洞的宽度不应小于 2 米。

（5）校舍的门扇上宜设置观察窗。

（6）教学用房及教学辅助用房均不宜设置门槛。

（7）校舍的门框上部应设置采光通风窗。

（8）位于楼梯平台处的采光窗，窗下墙面高度低于 1.1 米的应设置安全防护栏。

10. 建筑装修

（1）建筑内装修。校舍的墙面、顶棚一般宜做简易装修。音乐、语言、计算机、视听等专用教室和门厅可根据需要及经济条件进行装修。所有内墙的阳角（凸出来的墙角）和方柱均宜做成圆角。走廊、门厅、楼梯间均宜做高度不低于 1.2 米，且易清洗、不易污损的墙裙（室内墙壁下半部起装饰和保护作用的表面层）；饮水间、浴室、厕所均宜做高度不低于 1.5 米，且便于冲洗的墙裙。

（2）建筑外装修。校舍的外装修应根据城市建设规划和校园景观的整体要求，因地制宜地进行装修。装修材料应能够防止雨水渗透，其色彩应与周围建筑相协调。

11. 室内环境

1）采光

教室、图书阅览室及实验室等主要教学用房在建造时应保证为最佳建筑朝向，避免阳光直射室内。教学用房宜设计为双侧采光，并应避免眩光。主要采光窗窗台的高度宜为 0.9 米。教学、办公用房的采光玻地比（窗户的透光面积与室内楼地面面积之比）不得低于 1/6。

安全贴士

眩光是指一种由视野中不适宜的亮度分布、悬殊的亮度差等引起的视觉不舒适的现象。眩光会引起视觉疲劳，强烈的眩光可能会损害视觉。

2）照明

教学、办公用房应采用配有保护罩的节能荧光灯具，不得用裸灯。教学用房照明灯具的数量、功率和布局方式必须符合《中小学校普通教室照明设计安装卫生要求》。灯具悬挂高度距桌面不应低于 1.7 米。教学用房的照明应能够分楼、分层、分部位控制。

教学、办公用房应设置适应教学、办公手段现代化的电器插座和分楼、分层或分部

位控制的广播线路。劳动教室、劳动技术教室、科技活动室、厨房等中小学用房，宜根据设备运行需要设置动力电源插座。

3）通风换气

教学、办公用房应有良好的自然通风，并保持室内良好的空气质量。教学用房应有换气设施，以确保室内空气中二氧化碳的浓度低于 1.5‰。炎热地区可采用开窗的方式换气；温暖地区宜采用开窗和开启气窗（门窗上用来通风换气的小窗）相结合的方式换气；寒冷地区应利用外墙或内廊墙上的气窗、门头采光通风窗，或室内附墙竖向排气道换气。外墙气窗上的换气口面积不应小于房间面积的 1.67%，内廊墙上气窗的换气口面积不应小于房间面积的 3.34%。附墙竖向排气道的排气口应设在每层排气道的顶部（临近顶棚）位置，排气口大小可视具体情况确定，并设调节风门。

化学实验室、药品贮藏室及贮藏柜、合班教室、多功能教室、体育活动室等应根据使用要求设置有效的排气装置并及时通风换气。

4）室内温度

教学、办公用房内的温度应适宜。各地区中小学校可根据当地气候和条件因地制宜地设置采暖或降温设施。

（二）农村普通中小学校舍主要建筑标准

1. 建筑层数及层高

小学的普通教学楼层数应在 3 层及以下，初级中学的普通教学楼层数应在 4 层及以下。农村普通中小学各类用房的层高要求如表 3-3 所示。

表 3-3　农村普通中小学各类用房的层高要求

中小学用房名称	层高要求
小学普通教室	不宜低于 3.6 米
初级中学普通教室	不宜低于 3.9 米
办公用房	不宜低于 3 米
教职工宿舍	不宜低于 2.8 米
学生宿舍	若使用单层床，不宜低于 3 米
	若使用双层床，不宜低于 3.6 米
多功能教室、食堂等	根据使用要求确定
阶梯教室	最后一排的楼地面至顶棚的净高度不应低于 2.2 米

2. 建筑结构与设计

（1）校舍的建筑结构应按照防御各类重大灾害的相关规范要求进行设计。

（2）校舍的建筑设计在平面空间布置和造型设计等方面应符合抗震设计要求。教学用房、学生宿舍和食堂的抗震设防类别应属重点设防类，其建筑结构应采用抗震性能较好的结构体系。在抗震设防烈度6度及以上的区域，严禁使用预制空心板及预制楼梯。

（3）校舍建筑材料的强度等级、型号、规格、质量等必须符合国家现行标准，满足设计的要求。

3. 耐火等级

校舍的耐火等级为楼房不应低于二级，平房不应低于三级。

4. 建筑装修

学校各类用房应因地制宜，充分利用地方建筑装饰材料进行装修，应简朴、美观、大方，严禁豪华装修。建筑装修应符合下列要求。

（1）校舍的楼地面应根据使用要求采用防滑、防尘、易清洁的地面材料。化学实验室宜采用耐酸碱腐蚀的地面材料。多功能教室、体育活动室宜采用弹性地面材料。

（2）校舍所有内墙的阳角和方柱宜做成圆角。教学用房的墙面、顶棚宜采用白色材料做普通装修。音乐教室、多功能教室的墙面宜采用吸音材料。墙裙宜采用易于清洁的材料。固定黑板应采用墨绿色或黑色无光耐磨材料。

5. 楼梯

（1）校舍楼梯的数量、宽度、位置和形式应满足使用要求，符合安全疏散和国家防火规范要求，每幢多层建筑的楼梯数量不得少于2座。

（2）楼梯不得采用螺旋形或扇形台阶。楼梯的坡度不应大于30°。

（3）楼梯的台阶高度，小学的不应高于0.15米，中学的不应高于0.16米。

（4）梯段与梯段之间不应设置遮挡视线的隔墙。楼梯井的宽度不应大于0.2米。

（5）楼梯栏杆（栏板）应坚固，高度不应低于0.9米。室外楼梯栏杆（栏板）的高度不应低于1.1米。

（6）楼梯间应有直接的自然采光、通风和人工照明。

6. 走廊

（1）教学楼的中内廊宽度不应小于3米，外廊或单内廊的宽度不应小于2.1米。

（2）外廊栏杆（栏板）的净高度不应低于1.1米。栏杆的垂直杆件间的净距离不应大于0.11米。可以上人的屋面应设置安全防护栏，其净高度不应低于1.1米。各种栏杆均应坚固，且不易攀登。

（3）走廊不宜设置台阶，若必须设置台阶，则不宜少于3级，或做成防滑坡道。

7. 室内环境

（1）采光。校舍的室内采光应亮度均匀且避免眩光，应保证主要教学用房的最佳建筑朝向，避免阳光直射教室内。教学用房宜采用双侧采光，严禁使用有色玻璃，采光窗窗台的高度不应低于0.9米。教学、办公用房的采光玻地比不应低于1/6。

（2）照明。教学用房应采用配有保护罩的节能荧光灯具，不宜采用裸灯。灯具（长轴）应垂直于黑板面布置（黑板灯除外），悬挂高度距桌面宜为1.7米。中小学各类

用房的平均照度应符合建筑照明设计标准的规定。

（3）通风换气。校舍室内应有良好的自然通风。教学用房应有冬春季换气设施，炎热地区可采用开窗的方式换气；温暖地区宜采用开窗与开启气窗相结合的方式换气；寒冷地区应使用外墙、采光窗上部或内廊墙上的气窗换气。此外，化学实验室及毒气橱应设置有效的排气设施并及时通风换气。

（4）室内温度。教学、办公用房内的温度应适宜。各地区中小学校可根据当地气候和条件因地制宜地设置采暖或降温设施。

8. 卫生设施

学校应设置给排水系统。建筑物内应设置水冲式厕所。厕所均应采用陶瓷大便槽（或蹲式陶瓷大便器）和小便槽。水冲式厕所宜配备洗手盆和污水池。独立厕所应按卫生要求，位于教学、办公区及食堂的下风方位，并与其保持适当的距离。厕所均应设置通风排气设施。

9. 其他

（1）学校食堂、厨房的装修及设施配置应符合各个地区卫生防疫部门关于学校食堂卫生管理的要求。

（2）校舍建设应符合无障碍设施规范要求。

（3）学校应根据消防要求，在校内、楼内和相关室内配置消防器材。

（4）学校应根据安全要求，在校内配置应急照明设备，设置疏散指示标志。

二、校舍安全管理措施

校舍的安全管理是校园安全管理工作的重要组成部分。具体来说，学校可以从以下几个方面实施校舍安全管理措施。

（一）明确校舍安全管理职责

校舍安全管理工作通常由总务处统管，并实行班级及各处室分管责任制。

1. 总务处职责

（1）负责校舍安全管理工作的总体规划和监督执行。

（2）定期对校舍进行安全检查，发现隐患应及时督促整改。

（3）协调各部门之间的工作，确保校舍安全管理制度的落实。

2. 班级的职责

（1）班主任为班级安全管理的第一责任人，负责本班教室的日常安全管理。

（2）教育学生遵守校舍安全规定，及时发现并纠正学生的不安全行为。

（3）定期对本班教室进行安全检查，发现隐患应及时上报总务处，并协助总务处进行整改。

3. 各处室的职责

（1）各处室主任负责本处室的安全管理。

（2）教育、监督本处室人员遵守校舍安全规定，提高其安全意识。

（3）定期对本处室的办公用房进行安全检查，发现隐患应及时上报总务处，并协助总务处进行整改。

（二）进行常态化安全检查

学校应经常组织校舍安全检查，可以每周、每月、每季度、每学期进行定期检查；也可以针对特定季节（如梅雨季节、台风季节等）、特定情况（如新建、改建校舍完工后）或突发状况（如发生洪水、地震后）进行专项检查。检查的内容包括校舍的建筑结构（如墙体、屋面、楼地面、楼梯、栏杆、门窗等），水、电管道线路，实验仪器、消防设施设备等。

检查时，检查人员应详细记录检查情况，对于发现的问题和隐患，应及时向相关部门和负责人反馈，并跟踪整改。

（三）做好日常维护及修缮工作

学校应做好校舍的日常维护工作，确保校舍及其设施设备的完好和安全。在校舍需要修缮时，学校应制订全面的修缮计划，明确修缮的时长、内容、方法和责任人等，并尽量利用寒暑假时间进行修缮，避免影响教学。在修缮期间，学校应严禁师生进入施工场地，并在场地外围设置安全提醒标志，同时加强场地巡查，以确保安全。

（四）重点关注消防与用电安全

消防与用电安全对校舍安全至关重要。在消防安全方面，学校应加强对消防设施的管理，合理配置消防器材，并定期检查、及时更换。同时，学校也应加强消防安全检查，并定期开展消防演练，提高师生对火灾的应对能力。

在用电安全方面，学校应建立严格的用电管理制度，严禁私拉电线、违规使用电器等，并加强对师生用电安全知识的宣传，提高师生的用电安全意识。同时，学校应定期对电气设备及线路进行检查和维护，确保用电安全。

（五）建立校舍档案

学校应建立校舍档案，并规范校舍档案管理工作，确保校舍从规划、设计、施工到修缮等各个环节的资料都被完整收集并归档，以便为日后校舍的安全管理工作提供详细信息支持。例如，通过分析校舍档案中的记录建筑材料信息，可以评估校舍是否存在安全隐患（如材料老化等），从而为其修缮工作提供依据。

任务二　学校设施设备安全管理

一、学校教学设施安全管理

学校教学设施安全管理是确保教学活动顺利进行、保障师生安全的重要工作。下面以操场和实验室为例，介绍学校教学设施安全管理的要点。

（一）操场的安全管理

操场是师生进行体育活动的重要场所，其安全管理至关重要。下面是操场安全管理的要点。

（1）质量控制。塑胶跑道等设施应使用环保、安全且符合国家标准的材料，并严格按照施工规范进行铺设（安装），避免使用劣质材料。

筑牢校园体育安全“地基”新标准

（2）环境维护。操场应保持整洁，没有垃圾和其他障碍物，以确保师生活动时的安全。

（3）定期检查。学校应定期检查操场设施，包括跑道、足球门等，以确保操场设施没有损坏且不存在安全隐患。

（4）及时修复。一旦发现操场设施损坏或存在安全隐患，学校应及时修复或更换，以确保操场设施的完好和安全。

（5）事故预防。教师在体育课前应检查操场设施，并向学生强调要遵守课堂纪律和活动规则，以确保其能够安全、顺利地开展体育活动。

（6）应急管理。学校应制订体育运动伤害事故应急处置预案，做到一旦发生事故，能够及时实施救助。

知识拓展

有毒跑道的危害

有毒跑道是指塑胶跑道中含有毒有害物质，其会对师生的健康造成如下危害。

（1）有毒跑道中使用的溶剂含有甲苯和二甲苯等，这些物质被吸入人体后，可能引起头晕、咳嗽、流鼻血、喉咙痛和呼吸困难等问题，严重时还可能引起肺气肿、哮喘等疾病。

(2) 有毒跑道中使用的塑化剂主要是邻苯类塑化剂，该物质能增加跑道弹性，但是过量使用可能导致人绝育。

(3) 有毒跑道中使用的重金属催干剂主要是铅盐，该物质会通过皮肤接触或呼吸进入人体，影响人体神经系统、肾脏的功能等。

（二）实验室的安全管理

学校实验室包括化学、生物、物理等多个学科的实验室。学校应制订相应措施和规定，加强学校实验室的安全管理。

1. 实验室安全制度

(1) 学校应对实验室相关人员进行相应的安全知识和技术培训。相关人员应了解实验室安全管理规定和操作规程，熟悉安全事故的警报信号、应急处置措施及逃生路线，清楚紧急铃、紧急洗眼机、紧急冲身花洒及灭火装置的位置及其正常操作程序。

(2) 实验室内所有药品、标准样品、溶液都应有标签，不能在容器内装入与标签不相符的药品。

(3) 实验室内使用的化学试剂应有专人保管，根据化学性质分类存放，并定期检查使用及存放情况。实验室内保存的少量易燃、易爆物品必须符合安全存放的要求，并严加保管。

(4) 实验室内的仪器分析室、化学分析室、样品处理室和办公室均应指定专人负责安全工作。负责人在其所管辖的范围内，必须加强防火、防盗、防毒、防爆措施，并严格执行下列安全管理规定：① 每天下班前检查各实验室的门、窗、水、电，做到人离开时关闭门、窗、水龙头和电灯，必要时应切断电源。对实验室中的纸屑等杂物，必须清理干净，消除隐患。② 随时检查实验室的电线和消防器材，确保电线没有裸露和破损，消防器材完好无损。

(5) 对于大型、贵重、稀缺的精密仪器，学校应建立以安全责任制为核心的管理制度，未经批准，其他人员不准擅自操作、不能随便拆卸或外接其他装置。

(6) 实验操作过程应严格遵守各项安全要求。例如，实验过程中禁止吸烟或饮食；接触化学品时要佩戴防护手套；使用过的防护手套应作为危险废物处置，严禁戴其接触清洁区域的设施或物品，包括电脑开关、鼠标、键盘、仪器按钮、桌椅门窗、门禁系统、电梯按钮、扶手、墙面等，若有接触，需立即彻底清洁该区域；在实验室内使用危险化学品、危险设备、激光设备及生物制剂，必须戴上护目镜。

(7) 实验室应设置门禁系统并制订相应的管理办法。未经相关责任人同意，任何人不能进入实验室使用仪器。

（8）实验室内的电器及设施设备等必须严格按照安全用电规程和设备的使用要求操作，不许私拉乱接电线，墙上电源未经允许，不得拆装、改线。

（9）实验室应保持卫生、整洁。实验结束时，相关人员应清理好各种器材、工具、材料，按照相应操作规程做好善后工作，离开实验室时需带走所有个人物品。楼梯间及走廊切勿存放物品，严禁阻塞通道，严禁阻碍应急设备的取用。

（10）当实验室发生断电时，应及时关闭仪器电源及其供电设备；当实验室恢复供电时，仪器开启工作应由相应负责教师完成操作，严禁学生擅自开启仪器。

（11）建立完善的安全检查制度。在国家法定节假日前和寒暑假前，各个实验室应进行安全检查，平时进行不定期的安全检查，并做好记录。发现安全隐患立即整改并及时消除。短期内不能解决的，要明确整改措施、期限和责任人。

（12）实验室必须配备符合条件的消防器材，消防器材要摆放在明显、易于取用的位置，并定期检查，确保其完好有效。严禁将消防器材挪作他用。

2. 实验室安全操作要求

（1）禁止使用实验室器皿盛装食物和药品等。

（2）在稀释硫酸时，必须在硬质耐热烧杯或锥形瓶中进行，应慢慢将浓硫酸注入水中，边倒入边搅拌；若温度过高，应等其冷却或降温后再继续进行，严禁直接将水倒入硫酸中。

（3）在开启易挥发液体试剂前，应将试剂瓶放在冷水中冷却几分钟。开启时瓶口切勿对着人。

（4）在加热易燃试剂时，可使用水浴加热法（以水作为传热介质的一种加热方法，即将被加热物质的器皿放入所需温度的水中），避免使用明火。

（5）在用试管加热液体试剂时，不能将试管口对着人，以免液体溅出伤人。

（6）在移动、开启大瓶液体试剂时，不能将试剂瓶直接放在水泥地板上，最好用橡皮布或草垫将其垫好；若瓶体为石膏包封，可用水将其泡软后开启，严禁用锤砸、打，以防破裂。

（7）将玻璃棒、玻璃管、温度计等插入或拔出胶塞时应垫有棉布，切不可强行插入或拔出，以免折断刺伤人。

（8）严禁用湿手去开启电闸和电器开关。凡漏电仪器禁止使用，以免触电。

（9）发生事故时，必须按规定及时上报有关部门，重大事故要立即抢救伤者，并保护好现场。

（10）实验室所有仪器的使用都应严格遵守操作规程。仪器使用完毕应拔掉电源插头，并将仪器各个旋钮恢复到原位。

二、学校教学设备安全管理

教学设备是学校教育工作的重要组成部分，直接关系到教学的效果。因此，加强教学设备安全管理对于保障教学质量、提高教学效果具有重要意义。学校常用的教学设备有多媒体设备、体育器材等。

（一）多媒体设备的安全管理

学校可以从以下几个方面对多媒体设备进行安全管理。

（1）设备登记与编号。学校应对所有多媒体设备进行登记，包括品牌、型号、购买日期、使用地点等，并对其进行编号管理。

（2）明确使用规范。学校应对多媒体设备的使用做出详细规定，确保教师和学生了解设备的正确使用方法和注意事项。

（3）定期检查。学校应定期对多媒体设备进行检查并及时维护，确保设备处于良好状态。

（4）访问限制。多媒体设备应设置访问权限，可使用密码或生物识别技术来控制访问，确保只有经授权的人员能够操作多媒体设备。

（5）数据保护。学校应对存储在多媒体设备上的数据进行加密，防止数据泄露或被未经授权的人员访问。

（6）网络安全管理。学校应确保多媒体设备连接到安全的网络环境，并且安装防火墙和杀毒软件，以防止网络攻击。

（7）物理安全。学校应将多媒体设备放置在安全的位置，防止被损坏或盗窃，必要时应在设备周边安装监控摄像头。

（8）软件管理。学校应定期更新多媒体设备上的软件，修补安全漏洞，避免由软件缺陷导致的安全问题。

（二）体育器材的安全管理

学校可以从以下几个方面实施体育器材的安全管理。

（1）学校应设置专用的体育器材室放置体育器材，设专人负责管理，按照体育器材类别对其编号，并分类摆放。

（2）相关负责人应做好体育器材购置和损坏的登记，每学期对体育器材进行 1 次清点，并将清点结果上报学校总务处。

（3）凡向外校出借体育器材要经学校相关领导的批准，并办好出借手续；外校归还体育器材时，应检查体育器材是否完好无损。

（4）向在校学生出借体育器材时要做好登记。

（5）每天下班前，相关负责人应清点 1 次各类器材，不足数的应及时查找。

（6）学校应明确规定学生在校期间不得擅自或结伙到肋木架、单双杠、高低杠玩耍，必须在教师带领下活动，以防出现意外。

（7）课外活动时，学生要在篮球场、足球场活动，必须经体育教师同意且在教师的看护下才能进行，以确保学生安全。

三、学校安全设施设备管理

学校安全设施设备主要包括消防设施设备、物防设施设备和技防设施设备，其管理要求如下。

（一）消防设施设备管理

学校应对消防设施设备做好以下管理工作。

1．安全出口

安全出口主要指符合消防安全要求的楼梯间出入口，或直通室外安全区域的通道。它是保障师生在紧急情况下能够迅速、有序地疏散到安全区域的重要设施。

学校的教学楼、图书馆、食堂、学生宿舍每层应至少有 2 个安全出口、2 部疏散楼梯，且不应与其他功能区域相互借用，并按标准配备应急照明设备和疏散指示标志。学校的教学楼、图书馆、食堂、学生宿舍严禁在门窗上设置影响逃生和消防救援的障碍物。严禁占用、堵塞、封闭疏散楼梯和安全出口。

2．消防器材

学校应按照国家规定配置消防器材，并定期保养、检测和更换，确保其能够正常使用。灭火器应设置在明显的地点，且应设有指示标志。手提式灭火器应放在灭火器箱内，不宜设置在潮湿或有腐蚀性的地点，若确实无法避免，则应采取相应的保护措施。

3．火灾报警系统

学校必须在学生宿舍或午休室安装火灾自动报警系统或具有联网功能的独立式烟感探测报警器。学校应定期检查火灾报警系统，及时维修或更换受损设备。

安全贴士

学校可以建立微型消防站或志愿消防队，并且每学期至少组织教职工和学生开展 1 次全员消防演练，提升他们的消防安全意识和自救互救能力。

（二）物防设施设备管理

学校可以从以下几个方面实施物防设施设备管理。

（1）学校大门外应设置拒马（见图 3-1）、隔离墩或升降柱等硬质防冲撞设施，对上下学期间学生聚集区域进行防护隔离。

图 3-1 拒 马

（2）学校周围应设置围墙、金属栅栏等实体防护屏障，并采取防攀爬措施。实体防护屏障的外侧整体高度（含滚刺网等防攀爬设施）应不低于 2 米。

（3）学校人行出入口和机动车出入口宜分开设置。

（4）警卫室与外界相通的窗户，应安装金属防护窗。

（5）校园内机动车的行驶道路或停放区域，宜与学生活动区域实施物理隔离。

（6）贵重物品存放处、保密资料存放处、安防监控室和网络机房，应安装金属防护窗和防盗门。

（7）水、电、气、热等设备间（配电室、锅炉房、水泵房等）应设置实体防护设施。

（8）非常态防范期间，学校应加强对重点部位和区域的物防设施检查，消除安全隐患，宜加强学校出入口的实体防范措施。

（三）技防设施设备管理

1. 电子防范要求

（1）学校大门外应设置视频监控装置，视频图像应清晰显示观察区域内人员和车辆的活动情况。

（2）学校周围宜设置入侵探测装置和视频监控装置。探测范围应有效覆盖学校周围，不应有盲区；视频图像应清晰显示周围区域人员的活动情况。

（3）学校出入口应设置视频监控装置，视频图像应使人清楚辨别进出人员的体貌特征和进出车辆的车型及车牌号；出入口宜设置通道控制装置，实现对学生、教职工、访客等人员的身份识别；也可根据需要配备手持金属探测器、金属探测门。

（4）警卫室应设置一键报警装置和视频监控装置。一键报警装置应与当地公安部门联网，宜与上级主管单位联网，报警的位置应能在当地公安部门、上级主管单位相应系统中及时、准确地显示，每月至少测试 1 次；视频监控装置的图像应清晰显示人员的活动情况。

（5）室外活动区域应设置视频监控装置，视频图像应清晰显示区域内人员的活动情况。

（6）教学区域的学生出入通道和出入口等部位应设置视频监控装置，视频图像应使人清楚辨别通行人员的体貌特征。

（7）学生宿舍的出入口和通道应设置视频监控装置，视频图像应使人清楚辨别通行人员的体貌特征。

（8）食堂的操作间、配餐间、留样间、储藏室、就餐区应设置视频监控装置，视频图像应清晰显示人员的活动情况。

（9）贵重物品存放处（财务室等）应设置入侵探测装置和视频监控装置。

（10）水、电、气、热等设备间宜设置入侵探测装置和视频监控装置。

（11）车辆停放区域应设置视频监控装置，视频图像应清晰显示区域内人员和车辆的活动情况。

（12）安防监控室应设置一键报警装置和视频监控装置，并配置通信工具，其发出的报警信号应能传送至警卫室；视频监控装置的图像应清晰显示值守人员的活动情况。

（13）网络机房宜设置视频监控装置，视频图像应清晰显示人员的活动情况。

（14）学校安防的重点部位和区域宜设置电子巡查装置。

（15）学校可根据需要在教学楼、食堂、学生宿舍等的适当位置设置一键报警装置。

（16）非常态防范期间，学校应加强电子防范设施的运行保障工作，确保安防系统的正常运行和使用。

2. 安防系统技术要求

1）一般要求

（1）安防系统的设备和材料应符合相关标准并经检验合格。

（2）安防系统内具有计时功能的设备应进行校时，设备的时钟与北京时间误差应不大于 10 秒。

（3）安防系统应具有权限管理功能和网络安防措施，各子系统宜有效集成并便于集中管理。

2）入侵和一键报警系统

（1）入侵和一键报警系统应能准确探测入侵和突发事件。系统报警后，安防监控室或警卫室应有声光指示，并能准确显示报警的位置。

（2）系统应具备在自检、防拆、开路、短路、故障、断电、断线时报警的功能。

（3）一键报警装置应具有防误触功能，宜具有视频图像信息传送和对讲功能。

（4）一键报警装置宜具备两种及两种以上独立的通信网络传输报警信号，用于传输报警信号的线路上不应挂接其他设备。

（5）入侵和一键报警系统应能与视频监控系统等联动。

（6）入侵和一键报警系统布防、撤防、故障和报警信息存储时间应不少于 90 天。

（7）入侵和一键报警系统应内置备用电源，其电量应保证系统正常工作时间不少于 8 小时。

3）视频监控系统

（1）视频监控系统监视、存储和回放的视频图像水平像素数应不少于 1 280，垂直像素数应不少于 720。

（2）视频应不间断记录，储存时间应不少于 30 天，对依法确定为防范恐怖袭击重点目标的视频，储存时间应不少于 90 天。

（3）视频监控系统应能与入侵和一键报警系统、出入口控制系统联动。

（4）视频监控系统应与上级主管单位和当地公安部门联网。

4）出入口控制系统

（1）出入口控制系统应能对强制开启、非法进入的行为发出报警信号，报警信号应与相关出入口的视频监控系统联动。

（2）出入口控制系统应满足人员逃生疏散时的相关要求，当需要应急疏散时，各个闭锁通道应开启，保障人员迅速安全通过。

（3）出入口控制系统的操作、故障、配置、通行等信息存储时间应不少于 180 天。

四、学校特种设备安全管理

特种设备是指对生命及财产安全危害性较大的设备，主要包括锅炉、压力容器（含气瓶）、压力管道、电梯、起重机械、客运索道、大型游乐设施和场（厂）内专用机动车辆。特种设备通常体积较大、操作复杂、零部件较多，如果使用、管理不当，容易发生人员伤亡、财产损失等安全事故，因此国家对其有严格的使用及维护规定。

下面主要针对学校所使用的特种设备（锅炉、电梯）的安全管理要求做简单阐述。

（一）遵守相关法律法规和制度

（1）学校应严格执行《特种设备安全监察条例》和有关安全生产的法律法规的规定，保证特种设备的安全使用。

（2）学校应使用符合安全技术规范要求的特种设备。在特种设备投入使用前，学校应核对其是否附有符合安全技术规范要求的设计文件，产品质量合格证明，安装、使用及维修说明，检验证明等文件。

（3）特种设备在投入使用前或投入使用后 30 日内，学校应向特种设备安全监督管理部门登记。登记标志应置于或附着于该特种设备的显著位置。

（4）学校应设置特种设备安全管理机构或配备专职的安全管理人员。特种设备的安全管理人员应对特种设备使用状况进行经常性检查，发现问题应立即处理；情况紧急时，安全管理人员可以决定停止使用特种设备，并及时向学校有关负责人报告。

（5）在安装、改造、维修特种设备之前，学校应以书面形式告知有关主管部门，并在使用前申报登记。

（6）学校应建立特种设备岗位责任、隐患治理、应急救援等安全管理制度，并制订特种设备操作规程，保证特种设备安全运行。

（7）特种设备存在严重安全隐患，无改造、维修价值，或超过安全技术规范规定的使用年限，学校应及时予以报废，并应向原登记的特种设备安全监督管理部门办理注销。

（二）人员资质与培训

（1）特种设备作业人员应按照国家有关规定，经特种设备安全监督管理部门考核合格，取得特种作业操作证后，方可从事相应的作业或管理工作。

（2）学校应对特种设备作业人员进行特种设备安全、节能教育和培训，保证特种设备作业人员具备必要的特种设备安全、节能知识。

（3）特种设备作业人员在作业中应严格执行特种设备的操作规程和有关的安全规章制度。

（4）特种设备作业人员在作业过程中发现安全隐患或其他不安全因素，应立即向现场安全管理人员和学校有关负责人报告。

（三）日常维护保养

（1）学校应对在用特种设备进行日常维护保养，并定期自行检查。

（2）学校对在用特种设备应每月至少进行 1 次自行检查，并做好记录。学校在自行检查和日常维护保养时若发现异常情况，应及时处理。

（3）学校应对在用特种设备的安全附件、安全保护装置、测量调控装置及附属仪器仪表进行定期校验、检修，并做好记录。

（4）学校应按照安全技术规范的要求，在安全检验合格有效期届满前 1 个月向特种设备检验检测机构提出定期检验要求。未经定期检验或检验不合格的特种设备，不得继续使用。

（5）若特种设备出现故障或发生异常情况，则学校应对其进行全面检查，在消除安全隐患后，方可将其重新投入使用。特种设备不符合能效指标的，学校应采取相应措施进行整改。

（6）学校应按照安全技术规范的要求进行锅炉水（介）质处理，并接受特种设备检验检测机构实施的水（介）质处理定期检验。

（7）学校应定期邀请从事锅炉清洗的单位清洗学校的锅炉。该单位应按照安全技术规范的要求清洗锅炉，并接受特种设备检验检测机构实施的锅炉清洗过程监督检验。

（8）电梯的日常维护保养必须由具有相关资质的电梯安装、改造、维修或制造单位进行。电梯应至少每 15 日进行 1 次清洁、润滑、调整和检查。电梯的日常维护保养单位应在维护保养中严格执行国家安全技术规范，保证电梯的安全技术性能，并负责落实现场安全防护措施，保证施工安全。

（9）学校应将电梯使用的安全注意事项和警示标志置于易于被师生注意的显著位置。

（四）档案管理

学校应建立特种设备安全技术档案，其具体包括以下内容。

（1）特种设备的设计文件、制造单位、产品质量合格证明、安装及使用维修说明等资料。

（2）特种设备的定期检验和自行检查的记录。

（3）特种设备的日常使用记录。

（4）特种设备及其安全附件、安全保护装置、测量调控装置及附属仪器仪表的日常维护保养记录。

（5）特种设备运行故障和事故记录。

（6）特种设备的能效测试报告、能耗状况记录及节能改造技术资料。

经典案例

未按规定落实特种设备安全管理制度案

2024 年 4 月，湖南省郴州市市场监督管理局开展了一系列专项执法行动。在专项执法行动中，执法人员对郴州市苏雅中学、郴州市东风小学等学校使用的电梯进行检查。检查发现，这几所学校未依法配备电梯安全总监和电梯安全员，未制订电梯安全风险管控清单，未建立健全日管控、周排查、月调度工作制度和机制。执法人员现场对这几所学校下达了《责令改正通知书》，要求学校有关负责人立即整改。

学校特种设备的安全运行，直接关系到广大中小学生和教职工的人身安全。学校必须严格落实特种设备安全主体责任，增强安全主体责任意识，防范化解安全风险，确保电梯安全运行。

（资料来源：王兴汝，郴州市场监管微信公众号，2024 年 4 月 7 日）

任务三　校园周边环境安全管理

一、校园周边环境存在的主要问题

校园周边环境存在的主要问题可以归纳为以下几个方面。

（一）治安问题

校园周边会出现一些社会闲散人员，这些人员可能对学生进行敲诈勒索、强拿硬要，甚至引发打架斗殴等暴力事件，威胁到学生的人身安全。

同时，校园周边一些违规经营的网吧、游戏厅等娱乐场所不仅会吸引自制力较差的学生沉迷其中，对其身心健康产生较大的负面影响，还会吸引一些社会闲散人员聚集，增加治安问题发生的风险。

（二）食品安全问题

校园周边的流动食品摊点较多，这些流动食品摊点往往缺乏卫生许可证和操作人员健康证明，食品的来源和质量也难以保证。例如，一些无证流动食品摊点售卖的油炸小食品，其使用的食用油往往油质较差且反复使用。校园周边的餐馆可能存在环境卫生不达标、设施设备未定期维护、未落实食品留样制度等问题，这些问题都会影响食品的安全性。长期食用这些流动食品摊点和餐馆的食品，会对学生的健康造成严重的不良影响，如引起胃肠炎、食物中毒等。

（三）交通安全问题

在上下学高峰时段，校园周边道路上的行人和车辆众多，容易造成交通拥堵。同时，由于行人、机动车、非机动车等混合在一起，彼此相互干扰，容易发生车辆碰撞、行人摔倒等情况，这进一步增加了发生交通事故的风险。

小试牛刀

除了上述几个问题，校园周边环境还存在哪些问题？请结合实际举例说明。

经典案例

校园周边食品安全得到了改善

2022 年 6 月，湖南省沅江市检察院在开展校园周边食品安全公益诉讼专项监督活动中发现，沅江市中心城区多所中小学校周边未划定设摊区域，导致非机动车道、人行道被食品摊贩占道经营，且部分食品摊贩未进行登记备案、操作人员未办理健康证明。

针对上述问题，该院于 2022 年 8 月依法向当地街道办事处发出检察建议，建议其依法全面履行食品摊贩监管职责，在辖区内全面开展食品安全隐患排查、设摊区域划定、食品摊贩登记备案等工作；加强与城市管理和综合执法等部门的信息共享与联合行政执法，以有效消除食品安全隐患。

2024 年春季开学后，该院对整改情况进行了回访，了解到街道办事处联合市场监督管理部门与城市管理和综合执法部门完成多个沅江市中心城区（临时）设摊区域划定，陆续对食品摊贩完成登记备案，建立辖区食品安全隐患周排查制度，确保食品摊贩规范、有序经营。

（资料来源：张吟丰，《开放日里说说维护校园周边食品安全典型案例》，《检察日报》2024 年 4 月 20 日）

二、校园周边环境问题产生的原因

校园周边环境问题产生的原因可以归纳为以下几个方面。

（1）校园具有特殊的商业性，学生和教职工形成了一个庞大的消费群体，吸引了众多商家，因此，校园周边会有较多的流动摊点和各种消费场所。这些流动摊点和消费场所的管理水平参差不齐，对校园周边环境安全构成了不同程度的影响。

（2）学生的安全防范意识和能力较弱，难以及时发现和排除安全隐患。例如，学生对食品安全知识了解不够，可能会误食不健康的食物。又如，学生年龄尚小，缺乏社会经验，容易轻信他人，且自我保护能力较差，这给那些想不劳而获、有不良居心的社会闲散人员创造了可乘之机。

（3）每个家庭都非常重视学生上下学期间的安全问题，所以在早晚上下学期间，大量接送学生的私家车、出租车、电动自行车等会聚集在学校门口，导致校园周边交通拥堵。

（4）学校对校园周边环境的安全管理不到位，如监管缺失、未及时整治发现的安全隐患等。

三、整治校园周边环境的措施

对于校园周边环境存在的问题，学校应给予高度重视，并充分发挥校园安全管理的主体作用，对校园周边环境进行整治，努力营造安全、良好的校园周边环境。

（一）建立校园周边环境安全管理组织

1. 明确组织架构与职责

（1）学校应成立校园周边环境整治领导小组，由校长担任组长，副校长、保卫处主任等相关部门负责人担任副组长，负责全面规划和指导校园周边环境安全管理工作。

（2）学校应结合实际需要，设立多个工作小组，如治安巡逻组、交通疏导组、宣传教育组等，各小组要明确职责，分工合作。

多项举措强化校园周边环境综合治理

2. 确定主要工作内容

（1）治安巡逻：定期对校园周边进行巡逻，及时发现并处置各类安全隐患。

（2）交通疏导：在上下学高峰时段，协助交警疏导交通，确保交通顺畅、行人安全。

（3）宣传教育：开展安全知识宣传活动，提高师生的安全意识和防范能力。

（4）沟通协调：与社区、公安机关、市场监督管理局等相关部门保持密切联系，及时通报情况，共同开展校园周边环境综合治理。

（二）开展校园周边环境安全检查活动

学校应经常开展校园周边环境安全检查活动，检查的内容包括校园周边的生产经营活动、娱乐场所、交通状况、治安状况等。

例如，检查校园周边是否有易燃易爆、有毒有害等生产经营场所；检查校园周边200米范围内是否有网吧、游戏厅、歌舞厅等场所；检查校园周边是否存在“黑车”接送学生或接送学生上下学的车辆超载等情况；检查校园周边的门店是否有违法经营行为；检查校园周边是否有无证无照食品经营场所和流动食品摊点；检查校园周边是否聚集了影响校园秩序的社会闲散人员；等等。

对于检查发现的问题，学校应及时向当地教育行政部门、公安机关、市场监督管理局等相关部门报告，说明问题的严重性和紧迫性，并联合相关部门，共同制订解决方案和整改措施，切实保障学校师生生命和财产安全。

（三）加强校园周边交通环境治理

学校应联合交警部门在校园周边道路设置交通警示牌、减速带、斑马线等，提醒来往车辆减速慢行。同时，学校还应合理规划校园周边的停车区域，减少因停车不当造成的交通拥堵和安全隐患，并组织教师、学校安保人员和家长志愿者等在上下学高峰时段站岗，引导学生安全通行，维护校园周边道路的交通秩序。

（四）加强校园周边环境安全教育和宣传

学校可以邀请专业人士来校举办安全知识讲座，内容应涵盖人身安全、交通安全、网络安全、食品安全等方面，以增强师生对校园周边环境安全的认识。学校还可以组织学生学习自我保护技能，如遇到危险时如何报警、如何求助他人、如何逃生等。

同时，学校可以在校内张贴一系列校园周边环境安全主题的海报和宣传单，向师生介绍交通安全规则、网络安全注意事项、食品安全小常识等，提高他们的安全意识和防范能力。

项目考核

一、单项选择题

1．校舍的耐火等级为楼房不应低于（　　），平房不应低于（　　）。

A．一级；二级　　B．二级；三级　　C．二级；四级　　D．三级；四级

2．城市普通中小学校室外楼梯栏杆（栏板）的净高度不应低于（　　）。

A．0.8 米　　B．1 米　　C．1.1 米　　D．1.3 米

3．农村普通中小学校的多层建筑的楼梯数量不得少于（　　）。

A．1 座　　B．2 座　　C．3 座　　D．4 座

4．下列有关实验室安全操作要求的说法中，错误的是（　　）。

A．禁止使用实验室器皿盛装食物和药品

B．在用试管加热液体试剂时，不能将试管口对着人，以免液体溅出伤人

C．严禁用湿手去开启电闸和电器开关

D．在稀释硫酸时，可直接将水倒入硫酸中

5．下列有关多媒体设备安全管理的说法中，错误的是（　　）。

A．为了便于使用，多媒体设备不应设置访问权限

B．多媒体设备应安装防火墙和杀毒软件，以防止网络攻击

C．学校应定期更新多媒体设备上的软件，修补安全漏洞

D．学校应定期对多媒体设备进行检查和维护，确保设备处于良好状态

6．电梯应至少每（　　）日进行 1 次清洁、润滑、调整和检查。

A．7　　B．10　　C．15　　D．30

二、多项选择题

1. 下列有关城市普通中小学校舍室内环境的说法中，正确的有（　　）。
   A. 教学用房宜设计为双侧采光
   B. 灯具悬挂高度距桌面不应低于 1.5 米
   C. 教学、办公用房应采用配有保护罩的节能荧光灯具，不得用裸灯
   D. 教学用房应有换气设施，确保室内空气中二氧化碳的浓度低于 1.5‰
2. 下列有关农村普通中小学校舍主要建筑标准的说法中，错误的有（　　）。
   A. 阶梯教室最后一排的楼地面至顶棚的净高度不应低于 2 米
   B. 校舍应有良好的自然通风，教学用房应有冬春季换气设施
   C. 小学的普通教学楼层数应在 6 层及以下
   D. 学校使用的楼梯坡度不应大于 45°
3. 下列有关消防设施设备管理的说法中，正确的有（　　）。
   A. 学校的教学楼、学生宿舍每层应至少有 2 个安全出口、2 部疏散楼梯
   B. 严禁占用、堵塞、封闭疏散楼梯和安全出口
   C. 手提式灭火器若无法放在灭火器箱内，可随意放置
   D. 严禁在门窗上设置影响逃生和消防救援的障碍物
4. 校园周边环境问题产生的原因有（　　）。
   A. 校园具有特殊的商业性　　B. 家长行为因素
   C. 学生安全防范能力弱　　D. 学校管理不到位

三、判断题

1. 城市普通中小学校舍不得采用空斗砖墙、空心砖墙和生土墙体作为承重结构。（　　）
2. 化学实验室宜选用耐酸碱腐蚀的地面材料。（　　）
3. 当实验室恢复供电时，学生可以立即开启仪器，继续实验。（　　）
4. 特种设备作业人员应取得特种作业操作证。（　　）

四、简答题

1. 简述校舍安全管理措施。
2. 简述安防系统的一般要求。
3. 简述特种设备的安全管理要求。
4. 简述整治校园周边环境的措施。

项目实践

实践目的

认识校园周边环境存在的安全问题，提高安全防范意识和能力。

实践描述

以小组为单位，围绕校园周边环境安全问题搜集相关案例，并选择某所学校进行实地调研，然后结合所学知识完成以下任务。

（1）通过搜索相关案例和实地调研，记录校园周边环境存在的安全问题或安全隐患。

（2）分析校园周边环境的安全问题，提出解决办法或建议。

（3）撰写校园周边环境安全问题调研报告，并制作一份演示文稿，然后派出一名代表在课堂上进行汇报。

实践准备

全班学生以 6～8 人为一组进行分组，各组选出组长并进行任务分工，然后将小组成员及分工情况填入表 3-4 中。

表 3-4　小组成员及分工情况

班级		组号		指导教师	
任务内容					
小组成员	姓名	学号	任务分工		
组长					
组员					

实践过程

将实践任务的具体完成情况记录在表 3-5 中。

表 3-5　实践任务完成情况记录表

时间和任务安排	实施步骤
	1．拆解任务，认识任务中的重点和难点，具体内容如下：
	2．确定本组使用的信息检索方法，具体内容如下：
	3．记录本组搜集的校园周边环境安全问题的相关案例，要点如下：
	4．明确调研的学校，记录本组调研的实际情况，要点如下：
	5．分析校园周边环境的安全问题，提出解决办法或建议，具体内容如下：
	6．撰写校园周边安全问题调研报告，要点如下：
	7．根据调研报告，制作一份演示文稿，要点如下：
	8．各小组代表在全班同学面前进行展示，教师和其他小组成员可以提问或发表意见，具体内容如下：

项目综合评价

指导教师可以根据学生的课堂表现、项目考核情况、项目实践情况对其进行评价。学生配合指导教师共同完成项目综合评价表（见表 3-6）。

表 3-6　项目综合评价表

班级		组号		日期	
姓名		学号		指导教师	
学习成果					
评价维度	评价指标	评价标准	分值	评价分数	
				自评	师评
素养评价 20%	学习态度	刻苦认真，勇于钻研	5		
	纪律意识	遵守课堂纪律，认真完成课堂作业与课后作业	5		
	互动意识	积极发言，完成课堂互动	5		
	团队精神	尊师爱友，积极合作，团结奋进	5		
知识评价 40%	基础知识	了解城市和农村普通中小学校舍的主要建筑标准	6		
		掌握校舍安全管理措施	4		
		掌握学校设施设备、学校安全设施设备、学校特种设备的安全管理要点和要求	6		
		了解校园周边环境存在的主要问题和问题产生的原因	4		
	应用知识	能够按照安全管理要求管理学校的设施设备、安全设施设备、特种设备	10		
		能够根据实际情况整治校园周边环境	10		
能力评价 20%	检索能力	熟练应用多种信息检索方法	6		
	实践能力	全面调研所选学校的周边环境	6		
	探索创新能力	在实践过程中有新的想法或思路，有自主探究学习的意识	8		
成果评价 20%	时间观念	按时完成实践任务	5		
	调研报告	分析深入、观点明确、客观公正	7		
	演示文稿	清晰流畅、重点突出、详略得当	8		
合计			100		
总评	自评（30%）+师评（70%）=		教师（签名）：		

项目四

校园安全隐患管理

导语

校园安全隐患是指校园及其周边环境中可能存在的导致师生人身伤害、财产损失或其他不良后果的潜在危险或安全问题。学校可通过排查、记录、报告、整改和防范校园安全隐患，提升校园安全管理能力，从而有效地防止校园安全事故的发生，维护学校正常的教学秩序，保障师生的生命和财产安全。

学习目标

知识目标

- 了解校园安全隐患排查的原则、内容和方式。
- 熟悉校园安全隐患排查的流程。
- 掌握校园安全隐患的记录、报告、整改和防范。

技能目标

- 能够按要求排查校园安全隐患。
- 能够及时、准确地记录并报告校园安全隐患排查的内容和结果。
- 能够根据校园安全隐患的记录和报告对其进行整改。

素养目标

- 深刻认识校园安全隐患，时刻保持警惕。
- 培养高度的责任心，面对安全隐患，不推诿、不敷衍。

项目导入

体育馆坍塌事故的防范和整改措施

2023年7月，某校发生了体育馆屋顶坍塌事故。这起事故的起因是学校违规堆放珍珠岩致使雨水滞留，加大了体育馆屋顶的超过承载能力。事故发生后，学校深入开展校园安全隐患排查与整治，提出了以下事故防范和整改措施。

（1）加强校园安全隐患排查，加大校园内体育馆、艺术馆、报告厅、图书馆、会议室等大跨度钢结构屋面隐患排查力度，建立危房“一房一策”整治台账，推进问题隐患销号管理。

（2）要高标准强化整治，重点关注校园建筑施工、消防、燃气、实验室危险化学品等领域安全管理，推进问题隐患整改落实。

（3）要定期开展教育培训，加强校园安全管理人员的业务知识培训，提升其安全防范意识、政策法规掌握水平和安全管理能力，切实提高校园安全治理能力。

思考：开展校园安全隐患排查与整治的作用是什么？应从哪些方面着手？

任务一　排查校园安全隐患

校园安全隐患排查是指学校对校园及其周边环境进行系统性、全面性的检查和评估，以识别潜在的安全问题的行为，其目的是预防和减少各类安全事故的发生，保障校园生活的和谐与安宁。

一、校园安全隐患排查的原则

在排查校园安全隐患时，学校应遵循以下几项原则。

（1）安全性原则。安全性原则是隐患排查的首要原则。隐患排查应以保障全体师生的生命和财产安全为首要任务，切实将“安全第一”的思想落到实处。

（2）专业性原则。隐患排查应基于专业的技术和方法，以确保排查结果的准确性和可靠性。这要求排查人员除了包括学校安全管理人员，还应包括相关专业技术人员。他们必须具有高尚的职业道德和相关的专业知识和技能，能够严格、认真、细致地完成隐患排查工作，从而确保准确识别和有效解决安全隐患。

（3）全面性原则。隐患排查应覆盖校园的各个区域，包括但不限于教学区域、生活

区域、运动区域、行政办公区域、校园周边区域等。同时，隐患排查还应覆盖学校的日常安全管理、应急管理、安全教育等各个环节，确保全面排查，不留死角。

（4）系统性原则。系统性原则强调学校应建立健全校园安全隐患排查制度和工作机制，制订一系列的工作规范和标准，确保排查工作有计划、有组织、有步骤地进行。

（5）及时性原则。及时性原则要求隐患排查人员深入现场，反复检查、询问、分析，得出明确的结论。一旦发现不安全因素，学校必须立即整改，确保安全隐患得到及时、有效的处置。

（6）预防性原则。隐患排查应以预防为主，通过采取各项预防措施，加强对安全隐患的识别和防范，从而避免发生安全事故，确保校园安全。

学校安全管理人员在校园安全隐患排查中起到什么作用？请结合实际举例说明。

二、校园安全隐患排查的内容和方式

（一）校园安全隐患排查的内容

校园安全隐患排查的内容主要包括管理安全排查和现场安全排查。

管理安全排查主要是针对管理层面开展的一系列检查和评估活动，如检查学校是否建立健全了校园安全管理机构、是否制订了完善的校园安全管理制度、是否建立了明确的安全责任体系、是否开展了安全教育与宣传活动等。

现场安全排查主要是对校舍、学校设施设备和校园周边环境等进行全面的检查和评估，如教学楼安全隐患排查、特种设备安全隐患排查、校园周边治安安全隐患排查等。

（二）校园安全隐患排查的方式

校园安全隐患排查的方式主要包括以下几种。

1．日常安全检查

“三聚焦”抓实排查安全隐患

日常安全检查是指学校日常开展的各项安全检查活动，如每日防火检查、夜间校园巡逻等。在日常安全检查中，各岗位教职工应明确自身的安全职责，并严格执行交接班检查制度和班中巡回检查制度，重点关注危险高发区域，及时处置发现的安全隐患，若一时无法处置，则必须设置警告标志并向上级领导汇报。对于发现的重大安全隐患，各岗位教职工可以直接向校长报告，并立即停止相关教育教学活动，确保人员的安全。

安全贴士

交接班检查制度是指在工作班次更替时，为确保工作的连续性和信息的准确传递，交班人员和接班人员按规定对岗位工作进行全面检查和交接的管理制度。

班中巡回检查制度是指在工作班次中，为及时发现和纠正问题，专门的巡回检查人员按照预定的检查计划和路线对岗位工作进行巡视和检查的管理制度。

经典案例

学校应重视日常安全检查结果

一天晚上，某中学的一位教师在日常安全检查中发现教学楼二层楼梯间的照明灯不亮了，便立即向校长报告了这一情况，然而校长未及时处置。当晚，学生下晚自习后经过该楼层时不慎发生了踩踏事故，导致多名学生受伤。

该校校长忽视日常安全检查结果，且未及时采取措施处置安全隐患，是造成此次踩踏事故的主要原因。由此可见，学校不仅要加强日常安全检查，还要重视发现的安全隐患，并及时消除安全隐患，严格落实安全防范措施，防止安全事故发生。

2. 定期安全检查

定期安全检查是指学校（或年级组）每隔一段时间进行一次的安全检查活动，包括例行安全检查、季节性安全检查、节假日安全检查等。

1）例行安全检查

学校的例行安全检查一般每月 1 次，由学校分管安全工作的副校长牵头组织各年级组长参加，组成安全检查小组。安全检查前，安全检查小组应制订详细的检查方案，并明确各位检查人员的职责和任务；安全检查时，检查人员应按照检查方案进行全面、细致的检查，并做好相关记录；安全检查后，学校分管安全工作的副校长应将检查情况进行汇总、评估，并下发书面整改通知。

年级组的例行安全检查一般每周 1 次，由各年级组长组织各班班主任参加，除了对本年级的安全检查，还应落实好整改工作，做好自查、自改。

2）季节性安全检查

学校一般会根据不同季节的特点开展相应的季节性安全检查。季节性安全检查的重点项目如表 4-1 所示。

表 4-1 季节性安全检查的重点项目

季节性安全检查	重点项目
春季安全检查	防雷电、防校舍坍塌、防大风、防火等
夏季安全检查	防暑、防汛、防食物中毒等
秋季安全检查	防火、防寒、防传染病等
冬季安全检查	防火、防爆、防冻、防滑、防大雾、防静电等

3）节假日安全检查

节假日前后，学校分管安全工作的副校长应牵头组织各相关人员开展以消防、治安、设施设备、后勤等为重点的安全检查活动。节假日安全检查的具体内容如表 4-2 所示。

表 4-2 节假日安全检查的具体内容

节假日安全检查	具体内容
消防安全检查	检查校园内各区域的消防器材的数量、种类、有效期和放置位置是否符合标准
	检查疏散通道是否畅通无阻，应急照明设备是否正常，疏散指示标志是否清晰可见
	组织火灾应急演练，评估师生的疏散情况和应急能力
治安安全检查	调查校园周边治安情况，加强与当地公安机关的联系
	检查学校内部安防系统，包括视频监控装置、保安巡逻工作等
设施设备安全检查	检查重要设施设备的运行情况，如电气线路、供水排水系统等
	检查设施设备维护保养记录，确认设施设备是否定期保养维护
	核实设施设备故障处理流程，确保设施设备问题得到及时解决
后勤安全检查	检查食堂卫生状况，确认食品采购、储存、加工、留样等过程是否符合卫生标准
	检查宿舍管理员、食堂工作人员等后勤人员的工作情况，确保后勤工作有序进行

3. 不定期安全检查

不定期安全检查是指在定期安全检查和日常安全检查的基础上增设的检查活动，是一种补充性手段。不定期安全检查通常以突击检查的形式，针对学校的特殊场所（如实验室）、特殊设施设备等进行现场安全检查；或结合特殊时间点（如重要活动前、突发事件后等）组织安全检查。

4. 专业安全检查

专业安全检查是指学校针对某个特定的安全问题进行的检查活动，多应用于难度较大、技术性较强的安全检查项目，如电气设备、消防设施、特种设备等，必要时学校可以邀请专业单位或人员协助开展，以精准排查安全隐患。

三、校园安全隐患排查的流程

校园安全隐患排查的流程主要包括以下几个步骤。

（1）制订排查方案。学校应明确排查的目标、范围、内容、时间、重点等，并设计排查路线，确定需要使用的工具和材料。

（2）组建排查团队。学校应根据排查目标，组织学校安全管理人员和具有相关专业知识和经验的人员组成排查团队，并明确团队成员的职责和任务。

（3）准备必要资料。学校应准备校园地图、校舍档案、设施设备清单、校园安全管理制度等资料，以便在排查过程中参考。

（4）开展安全培训。学校应对排查团队成员进行安全知识和排查技能的培训，使他们掌握一定的方法和技巧，以提高排查工作的准确性和效率。

（5）实施现场排查。排查团队应根据排查方案进行现场排查，记录发现的安全问题，包括问题的性质、位置、可能产生的影响等，并给出整改建议。

任务二　整治校园安全隐患

整治校园安全隐患是学校责无旁贷的义务。一般来说，排查人员发现校园安全隐患后，应详细记录，然后报告给学校领导。学校应根据实际情况，在必要时上报教育行政部门或相关部门，并进行相应的整改，同时采取相应的防范措施。

一、校园安全隐患的记录

校园安全隐患的记录是整治校园安全隐患的主要依据，其通常以校园安全隐患排查记录表的形式展现。表格通常包括排查人员、排查时间、排查项目、排查内容、排查记录、整改建议等内容。其中，整改建议应列明整改时间、整改方法、整改责任人等。

下面以消防安全隐患排查，体艺设备、场地安全隐患排查，专用教室（含实验室）安全隐患排查，学生心理问题安全隐患排查为例，列出校园安全隐患排查记录表，如表 4-3 至表 4-6 所示。学校可以根据安全隐患排查的实际情况，灵活调整和使用这些记录表。

表 4-3 校园消防安全隐患排查记录表

排查人员： 排查时间： 年 月 日

排查项目	排查内容	排查记录	整改建议
消防管理	建筑、场所是否依法通过建设工程消防设计审查和消防验收（含备案抽查），是否擅自改变使用功能及用途		
	是否落实消防安全责任，是否明确消防安全责任人和消防安全管理人员		
	是否建立消防安全管理组织，是否建立健全消防安全管理制度		
	是否结合实际制订、修订火灾应急预案；是否对全体师生开展消防安全教育培训和火灾疏散演练；是否开展消防安全“三提示”活动和“四个能力”建设		
	消防控制室值班操作人员是否取得消防行业特有工种职业资格证书		
消防设施	自动喷水灭火系统、火灾自动报警系统、防烟排烟系统、消防泵房、消防水池等消防设施是否正常运行；室内外消防栓、消防水泵接合器是否正常完好；消防器材是否按要求配备		
	消防设施是否定期进行维护、保养，是否每年进行一次全面检测；是否擅自改变建筑防火分区，是否落实高层建筑管道井封堵等竖向井道防火分隔措施		
疏散通道与安全出口	建筑、场所的疏散通道和安全出口是否畅通；消防车道是否畅通；学生、教职工宿舍直通室外的门是否上锁；防烟、封闭楼梯间是否畅通，应急照明设备和疏散指示标志是否正常完好		
用火用电	电气线路、燃气管道的敷设，电气设备、燃气用具的选用是否符合消防安全技术规定		
	建筑、场所是否建立健全用火用电管理规定		
	建筑、场所是否存在电气线路老化、私拉乱接、超负荷运行，违规使用电气设备和明火等现象		
消防安全布局	建筑、场所周边的公共消防设施是否满足灭火救援的实际需要；消防车道是否符合登高作业等使用要求；建筑、场所的外墙、门窗是否设置影响逃生和灭火救援的障碍物		
装饰材料	建筑外墙的保温材料是否具有防火性能；建筑内部的顶棚、墙面、地面的装修材料及窗帘、幕布等装饰物的燃烧性能等级是否符合《建筑内部装修设计防火规范》《公共场所阻燃制品及组件燃烧性能要求和标识》等标准要求		

安全贴士

消防安全“三提示”活动的内容包括：① 提示公众聚集场所火灾危险性。② 提示公众聚集场所安全逃生路线、安全出口的具体位置，遇到火灾等紧急情况如何正确逃生、自救。③ 提示公众聚集场所内灭火器、简易防护面罩、手电筒等器材的放置位置和使用方法。

消防安全“四个能力”建设包括提高消除火灾隐患的能力、扑救初起火灾的能力、组织人员疏散逃生的能力、消防宣传教育培训的能力。

表 4-4　校园体艺设备、场地安全隐患排查记录表

排查人员：　　　　　　　　　　　　　　　　排查时间：　年　月　日

排查项目	排查内容	排查记录	整改建议
体艺设备	篮球架的支柱、臂柱、立柱等是否有较严重的生锈腐蚀、损坏、开裂、断裂等现象；螺丝是否有松动现象；底座处是否牢固扎实；篮圈是否有较严重的塌落及松动现象；篮板是否有较严重的开裂或晃动现象		
	排球架、足球门架、单杠、双杠、爬杆等器材的支柱、臂柱、立柱等是否有较严重的生锈腐蚀、损坏、开裂、断裂等现象；螺丝是否有松动现象；底座或植埋处是否牢固扎实；电焊处是否有开裂现象；晃动现象是否严重		
	乒乓球台的台面是否有较严重的晃动现象，底座处是否牢固扎实		
	运动场地围护网的支柱、臂柱、立柱等是否有较严重的生锈腐蚀、损坏、开裂、断裂等现象；螺丝是否有松动现象；底座或植埋处是否牢固扎实；电焊处是否有开裂现象；晃动现象是否严重		
室外场地	跑道、足球场地、篮球场地、排球场地等场地的地面是否平整；煤渣地面、泥地面是否有块石或明显突起的石块；跑道的内外突沿是否有破损及缺少的现象；地面高低不平现象是否较严重；水泥地面、塑胶地面是否有大面积开裂现象；场地周边排水沟、窨井（雨水井、电缆井等）的盖板是否牢固，是否有损坏、缺少的现象		
室内场地	合唱台是否牢固；演出搭建的道具是否牢固；舞台灯具、悬挂物等是否牢固；电气线路是否老化，是否超负荷运行		

表 4-5 校园专用教室（含实验室）安全隐患排查记录表

排查人员：　　　　　　　　　　　　　　　　　　　　　排查时间：　　年　　月　　日

排查项目	排查内容	排查记录	整改建议
规章制度	是否明确安全责任人，签订安全责任书；是否有具体可操作的管理规章制度上墙明示（安全管理规章制度、岗位安全责任制度、实验室操作规范流程等）；是否结合实际制订、修订专用教室（含实验室）的应急预案		
实验室化学品（试剂）管理	各种实验室化学品（试剂），尤其是剧毒化学品（试剂）是否单独存放在专用仓库，是否严格按“五双”（双门、双锁、双人收发、双人使用、双人记账）进行管理；仓库是否通风、干燥		
	储存剧毒化学品（试剂）的数量、地点，以及管理人员的情况，是否报当地公安部门和负责危险化学品安全监督管理综合工作的部门备案；存放各种实验室化学品（试剂）的仓库是否设在远离教室、宿舍、食堂及水源的地方		
	实验室化学品（试剂）是否经过行业部门检验检疫；实验室化学品（试剂）是否过期；实验室化学品（试剂）的领用、消耗，安全责任人是否随时登记，建立档案备查；特殊试剂是否采取特殊的存放措施		
消防安全	专用教室（含实验室）的消防设施、应急照明设备、疏散指示标志、疏散通道、安全出口等是否符合国家有关标准和有关法律的规定		
	是否配备专门的配电箱，内置发生漏电现象自动断电的空气开关		
	实验室内水、电、气的阀门和消防器材的位置是否明显		
废弃物的管理	是否严格按照相关规定，做好专用教室（含实验室）废弃物的分类、收集、处置工作；是否按废弃物类别配备相应的收集容器，杜绝容器有破损、盖子损坏或其他可能导致废弃物泄漏的隐患		
	废弃物收集容器是否粘贴危险废弃物标签，标签是否明显标示容器中废弃物的名称、主要成分和性质，并保持清晰可见		
	是否将危险废弃物收集容器存放在符合安全与环保要求的室内特定区域，并做好相应的记录		

（续表）

排查项目	排查内容	排查记录	整改建议
操作规范	是否对学生、专职教师定期进行安全教育和法治教育；专职教师是否接受定期安全教育培训，是否依法取得相应资格		
	课余、节假日期间需实习、实训、教学的，是否经专用教室（含实验室）安全责任人批准，学生是否有教师带队，实习、实训、教学时是否有专用教室（含实验室）的专职人员在场		
	实习、实训、教学时是否对学生的着装提出统一要求，着装不符合安全要求的，不准进入专用教室（含实验室）等场所		
	各类设施设备是否完好，是否定期维护保养；门窗能否关闭、上锁		

表 4-6　学生心理问题安全隐患排查记录表

排查人员：　　　　　　　　　　　　　　　　排查时间：　年　月　日

排查项目	排查内容	排查记录	整改建议
制度建设	是否制订了专门的规章制度，明确责任部门和负责人；是否将学生心理问题的排查工作列入年度工作计划，纳入校园安全绩效指标体系；是否制订了专门的学生心理危机排查与干预工作方案		
课程建设	是否利用地方课程或学校课程科学、系统地开展了心理健康教育课程教学或专题教育教学，课时安排是否合理，是否发挥作用		
心理咨询室建设	是否设立了专门的心理咨询室；是否设置个体咨询室与团体辅导室等功能区；专职、兼职心理咨询教师的配备是否符合要求；是否有咨询记录和辅导记录；是否充分发挥了心理咨询室对学生心理问题监测与干预的功能		
师资队伍建设	是否成立了专门的学校心理健康教育工作小组；学校心理健康师资队伍中国家心理咨询师资格证持证率；学校心理健康师资队伍培训情况；学校心理健康师对学生心理问题的诊断与辅导技能掌握情况		

二、校园安全隐患的报告

校园安全隐患的报告应遵循一定的流程，以确保校园安全隐患得到及时、有效的处理。

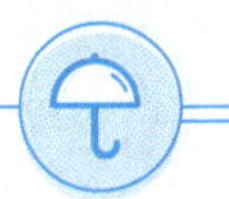

（一）当班人员的检查与报告

当班人员在例行检查中发现安全隐患时，应在确保自身安全的前提下，立即采取行动，如进行初步隔离、警示等，防止隐患进一步发展或造成事故，并向直属上级报告安全隐患的情况，以便上级能够及时了解情况并做出进一步的指示。

（二）直属上级的处置与报告

直属上级在收到报告后，应采取进一步的检查、评估、隔离、修复等处置措施。如果安全隐患属于重大性质的安全隐患，或直属上级无法处置该安全隐患，直属上级应立即向学校分管安全工作的副校长报告，重点说明隐患的性质、危害程度等。如果安全隐患属于非重大性质的安全隐患，直属上级应给出整改建议，并监督整改。

（三）学校分管安全工作的副校长的处置与报告

学校分管安全工作的副校长在接到重大安全隐患的报告后，应立即核实，并根据隐患的性质和危害程度，制订初步的处置方案。同时，学校分管安全工作的副校长应立即向校长详细报告隐患的情况及处置方案等，以便校长能够全面了解并做出决策。

（四）校长的决策和行动

校长在收到重大安全隐患报告后，应立即启动相关应急预案，同时组织相关安全责任人进行处置。如果学校无法处置该安全隐患，校长应立即向教育行政部门或相关部门报告，以请求协助和支援。

安全贴士

重大安全隐患报告应形成书面报告，其内容应包括报告部门、隐患的现状及其产生原因、隐患的危害程度、已采取的防范监控措施、有关隐患的检查或检测材料、存在的主要困难和问题等。

三、校园安全隐患的整改

校园安全隐患的整改流程主要包括以下几个方面。

（一）分析评估隐患

根据隐患排查的记录与报告，学校相关负责人应深入分析安全隐患，找出安全隐患的根源，并评估其可能带来的风险及影响范围，确定风险的等级和整改优先级。

（二）编制整改方案

根据隐患风险评估的结果，学校相关负责人应编制详细的整改方案，明确整改目标、措施、时间节点和责任人，同时合理配置整改所需的资源，包括资金、人员和技术支持等，确保资源到位。

> **安全贴士**
>
> 在编制整改方案的过程中，学校应贯彻“五定”“五落实”。其中，“五定”是定方案、定责任人、定完成期限、定资金来源、定验收负责人；“五落实”是落实整改措施、落实责任、落实资金、落实时限、落实预案。

（三）实施整改措施

在整改方案编制完成后，整改责任人应根据方案组织相关人员和部门实施整改措施，如对存在结构安全问题的校舍进行加固或重建、更新老旧电气设备、安装和维护必要的消防设施、清理校园内的易燃易爆物品等，并加强部门间的沟通协调，确保整改工作顺利进行。

> **安全贴士**
>
> 对于暂时不能整改的安全隐患，学校相关负责人应立即采取紧急措施来降低安全风险，确保人员安全，如设置警示标志、限制人员进入危险区域、加强监控、提供个人防护装备等。同时，学校相关负责人应将暂时不能整改的安全隐患列入检修计划，并制订具体的检修时间表，确保在规定时间内完成整改，尽可能降低安全隐患的潜在风险。

（四）跟踪整改过程

在整改的过程中，学校相关负责人应进行实时监控，跟踪整改过程，确保整改措施按计划实施，并及时解决出现的问题，同时定期向上级领导或主管部门报告整改情况。

（五）评估整改结果

在整改完成后，学校应组织专门人员进行验收评估，确保整改达到预期效果，消除安全隐患。同时，学校应将整改结果和经验教训反馈给全体师生和相关部门，以提高大家的安全意识和应对能力。

（六）进行归档管理

在评估完整改结果后，学校相关负责人应记录安全隐患排查及整改情况，制作校园安全隐患台账表（见表4-7），并存档，以备后查。

表4-7　校园安全隐患台账表

检查日期	检查人	被检查部门	隐患位置及基本情况描述	整改要求及处理意见	整改期限	整改责任人	整改完成情况	整改验收人	验收时间

四、校园安全隐患的防范

学校可以从以下几个方面防范校园安全隐患。

（1）完善安全管理制度。学校应建立完善的校园安全管理制度，包括出入校园管理、食品安全管理、消防安全管理等方面的规定，并严格监督制度的落实情况，从而提高学校的整体安全管理水平。

（2）制订应急预案。学校应针对不同类型的安全隐患，制订相应的应急预案，并定期组织应急演练，确保遇到紧急情况时有章可循。

（3）建立有效的反馈机制。学校应建立安全隐患反馈机制，鼓励师生积极报告潜在的隐患和安全问题，以共同维护校园安全。

（4）加强师生安全教育。学校应定期开展安全教育，向师生介绍安全知识和技能，提高师生的安全意识和自我防护能力。

（5）加强心理健康教育。学校应关注学生的心理健康，及时发现并帮助学生疏导可能存在的心理问题，减少因心理问题引发的安全事故。

（6）加强社会协作与监督。学校应加强与社区、政府相关部门的合作，接受社会各界的监督和检查，向社会公开校园安全管理情况，增强校园安全管理的透明度。

知识拓展

自然灾害隐患预防

学校应加强对自然灾害的预防，具体措施如下。

（1）学校应按照有关法律、法规和标准要求排查、治理可能因自然灾害导致事故灾难的隐患，并制订符合规定的应急预案。

（2）学校应建立健全预警通知机制，及时将自然灾害预报信息传达给各部门、年级组和各岗位，提高全体师生的防范意识。

（3）在自然灾害可能危及人员安全的情况下，学校应及时采取有效的安全措施，如撤离人员、停止活动、加强监测等，并及时向当地政府及相关部门报告，协助政府组织应急救援和灾后恢复工作。

（4）学校应居安思危，定期组织自然灾害应急演练，提高师生等对自然灾害的应急能力，培养他们自救互救的意识和能力。

项目考核

一、单项选择题

1．校园安全隐患排查应以保障全体师生的（　　）为首要任务，切实将“安全第一”的思想落到实处。

A．生命和财产安全　　B．知识和财产安全

C．生命和荣誉安全　　D．生命和知识安全

2．现场安全排查不涉及（　　）。

A．教学楼安全隐患排查　　B．特种设备安全隐患排查

C．校园安全管理制度隐患排查　　D．校园周边治安安全隐患排查

3．学校的例行安全检查一般_____1次，由_____牵头组织各年级组长参加，组成安全检查小组。（　　）

A．每年；学校教务处

B．每周；学校分管安全工作的副校长

C．每月；学校教务处

D．每月；学校分管安全工作的副校长

4．重大安全隐患报告的内容不包括（　　）。

A．隐患的危害程度　　B．存在的主要困难和问题

C．隐患的现状及其产生原因　　D．隐患的整改方案

5．下列关于防范校园安全隐患的说法中，不正确的是（　　）。

A．学校应建立完善的校园安全管理制度，包括出入校园管理、食品安全管理、消防安全管理等方面的规定，并严格监督制度的落实情况

B．学校应定期开展安全教育，向师生介绍安全知识和技能，提高师生的安全意识和自我防护能力

C．学校应关注学生的心理健康，及时发现并帮助学生疏导可能存在的心理问题，减少因心理问题引发的安全事故

D．学校应针对不同类型的安全隐患，制订相同的应急预案，并定期组织应急演练，确保遇到紧急情况时有章可循

二、多项选择题

1．排查校园安全隐患时，学校应遵循的原则包括（　　）。

A．安全性原则　　B．专业性原则　　C．系统性原则　　D．预防性原则

2．校园安全隐患排查人员应包括（　　）。

A．学校安全管理人员　　B．学生安全员

C．上级行政部门相关人员　　D．相关专业技术人员

3．校园安全隐患排查的方式主要包括（　　）。

A．定期安全检查　　B．日常安全检查

C．专业安全检查　　D．不定期安全检查

4．夏季安全检查的重点项目包括（　　）。

A．防暑　　B．防大雾　　C．防汛　　D．防食物中毒

5．专业安全检查多应用于（　　）安全检查项目。

A．难度较大的　　B．难度较小的　　C．技术性较强的　　D．技术性较弱的

三、判断题

1．校园安全隐患排查是指学校对校园及其周边环境进行系统性、全面性的检查和评估，以识别潜在的安全问题的行为。（　　）

2．校园安全隐患排查人员必须包括上级行政部门相关人员。（　　）

3．现场安全排查主要是针对管理层面开展的一系列检查和评估活动。（　　）

4．专业安全检查一般是对电气设备、消防设施、特种设备等进行检查。（　　）

5．如果学校无法处置安全隐患，校长应立即向教育行政部门或相关部门报告，以请求协助和支援。（　　）

四、简答题

1. 简述校园安全隐患排查的流程。
2. 简述校园安全隐患的报告流程。
3. 简述校园安全隐患的整改流程。

项目实践

实践目的

提高校园安全隐患的防范意识，增强发现、整治校园安全隐患的能力。

实践描述

以小组为单位，围绕校园安全隐患收集相关案例和资料，选择所在学校的某个场所，如教室、操场、实验室等，然后结合所学知识完成以下任务。

（1）明确该场所的用途，实地检查该场所及场所内的设施设备，收集该场所的相关信息，并记录该场所可能存在的安全隐患。

（2）分析记录的安全隐患，提出自己的想法或建议，尝试帮助学校解决安全隐患。

（3）合作撰写校园安全隐患排查报告，并根据报告制作一份演示文稿，然后派出一名代表在课堂上进行汇报。

实践准备

全班学生以 6～8 人为一组进行分组，各组选出组长并进行任务分工，然后将小组成员及分工情况填入表 4-8 中。

表 4-8　小组成员及分工情况

<table>
<tr><td>班级</td><td></td><td>组号</td><td></td><td>指导教师</td><td></td></tr>
<tr><td>任务内容</td><td colspan="5"></td></tr>
<tr><td>小组成员</td><td>姓名</td><td>学号</td><td colspan="3">任务分工</td></tr>
<tr><td>组长</td><td></td><td></td><td colspan="3"></td></tr>
<tr><td rowspan="7">组员</td><td></td><td></td><td colspan="3"></td></tr>
<tr><td></td><td></td><td colspan="3"></td></tr>
<tr><td></td><td></td><td colspan="3"></td></tr>
<tr><td></td><td></td><td colspan="3"></td></tr>
<tr><td></td><td></td><td colspan="3"></td></tr>
<tr><td></td><td></td><td colspan="3"></td></tr>
<tr><td></td><td></td><td colspan="3"></td></tr>
</table>

实践记录

将实践任务的具体完成情况记录在表 4-9 中。

表 4-9 实践任务完成情况记录表

时间和任务安排	实施步骤
	1．拆解任务，认识任务中的重点和难点，具体内容如下：
	2．确定本组使用的信息检索方法，具体内容如下：
	3．记录本组收集的校园安全隐患信息和相关案例，要点如下：
	4．明确排查场所，记录本组排查出的安全隐患，具体内容如下：
	5．分析记录的安全隐患，提出自己的想法或建议，具体内容如下：
	6．整合排查结果和建议，合作撰写校园安全隐患排查报告，要点如下：
	7．根据报告制作一份演示文稿，进一步讨论并改进，要点如下：
	8．各小组代表在全班同学面前进行展示，教师和其他小组成员可以提问或发表意见，具体内容如下：

项目综合评价

指导教师可以根据学生的课堂表现、项目考核情况、项目实践情况对其进行评价。学生配合指导教师共同完成项目综合评价表（见表 4-10）。

表 4-10 项目综合评价表

<table>
<tr><td>班级</td><td></td><td>组号</td><td></td><td>日期</td><td colspan="2"></td></tr>
<tr><td>姓名</td><td></td><td>学号</td><td></td><td>指导教师</td><td colspan="2"></td></tr>
<tr><td>学习成果</td><td colspan="6"></td></tr>
<tr><td rowspan="2">评价维度</td><td rowspan="2">评价指标</td><td rowspan="2" colspan="2">评价标准</td><td rowspan="2">分值</td><td colspan="2">评价分数</td></tr>
<tr><td>自评</td><td>师评</td></tr>
<tr><td rowspan="4">素养评价 20%</td><td>学习态度</td><td colspan="2">刻苦认真，勇于钻研</td><td>5</td><td></td><td></td></tr>
<tr><td>纪律意识</td><td colspan="2">遵守课堂纪律，认真完成课堂作业与课后作业</td><td>5</td><td></td><td></td></tr>
<tr><td>互动意识</td><td colspan="2">积极发言，完成课堂互动</td><td>5</td><td></td><td></td></tr>
<tr><td>团队精神</td><td colspan="2">尊师爱友，积极合作，团结奋进</td><td>5</td><td></td><td></td></tr>
<tr><td rowspan="6">知识评价 20%</td><td rowspan="3">基础知识</td><td colspan="2">了解校园安全隐患排查的原则、内容和方式</td><td>2</td><td></td><td></td></tr>
<tr><td colspan="2">熟悉校园安全隐患排查的流程</td><td>2</td><td></td><td></td></tr>
<tr><td colspan="2">掌握校园安全隐患的记录、报告、整改和防范</td><td>2</td><td></td><td></td></tr>
<tr><td rowspan="3">应用知识</td><td colspan="2">能够选择合适的方式，按要求排查校园安全隐患</td><td>4</td><td></td><td></td></tr>
<tr><td colspan="2">能够及时、准确地记录校园安全隐患排查的内容</td><td>5</td><td></td><td></td></tr>
<tr><td colspan="2">能够根据校园安全隐患的记录和报告对其进行整改</td><td>5</td><td></td><td></td></tr>
<tr><td rowspan="3">能力评价 30%</td><td>检索能力</td><td colspan="2">熟练应用多种信息检索方法</td><td>10</td><td></td><td></td></tr>
<tr><td>实践能力</td><td colspan="2">全面检查和分析所选场所，排查认真、细致</td><td>10</td><td></td><td></td></tr>
<tr><td>探索创新能力</td><td colspan="2">在实践过程中有新的想法或思路，有自主探究学习的意识</td><td>10</td><td></td><td></td></tr>
<tr><td rowspan="3">成果评价 30%</td><td>时间观念</td><td colspan="2">按时完成实践任务</td><td>5</td><td></td><td></td></tr>
<tr><td>校园安全隐患排查报告</td><td colspan="2">排查内容明确清晰，整改建议可行性强</td><td>15</td><td></td><td></td></tr>
<tr><td>演示文稿</td><td colspan="2">清晰流畅、重点突出、详略得当</td><td>10</td><td></td><td></td></tr>
<tr><td colspan="4">合计</td><td>100</td><td></td><td></td></tr>
<tr><td>总评</td><td colspan="3">自评（30%）+师评（70%）=</td><td colspan="3">教师（签名）：</td></tr>
</table>

项目五

校园突发事件的应急管理

导语

校园突发事件是指在校园内突然发生的，可能或已经造成严重的危害，影响师生安全和正常生活、学习，需要学校采取应急处置措施的事件。学校通过建立校园应急预案体系、强化应急培训和演练，提升应急管理能力，能够有效降低突发事件对校园安全的影响，保障师生的生命和财产安全。

学习目标

知识目标

- 了解校园应急预案的作用。
- 掌握校园应急预案的编制程序、完善措施，以及校园应急预案体系的内容。
- 理解校园突发事件的处置原则。

技能目标

- 能够开展校园应急演练。
- 能够合理处置校园突发事件。
- 能够帮助学校提升应急管理能力。

素养目标

- 提高心理承受能力和自我调节能力，面对校园突发事件时保持冷静和理性。
- 增强社会责任感，面对校园突发事件时积极开展自救、互救。

校园应急预案在火灾事故中的积极作用

由于气温骤升，某市一所中学的用电量明显增多，教室内老旧电线短路，不幸发生了小规模火灾。事发时正值午休时间，尽管大部分学生在宿舍休息，但仍有一些勤奋的学生在教室内自习。

火灾发生后的第一时间，学校启动了校园应急预案，值班教师和保安迅速赶到现场。他们将教室内的学生疏散至安全区域，确保了学生的安全。由于校园应急预案明确了各级人员的职责，现场指挥紧张有序，有效减少了人员伤亡。

在疏散过程中，有一名学生因吸入浓烟出现头晕、胸闷、呼吸急促等症状。面对这一突发状况，校医迅速做出反应，凭借专业的医疗知识，为学生进行了初步诊断，并立即联系校外医疗机构，确保学生及时得到后续治疗。

火灾被扑灭后，学校并未放松警惕，不但组织人员对火灾现场进行了清理，评估了火灾造成的损失，还对学校的电线系统进行了全面的排查。通过及时更换那些存在安全隐患的老旧电线，学校从根本上降低了类似事故再次发生的可能性。

思考：校园应急预案在整个事故中发挥了怎样的作用？

任务一　建立校园应急预案体系

一、校园应急预案

校园应急预案是指学校针对可能发生的重大事故或灾害，为保证迅速、有序、有效地开展应急救援行动，降低事故损失而预先制订的有关计划或方案。

（一）校园应急预案的作用

校园应急预案的作用主要包括以下几个方面。

1．快速响应与决策

校园应急预案为学校处置突发事件提供了明确的行动指南，使学校能够在最短时间内做出快速、准确的响应和决策，控制和防止事故进一步恶化。通过预设的流程，学校可以迅速调动资源，进行人员疏散、伤员救治、现场控制等关键操作。

2. 减少损失与风险

校园应急预案能够有效减少突发事件对学校师生生命和财产安全的威胁。校园应急预案中的预防措施和应急措施可以降低事故发生的概率和严重程度，减轻事故带来的损失。

3. 保障教育教学秩序

校园应急预案有助于学校在突发事件发生后迅速恢复正常的教育教学秩序，能够确保学生在最短时间内回到正常的学习状态。

4. 提高师生的安全意识

在校园应急预案的编制和完善过程中，学校会加强对师生的安全教育培训。这有助于提高师生的安全意识和自我保护能力，增强他们在突发事件中的应对能力。

小试牛刀

如果没有校园应急预案，你认为在发生校园突发事件时，学校可能会出现哪些问题？

（二）校园应急预案的编制

校园应急预案的编制主要包括以下几个方面。

1. 成立应急预案编制工作组

应急预案编制工作组的职责一般包括制订应急预案编制计划、开展风险评估、编制应急预案、组织演练和培训、修订和完善应急预案。学校应结合各部门的职能和分工，成立应急预案编制工作组。通常情况下，应急预案编制工作组由学校安全管理人员、相关部门负责人、安全专家等共同组成。

2. 收集资料

应急预案编制工作组需要收集的资料包括但不限于以下几个方面。

（1）校园及其周边的基本情况：学校的地址、规模（包括学生人数、教职工人数、建筑面积等）、各部门的职责和联系方式；校园周边的环境，如地形、交通、人口分布等；周边社区、公安、消防、医疗等单位的联系方式和协作机制。

（2）相关法律法规和规范性文件：国家和地方关于应对突发事件的法律法规，如《中华人民共和国突发事件应对法》《中华人民共和国安全生产法》等；相关规范性文件，如《关于完善安全事故处理机制维护学校教育教学秩序的意见》等。

（3）现有的应急预案和处置流程：学校现有的各类应急预案，如火灾应急预案、地震应急预案等；各类突发事件的处置流程图和操作指南。

（4）现有的应急资源：消防应急资源（如消防器材、疏散指示标志）、紧急通信和警报资源（如无线对讲机、应急广播设备、警报系统）、医疗救护资源（医疗救护人员、药品、急救设备）和其他资源。

（5）其他相关资料：如国内外同类学校应急预案编制的先进经验和做法，校园安全管理和应急处置方面的专业书籍、论文和案例。

3. 评估风险

风险评估的主要内容包括以下几点。

（1）分析学校存在的潜在危险，确定事故危险源。

（2）分析可能发生的事故类型及后果，并指出该事故可能引发的其他事故。

（3）评估事故的危害程度和影响范围，提出安全防范措施。

4. 评估应急管理能力

应急预案编制工作组在全面调查和客观分析学校应急队伍、应急物资的基础上，应评估学校的应急管理能力，并依据评估结果完善应急保障措施。

5. 编制应急预案

应急预案编制工作组依据学校风险及应急管理能力的评估结果，可进一步编制应急预案。具体来说，应急预案的编制应符合以下基本要求。

（1）符合有关政策、法律的规定。

（2）符合本系统、本地区、本校的实际情况。

（3）满足本系统、本地区、本校的应急管理需要。

（4）有明确、具体的应急程序和处置措施，并与本校的应急管理能力相适应。

（5）应急组织和人员的职责分工明确，并有具体的落实措施。

（6）内容完整，信息准确。

6. 评审应急预案

应急预案编制完成后，学校应组织人员进行评审。通常情况下，评审包括内部评审和外部评审，内部评审由学校领导组织有关部门和人员进行，外部评审则由学校组织外部有关专家和人员进行。应急预案评审合格后，学校便可发布并实施。

（三）校园应急预案的完善

校园应急预案的编制并非结果，而是一个持续完善的过程。学校应不断审视、调整和优化校园应急预案，确保其能够应对日益复杂多变的安全挑战。

1. 完善校园应急预案的时机

原则上，学校应定期（半年或 1 年）进行 1 次评估与修订，以完善校园应急预案。但是，发生下列情形之一时，学校应立即修订校园应急预案。

（1）依据的政策、法律发生重大变化。

（2）应急指挥机构及其职责发生调整。

（3）面临的事故风险发生重大变化。

（4）重要的应急资源发生重大变化。

（5）校园应急预案中的其他重要信息发生变化。

（6）在应急演练和事故应急救援中发现问题。

（7）学校认为应修订的其他情况。

2. 完善校园应急预案的关键点

通常情况下，完善校园应急预案的关键点包括以下几个方面。

（1）制订完整的校园应急预案修订流程，确保其内容的时效性和可操作性。

（2）全面了解和评估现有的校园应急预案，了解其制订情况、科学性和实用性，识别现有校园应急预案中可能存在的不足之处，如指挥系统不明确、人员配备不合理、应急措施不具体等。

（3）定期检查安全设施，如消防器材、应急照明设备、疏散指示标志等，确保其处于良好状态。

二、校园应急预案体系

校园应急预案体系是指学校为应对各类可能发生的事故和所有危险源制订的一系列系统化、规范化的应急预案和现场处置方案，并明确事前、事发、事中、事后的各个过程中相关部门和有关人员的职责。校园应急预案体系主要由总体应急预案、专项应急预案、部门应急预案等组成。

（一）总体应急预案

总体应急预案是校园应急预案体系的总纲，是学校应对突发事件的根本性文件。总体应急预案主要包括以下几个部分。

1. 总则

该部分主要简述编制目的、编制依据、适用范围、指导思想和应急工作原则。

2. 事故风险描述

该部分主要简述学校存在或可能发生的事故风险类型、发生的可能性、严重程度及影响范围。

3. 校园应急组织机构及其职责

该部分主要简述校园应急组织机构的组成人员及其职责。校园应急组织机构由应急领导小组及其下设工作组构成。

（1）设立应急领导小组，负责指挥应急处置工作。学校可安排校长担任组长，党（总支、支部）书记、分管安全工作的副校长担任副组长，各职能部门负责人、年级组长为应急领导小组成员。

（2）设立多个工作组。根据具体情况，学校可在应急领导小组下设立组织协调组、宣传报道组、疏散引导组、抢险救护组、后勤保障组等多个小组，并确保各工作组密切协作、互相支持，提高应对突发事件的能力和效率。

4. 监测、预警及信息报告

该部分包括监测、预警及信息报告等内容。

（1）监测。监测旨在及时发现潜在危险。学校应明确监测领域，划分监测区域，确定监测点，对可能发生的突发事件进行实时监测。

（2）预警。预警旨在监测的基础上，根据分析结果，预先警示可能出现的潜在危险。该部分主要简述预警的条件、方式和信息发布的程序。

（3）信息报告。信息报告旨在将监测和预警的结果及时、准确地传递给相关部门和人员。该部分主要包括以下几点：① 信息接收与通报，即明确 24 小时应急值守电话，明确事故信息接收和通报的程序、责任人。② 信息上报，即明确向本校相关领导或部门汇报事故信息的程序、内容、时限和责任人。③ 信息传递，即明确向本校以外的有关部门或单位通报事故信息的程序、方式和责任人。

5. 应急响应

该部分包括应急响应分级、应急响应程序、应急处置措施、应急结束等内容。

（1）应急响应分级。学校应明确分级响应的基本原则，根据事故的危害程度、影响范围及学校控制事态的能力，对应急响应进行分级。

（2）应急响应程序。学校应根据响应级别和发展态势，描述应急指挥的启动、应急资源的调配、应急救援的程序。

（3）应急处置措施。学校应明确应急处置原则和具体要求，针对可能发生的事故风险、事故危害程度和影响范围，制订相应的应急处置措施。

（4）应急结束。学校应明确现场应急结束的基本条件和要求。

6. 信息发布和新闻宣传

该部分主要简述向新闻媒体、社会公众通报事故信息的部门、负责人和程序，以及通报原则。学校应严格按照有关部门的规定，全面、客观、准确、及时地发布事故信息。需要注意的是，在信息化和网络化的时代背景下，学校要建立健全信息发布机制，区分不同情况，精准地把握信息发布的主动权，以有效引导社会舆论，提升学校形象。

7. 后期处置

该部分主要简述善后处置、调查、总结等内容。学校应组织力量对事件发生和应对的全面情况、受影响学生的情况、造成的校内外影响等做出评估，并全面开展突发事件的善后工作。此外，学校还应安排专业人员调查和分析事件发生的原因，总结经验和教训，制订整改措施，严格追究责任。

8. 应急保障

该部分主要简述物资保障、应急避难场所保障、人员保障、科技支撑等。

（1）物资保障。学校应建立物资储备机制，保证物资的完好和可使用性，以应对各类突发事件。

（2）应急避难场所保障。学校应加强应急避难场所的维护和管理，不断完善应急避难场所的配套设施，保障应急避难场所的应急转换要求。

（3）人员保障。各部门和各班级应按照学校的要求组建突发事件应急队伍，由应急领导小组统一管理。一旦启动应急预案，应急队伍应立即投入处置工作。

（4）科技支撑。学校应依法鼓励、支持具备相应条件的单位发挥自身优势，积极开展公共安全应急技术平台建设，引入用于突发事件预防、监测、预警、应急处置的新技术、新设备和新工具，不断提高校园突发事件处置的科技水平。

9．监督管理

该部分主要简述宣传教育、应急培训、应急演练、责任与奖惩等内容。

（1）宣传教育。学校应充分开展形式多样、内容丰富的宣传活动，包括应急管理法律法规，避险、自救、互救等应急知识，让安全教育进入课堂，从而提高全体师生的安全防范意识，使其掌握更多的应急基本知识和技能，以应对不同的突发事件。

（2）应急培训。学校要加强应急队伍的培训，将突发事件预防、应急指挥、综合协调等作为重要内容，切实提升应急队伍对突发事件的处置能力。

（3）应急演练。全校、各年级或各班级应视情况组织应急演练活动。

（4）责任与奖惩。通常情况下，突发事件应急处置工作实行领导负责制和责任追究制。对于在突发事件应急处置工作中做出突出贡献的集体和个人，学校应给予其表彰和奖励。对于迟报、谎报、瞒报、误报和漏报突发事件重要情况或在应急处置工作中有其他失职、渎职行为的集体和个人，学校或教育行政部门应依法给予其行政处分；情节严重构成犯罪的，应依法追究其刑事责任。

10．附则

该部分主要简述应急预案编制、修订、发布、实施等内容，如图 5-1 所示。

附则
（1）学校各部门应按照本预案的规定履行职责，并结合实际制订和完善部门应急预案。
（2）本预案由学校制订并负责解释。学校根据法律法规和实际情况的变化，适时修订本预案。
（3）本预案自发布之日起实施。

图 5-1　附　则

（二）专项应急预案

专项应急预案是针对具体的事故类型（如火灾、踩踏）、危险源和应急保障而制订的计划或方案。专项应急预案主要包括以下几个部分。

1．事故风险分析

该部分主要是针对可能发生的事故，分析其发生的可能性及严重程度、影响范围等。

2. 专项应急指挥机构及职责

该部分主要是根据事故类型，明确专项应急指挥机构总指挥、副总指挥，以及各职能部门或人员的具体职责。

3. 专项处置程序

该部分主要是明确事故险情报告的程序、内容、方式、责任人等，并根据事故响应级别具体描述应急响应程序。

4. 专项处置措施

该部分主要是针对可能发生的事故及其危害程度和影响范围，制订相应的专项应急处置措施，明确处置原则和具体要求。

（三）部门应急预案

部门应急预案是针对某个部门可能面临的各类突发事件所制订的应急响应计划和行动方案，其目的是确保事故发生时，该部门能够迅速、有序地响应，尽可能减少损失并保障人员和资产的安全。

与总体应急预案和专项应急预案相比，部门应急预案更加侧重于该部门的特点和需求，具有针对性和可操作性。通常情况下，部门应急预案的内容主要包括该部门可能发生突发事件的类型，以及该部门人员在突发事件中的职责和应急处置措施。

知识拓展

附件

附件是对校园应急预案体系主体内容的补充，主要提供详细的数据资料、操作指导和决策支持。附件主要包括以下几个部分。

（1）联系方式。该部分主要包括应急工作中需要联系的部门、机构或人员的多种联系方式。当联系方式发生变化时，工作人员应及时更新应急预案。

（2）应急物资的名录或清单。该部分主要包括应急预案涉及的主要物资名称、型号、性能、数量、存放地点、运输和使用条件、管理责任人及联系电话等。

（3）规范化格式文本。该部分主要包括相关人员在应急信息接收、通报、上报过程中，为确保信息的准确性和一致性，需要遵循的规范化格式文本。

（4）关键的路线、标志和图纸。该部分主要包括警报系统分布及覆盖范围、危险源分布图、救援队伍行动路线、疏散路线、救援力量分布图等。

三、校园应急演练

校园应急演练是指在模拟的事故条件下，应急组织机构中各工作组针对假设的特定情况，履行实际突发事件发生时各自职责的排练活动。简单地讲，校园应急演练就是一种模拟突发事件发生的应对演习。

（一）校园应急演练的目的

六安市某幼儿园开展食品安全应急演练活动

校园应急演练的目的主要包括以下几个方面。

（1）检验预案：发现应急预案中存在的问题，并对其进行完善，提高其实用性和可操作性。

（2）完善准备：检查应急物资的准备情况，以便及时调整、补充。

（3）锻炼队伍：增强广大教职工和学生对应急预案的熟悉程度，提高其应对能力。

（4）磨合机制：进一步明确相关人员的职责，理顺工作关系，完善应急机制。

（5）科普宣教：普及应急知识，提高全体师生的安全防范意识、自救和互救能力。

（二）校园应急演练的过程

校园应急演练的过程一般包括准备、实施和总结 3 个阶段。

1. 演练准备阶段

演练准备阶段的任务主要包括制订演练方案、建立演练组织机构、演练前宣传教育、演练前师生身体检查及其他准备工作。

1）制订演练方案

在制订演练方案时，学校应考虑校园地理位置、周边环境、教职工和学生人数、校舍类型和数量等实际情况进行制订。

演练方案一般包括以下内容：演练主题、演练目的、演练时间、演练地点、演练人员及分工、演练准备工作、演练流程、保障措施、事后处置等。演练方案应做到内容完整、简洁规范、责任明确、措施具体。

2）建立演练组织机构

学校应根据演练方案的要求，建立演练组织机构，并落实每位成员在演练中的具体工作。通常情况下，由校长等学校安全管理人员组成演练指挥部，全面负责演练活动的组织、协调工作。

（1）演练指挥部的主要职责：① 全面负责应急演练工作，确保演练效果。② 合理安排警报信号、疏散路线、疏散通道和疏散场所，设立疏散指示标志，教育师生熟悉和掌握应急疏散方案。

（2）演练指挥部下各小组的职责：① 组织协调组负责演练方案的制订、演练过程的协调指挥，信息的上传下达、对外联系等。② 宣传报道组负责安排演练前的宣传教育，演练的摄影、记录、计时、总结等。③ 疏散引导组负责科学编制和张贴学校疏散路线图、班级疏散路线等；引导、组织师生安全、有序地撤离危险区域；妥善安置受伤师生；疏散完成后，协助其他小组开展救援工作。④ 抢险救护组负责将受伤师生尽快运送到指定安全区域，并迅速联系急救中心；检查学生身心状况、进行临时救治和必要的心理疏导。⑤ 后勤保障组负责安保工作，布置演练场地，维护演练秩序，拉响演练警报；准备通信、标志、广播、救助等演练所需的物资；检查并恢复学校水电、通信等后勤保障设施。

安全贴士

演练前，各小组应设立负责人，统一协调本组工作，并将职责落实到每位成员。演练中，每位成员应按照职责开展工作。演练后，各小组负责人应及时向总指挥反馈、汇报。学校可视演练主题和实际情况调整演练组织机构，以保证演练质量。

3）演练前宣传教育

学校应根据演练主题，在演练前通过校园广播、主题班会等多种方式，向全体师生宣讲演练方案。此外，学校还应有针对性地组织师生学习安全知识，掌握避险、撤离、疏散、自救、互救的方法和技能。演练前的宣传教育对于师生来说至关重要，这不仅能让其明确演练的必要性和基本步骤，熟悉警报信号、疏散路线、疏散通道、疏散场所等，还能在紧急情况下保护他们的生命安全。

4）演练前师生身体检查

演练前，学校应对全体师生的身体情况进行检查。对于传染性疾病患者、慢性疾病患者、体质不佳者等，学校要给予其特殊考虑和安排。

5）其他准备工作

（1）争取校外其他单位或人员的协助。演练前，学校应向教育行政部门报告。同时，根据不同的演练主题，学校还应加强与公安、交通、消防等部门的合作，邀请相关专业人员到校指导，帮助学校完成演练。

（2）准备演练所需物资。演练前，学校应安排人员印制相关资料，如演练方案、演练人员手册、演练脚本等。同时，学校还应酌情配备相应的物资，如演练工作证、手电筒、口哨、对讲机、手持扩音器、医疗急救箱、消防器材、警戒线、烟雾发生器、警报器等。

（3）张贴疏散路线图和疏散指示标志。演练前，学校应在教学楼、实验楼、宿舍楼、办公楼等场所的适当位置张贴疏散路线图和疏散指示标志。需要注意的是，疏散路线图和疏散指示标志要清晰完整、简洁规范、美观大方，能够为师生提供关键的指引信息，

帮助他们迅速、准确地找到疏散路线和安全出口。

2. 演练实施阶段

演练实施阶段主要包括实施避险科目和实施疏散科目。学校可根据实际情况，酌情增加或强化医疗救护、卫生防疫、人员搜救、治安维护等科目的演练。

1）实施避险科目

（1）发出演练开始信号。以地震演练为例，待广播响起“现在地震来袭，实施紧急避险”，地震演练正式开始。紧急避险警报信号一般长鸣 60 秒。

（2）教职工通知学生避险。听到信号后，在教室、实验室、宿舍的教职工应第一时间通知学生地震来袭，进行避险动作。

安全贴士

在避险科目演练中，在实验室、厨房的教职工应迅速关闭火源、电源、气源等，妥善安置易燃、易爆、易起化学反应的物品。

（3）全体师生进行避险动作。在此期间，全体师生应立即停止当前活动，就近蹲在课桌、实验台、床铺的旁边或承重墙的墙根、墙角，同时避开灯、扇，以防被砸伤。在避险时，全体师生应用手或其他柔软物品等保护头部，尽量蜷曲身体，降低身体重心，增加稳定性。避险动作原则上在 12 秒内完成。

2）实施疏散科目

（1）发出演练开始信号。待广播响起“紧急避险结束，所有人员立即疏散”，全体师生应立即疏散。疏散警报信号一般长鸣 60 秒，停 30 秒，历时 3 分钟。

（2）立即向疏散场所疏散。在教室、实验室、宿舍的教职工应立即告知学生按照疏散路线，快速疏散。所有学生应做到以下几点：沉着冷静、服从指挥；按照疏散路线和指示标志有序撤离；不起哄、不高声喧哗、不推搡他人、不争先恐后、不拉手搭肩、不嬉戏打闹、不弯腰拾物、不逆行；在拥挤的人群中，注意双肘撑开平放胸前，形成一定的空间以保证呼吸；当前面有人摔倒时，要马上停下脚步，同时大声呼救，告知后面的人不要向前靠近；当自己摔倒时，要尽快爬起；当被踩踏时，要大声呼救，同时两手十指交叉相扣护住后脑和颈部，尽可能将肘部弯曲并紧贴身体，以提供额外的保护。

（3）各小组做好各自的工作。① 疏散引导组：第一时间赶到指定位置（楼梯口、转角处、楼门口等）引导学生疏散，指挥学生保持秩序，控制速度，有序疏散，同时视实际情况提示学生“注意脚下，防止滑倒”“保持秩序，不要拥挤”“注意保护头部，小心坠物”等。若出现有人摔倒、受伤等突发情况，负责疏散引导的教师应立即向总指挥报告。② 组织协调组：做好各小组之间的协调工作。③ 宣传报道组：做好演练的记录（摄像、摄影等）、计时等工作。④ 后勤保障组：做好报警、物资提供等工作。⑤ 抢险救护组：做好伤员救治等工作。

（4）到达安全区域。学生到达疏散场所后，以班级为单位在指定位置站好，避免混乱；班主任负责统计本班学生的情况；抢险救护组负责检查学生的身体、心理状况，进行临时救治和心理疏导；后勤保障组负责检查学校的各项物资。上述工作完成后，各小组负责人及时向总指挥报告，并根据指令采取下一步行动。

（5）总指挥宣布演练结束。

知识拓展

应急疏散演练的相关要求

（1）警报信号。警报信号应具备较强的覆盖性、独立性和差异性。覆盖性要求警报信号能有效地覆盖到学校的每个角落；独立性要求在无法或不能及时采取广播等辅助手段的情况下，尤其是在断电的情况下，警报信号也能够向师生传递准确的信息；差异性要求警报信号与学校日常的铃声、广播声等有所差异，不同警报信号也应有明显区分。

（2）疏散时间。原则上楼层较低（4层以下）、安全出口合理的学校应控制在2分钟之内完成应急疏散。

（3）疏散路线。疏散路线要避免穿越公路、交通流量大和易发生危险的路段。学校应根据学生分布情况和校舍结构，合理规划各班级的疏散路线，保证学生在楼道相遇的情况下不发生拥堵甚至踩踏。

（4）疏散通道。学校应确保疏散通道安全、畅通，严禁任何形式的占用；禁止将安全出口和教室、实验室、宿舍等安全门上锁或堵塞；确保一楼窗户的防护栏符合消防要求，以便在紧急情况下能够迅速打开。

（5）疏散场所。疏散场所应远离高大建（构）筑物，并保证与建（构）筑物的距离大于其高度的三分之一；应避开对人身安全可能产生影响的地段，如有毒气体或易燃易爆物储放地；应避开陡坡等易发生地质灾害的地段。通常情况下，学校会将操场、广场等设立为疏散场所。

（6）疏散用语。学校在组织全体师生疏散的过程中，应使用规范、简短、明确的疏散用语。

3．演练总结阶段

（1）总指挥对演练情况进行总结，主要包括演练组织情况、演练效果、演练中暴露的问题及解决办法等。

（2）各班级结合演练效果，开展相应的安全教育活动。

（3）各部门和有关人员通过访谈、填写评价表、提交报告等方式，对演练结果进行

总结、评价。

（4）宣传报道组负责报道整个演练过程，整理并保存视频、照片等演练资料。

经典案例

开展消防应急疏散演练，加强校园安全教育

2024 年 6 月 7 日上午，河南省漯河市源汇区许慎小学开展了一场消防应急疏散演练活动。

在演练活动开始前，学校根据实际情况制订了详细的演练方案，明确了相关人员的职责、演练目的、演练避险措施、应急疏散路线、演练注意事项等。随着消防警报信号响起，消防应急疏散演练正式拉开帷幕。教师组织学生迅速列队，全体师生按照学校统一指令快速撤离到指定地点。整个消防应急疏散演练活动开展得迅速、安全且有序。完成疏散后，各班班主任迅速清点人数，确保所有学生抵达安全区域，并立即上报学生人数和安全情况。最后，副校长对本次消防应急疏散演练活动进行了全面的总结。

此次消防应急疏散演练的顺利开展，提高了全体师生的安全意识，让全体师生了解了火灾发生时的应急处置措施，保障全体师生在发生火灾时有一定的自救逃生技能。

（资料来源：董威远，《漯河市源汇区许慎小学开展消防应急疏散演练活动》，河南省教育网，2024 年 6 月 7 日）

任务二　处置校园突发事件

一、校园突发事件的处置原则

校园突发事件的处置原则主要包括以下几个方面。

（一）快速反应，迅速出动

“快速反应，迅速出动”的处置原则在校园突发事件的处置中占据着重要地位。面对突发事件，学校快速做出反应可以有效地控制事态的发展，为后续的处置工作赢得宝贵的时间，从而减少人员伤亡和财产损失。同时，学校快速做出反应也可以减轻事件对校园秩序和师生心理的影响，维护校园的和谐与稳定。学校遵循该原则时需要做到以下几点。

（1）及时报告。校园内一旦发生突发事件，相关人员应立即上报相关领导和部门，以便应急领导小组能够迅速启动校园应急预案，组织力量进行处置。

（2）迅速赶赴现场。学校应急领导小组在接到通知后，应迅速组织人员赶赴现场，了解事件的具体情况。

（3）果断决策。在了解事件的具体情况后，学校应急领导小组应根据事件的性质、规模和影响程度，果断做出决策，制订处置方案，并立即组织实施。

（4）及时通报。在处置过程中，学校应急领导小组应及时向上级领导、家长和社会通报事件的进展情况，以便得到更多的支持和帮助。

（二）以人为本，救人第一

“以人为本，救人第一”的处置原则旨在保障全体师生的生命和财产安全，减少突发事件造成的人员伤亡。

面对突发事件，学校需立即启动应急响应机制，迅速组织全体师生安全、有序地撤离危险区域，保障全体师生的人身安全。同时，针对受伤师生，学校应及时提供医疗救助与心理安抚，最大程度减轻他们的痛苦与伤害。

（三）统一指挥，分级负责

“统一指挥，分级负责”的处置原则旨在紧急情况下各级组织和人员在指挥中心（或指挥人员）的协调下，各尽其责，减少事故对师生和学校的影响。

“统一指挥”指发生突发事件时，学校应有一个明确的指挥中心（或指挥人员）来统筹全局，制订或启动校园应急预案。这个指挥中心（或指挥人员）应具有高度的责任感和决策能力，能够迅速判断形势，做出正确的决策，并协调各方资源，确保应急工作的有序进行。

“分级负责”指在统一指挥下，各级组织和人员应按照各自的职责和权限，承担相应的应急任务。分级负责可以确保每个环节都有人负责，避免出现责任不清、推诿扯皮的情况。同时，分级负责也有利于资源的合理配置和高效利用，有利于应急工作更加科学、合理地开展。

（四）教育引导，化解矛盾

“教育引导，化解矛盾”的处置原则旨在通过教育和引导的方式合理化解矛盾，减少事故带来的负面影响，促进学生的健康成长。

在处理引发突发事件的各种矛盾时，学校应通过教育和引导等方式，让学生明确矛盾的原因、性质和后果，从而让其认识到遵守规则、保护自己和他人安全的重要性。此外，公平、公正、公开的教育和引导，还能够进一步帮助学生树立正确的价值观，培养

团结协作的精神，从而维护校园的和谐与稳定。

二、校园突发事件的处置程序

突发事件发生后，学校应立即启动校园应急预案，迅速展开救援，有效控制事态，并认真组织事故调查，及时、妥善地处理事故。一般情况下，校园突发事件的处置程序如图 5-2 所示。

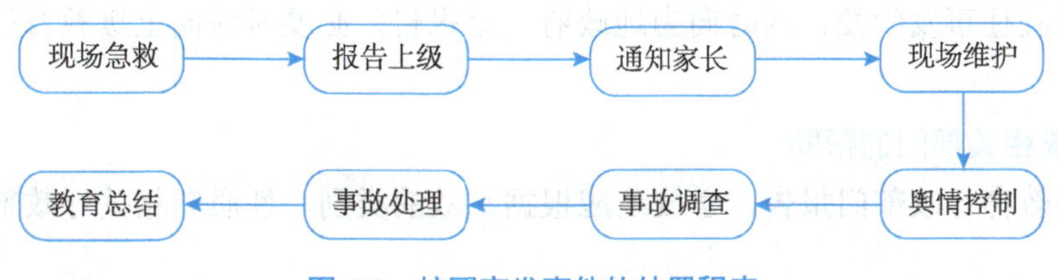

图 5-2　校园突发事件的处置程序

安全贴士

突发事件发生后，学校应在第一时间同时进行现场急救、报告上级、通知家长，切不可因情况紧急而有所疏漏。

（一）现场急救

突发事件发生后，学校应及时展开现场急救工作。如果有师生受伤，相关人员（第一时间发现或目睹突发事件发生的教师或学生）需大声呼救，让更多的人知道险情，并立即通知校医。情况危急时，相关人员可根据事故类型拨打 120、110、119 等紧急电话，寻求专业救助。与此同时，相关人员需要对受伤师生是否面临二次危险、是否需要立即转移、心肺功能是否正常、意识是否清晰、是否大量出血、是否骨折等做出准确判断，并进行及时、正确、科学的初步救治。

学校领导、校医、班主任接到报告后应立即赶到现场，并尽快了解事故概况，对现场受伤情况做出较为全面的判断。学校领导应及时制订、调整、实施现场救助方案，充分调动学校可支配的人力、物力，按照挽救生命、稳定病情、减少伤残、减轻痛苦等原则，配合专业救助人员开展现场急救工作。

小试牛刀

你知道哪些现场急救知识？

（二）报告上级

1. 报告教育行政部门

如果突发事件造成多名学生受伤或个别学生受伤较为严重，学校应在 1 小时之内向教育行政部门进行电话报告。电话报告的内容主要包括事发学校的名称、时间、地点、简要经过、伤亡情况、目前已采取的措施、是否需要教育行政部门协调其他相关行政部门配合处理等。如果突发事件造成多名学生受伤较为严重或有学生死亡发生，教育行政部门应立即赶往事发学校，同时向当地政府电话报告，必要时应向上级教育行政部门电话报告。

2. 请求相关部门的帮助

除了向教育行政部门报告，学校还应根据事故的类别、性质向相关行政部门报告，请求帮助。

（1）若发生火灾事故，学校应向消防救援部门报告并求助。

（2）若发生治安（刑事）事件，学校应向公安部门报告并求助。

（3）若发生食品卫生事故，学校应向市场监督管理部门、卫生健康部门、疾病预防控制中心报告并求助。

3. 提交书面报告

现场应急结束后，学校应立即向教育行政部门及其他行政部门提交书面报告。书面报告一般包括以下内容。

（1）事故发生的基本情况，包括时间、地点、人员伤亡情况，以及破坏范围和程度。

（2）事故发生的原因、性质和影响程度。

（3）学校和相关单位已采取的措施。

（4）校内外公众及媒体等各方面的反应。

（5）事故的发展状态、处置过程和结果。

（6）需要报送的其他事项。

如果在提交书面报告后又出现新的情况，学校应及时向教育行政部门及其他行政部门补报。教育行政部门应按相关规定向当地政府和上级教育行政部门报告。

（三）通知家长

如果突发事件造成学生受伤，学校应迅速联系受伤学生家长，简单说明事故情况，如有需要，还应让他们尽快赶赴现场。

如果学生受伤较为严重、家长离学校或医院较远，学校可安排车辆及人员专程上门通知并接送受伤学生家长。学生家长到达学校或医院后，学校应安排专人（如学校领导、班主任、事故处置组成员等）负责接待，并对其进行安抚。在此过程中，接待人员要耐心周到、热情体贴，遇到问题不争吵、多换位思考。

（四）现场维护

1. 维护现场秩序

应急工作人员应严格遵循统一指挥的原则，为迅速、高效地开展急救和防止事态扩大提供良好的现场环境保障。应急工作人员应快速疏散与应急工作无关的人员，确保应急工作的正常开展。此外，应急工作人员需要合理划出警戒区域，安排专人值守，耐心劝导和阻止非应急人员进入事故现场。

2. 保护事故现场

应急工作人员应立即对事故现场进行警戒、封锁、录像、拍照，并维持现场原始状态。在整个应急处置工作中，应急工作人员尽量不移动现场的相关物品，如因抢救伤员必须移动，应对相关物品做好标记。

3. 保留相关证据

学校应保留好相关证据，如视听资料、电子数据、鉴定意见、勘验笔录、现场笔录、当事人的陈述等物证和人证，以便后续事故调查和处置工作的顺利开展。

（五）舆情控制

事故发生后，学校应认真分析事故发生的原因，掌握目前的状况，以基于事实、陈述实情为原则，统一有关事故问题的应答口径，稳定校内外相关人员的情绪，严防舆情发展。

1. 稳定校内师生的情绪

（1）及时召开教职工会议，通报事故基本情况，稳定教职工情绪，安排部署下一步工作。

（2）由班主任向学生通报事故情况，并积极开展安抚工作，让学生尽快投入正常的学习、生活中。

（3）如果事故较为严重或有学生伤亡，学校应在第一时间召开全体师生大会，通报事故情况、已采取的措施和学校目前的安全状况，打消全体师生恐惧、担忧的情绪。此外，学校还应对遭受重大伤害或死亡的学生班级、宿舍，开展心理辅导，防止学生出现创伤后应激障碍（PTSD）。

安全贴士

创伤后应激障碍是一种在经历、目睹或遭遇到极端、恐怖的事件后，产生的长期心理反应，主要表现为持续性的回避、警觉性增高、记忆闪回等症状。这些事件可能包括战争、自然灾害、严重的交通事故、暴力犯罪、性侵害等。

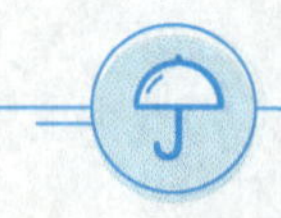

2. 稳定校外家长的情绪

若有学生受伤且被送入医院进行救治，学校应安排专人配合医院开展工作，并做好学生家长的安抚和协助工作。若无学生受伤，学校也应以短信或电话的形式告诉家长学生的状况，让其放心、安心。

3. 严格控制舆情发展

事故发生后，学校应密切关注网络上对此事故的反应。如果事故较为严重，学校和教育行政部门应积极与当地宣传部门、网络监管部门取得联系，及时、如实地通报事故的进展情况，严防形成负面网络舆情。一旦出现负面舆情，学校应及时通过学校网站、微信公众号等发布公告或声明，并第一时间向当地宣传部门、网络监管部门报告，请求帮助。

（六）事故调查

如果事故比较严重，学校所在地政府会组织联合调查组或委托教育行政部门进行调查，学校应积极配合、提供保障，确保调查工作顺利进行。

如果事故不是很严重，且所在地政府及相关部门同意学校自行开展调查，学校应成立事故调查组，认真组织现场勘查、资料收集、损失评估、应急处置评估、证据审查、补充调查等工作，形成事故调查报告，上报所在地政府及相关部门。

（七）事故处理

1. 追究学校及相关人员的责任

如果事故由学校所在地政府组织调查，相关部门会依照政策、法律规定的权限和程序，对有责任的事故发生单位和有关人员进行处罚。如果事故由学校自行组织调查，学校应根据责任追究制，对相关责任人员进行处罚；情节严重构成犯罪的，学校应配合司法机关开展进一步的调查。

2. 与受伤学生家长积极协商解决方案

受伤学生治疗结束后，学校应按照及时、妥善的原则，积极与受伤学生家长进行协商，尽快达成解决方案。

如果协商不成，学校应尽量说服受伤学生家长共同向教育行政部门提出行政调解申请，教育行政部门应在60天内给出调解意见。双方也可通过人民调解委员会、当地司法机关等第三方调解，达成解决方案。

如果调解不成，学校应建议受伤学生家长选择民事诉讼的方式，解决伤害事故。一旦达成赔偿协议，学校应尽快完成赔付。

（八）教育总结

1. 公布事故的调查结果

事故调查结束后，学校应及时公布调查结果，宣布对相关人员的处理决定。

2. 教育教职工尽职守责

在公布事故调查结果后，学校应总结经验教训，排查安全隐患，明确整改措施，落实部门及人员责任，教育广大教职工铭记安全职责，尽心尽力、尽职尽责，从而预防类似事故再次发生。

3. 教育学生提高安全防范意识

学校应高度重视突发事件的教训，并积极采取措施来教育学生提高安全防范意识。通常情况下，学校可组织一系列的安全教育活动，如举办安全讲座、制作安全宣传海报、播放安全教育视频等，以直观、生动的形式向学生传递安全知识，让其深刻认识到安全防范的重要性。

项目考核

一、单项选择题

1. 校园应急预案为学校处置突发事件提供了明确的行动指南，使学校能够在最短时间内做出快速、准确的响应和决策，控制和防止事故进一步恶化。这体现了校园应急预案具有（　　）的作用。

A．快速响应与决策　　B．保障教育教学秩序

C．减少损失与风险　　D．提高师生的安全意识

2.（　　）的任务主要包括制订演练方案、成立演练组织机构、演练前安全教育、演练前师生身体检查及其他准备工作。

A．演练准备阶段　　B．演练总结阶段

C．演练实施阶段　　D．演练评估阶段

3.（　　）要第一时间赶到指定位置（楼梯口、转角处、楼门口等）引导疏散，指挥学生保持秩序，控制速度，有序疏散。

A．疏散引导组　　B．宣传报道组

C．组织协调组　　D．后勤保障组

4. 下列选项中，（　　）不属于校园突发事件的处置原则。

A．以人为本，救人第一　　B．统一指挥，分级负责

C．快速反应，迅速出动　　D．主观判断，做出决策

5. 校园突发事件处置的一般程序包括现场急救、报告上级、通知家长、现场维护、舆情控制、事故调查、（　　）和教育总结。

A．事故处理　　B．制订行动方案

C．建立指挥中心　　D．安抚受伤学生

二、多项选择题

1. 校园应急预案编制工作组需要收集的资料包括（　　）。

A. 相关法律法规和规范性文件　　B. 学校的教学计划、课程安排

C. 现有的校园应急预案和处置流程　　D. 现有的应急资源

2. 下列选项中，说法正确的是（　　）。

A. 应急指挥机构及其职责发生调整时，学校应立即修订应急预案

B. 依据的政策、法律发生重大变化时，学校应立即修订应急预案

C. 学校应采取多种形式开展应急预案的宣传教育

D. 校园应急预案只需满足本校的应急管理需要

3. 专项应急预案的内容包括（　　）。

A. 事故风险分析　　B. 专项处置程序

C. 专项应急指挥机构及职责　　D. 专项处置措施

4. 下列选项中，属于校园突发事件现场维护的有（　　）。

A. 严格控制舆情发展　　B. 维护现场秩序

C. 保留相关证据　　D. 保护事故现场

5. 下列选项中，属于舆情控制的有（　　）。

A. 稳定校内师生的情绪　　B. 稳定校外家长的情绪

C. 追究学校及相关人员的责任　　D. 教育学生提高安全防范意识

三、判断题

1. 应急预案有助于学校在突发事件发生后迅速恢复正常的教育教学秩序。（　　）

2. 学校可以通过开展应急演练检查应急物资的准备情况，以便及时调整、补充。（　　）

3. 演练实施阶段的任务主要包括制订演练方案、成立演练组织机构、演练前安全教育、演练前师生身体检查等。（　　）

4. 突发事件发生后，相关人员可以不上报相关领导和部门，自行处理。（　　）

5. 突发事件发生后，学校应迅速给受伤学生家长打电话或发信息，简单说明事故情况。（　　）

四、简答题

1. 简述校园应急预案的作用。

2. 简述校园应急预案编制的基本要求。

3. 简述总体应急预案的内容。

4. 简述校园应急演练的目的。

项目实践

实践目的

通过编制校园应急预案，使学生熟悉校园应急预案的编制方法和步骤，增强学生的安全意识，提高学生应对校园突发事件的能力。

实践描述

以小组为单位，结合所学知识完成以下任务。

（1）明确具体的应急预案。各小组可以选择制订总体应急预案、专项应急预案（针对火灾、地震、食物中毒等突发事件的预案）或部门应急预案。

（2）编制校园应急预案。各小组遵循校园应急预案编制的基本要求，按照其编制程序，编制校园应急预案。

（3）制作演示文稿。各小组根据所编制的校园应急预案，制作一份演示文稿，然后派出一名代表在课堂上进行汇报。

（4）完善校园应急预案。根据汇报内容，各小组可对其他小组的校园应急预案提出修改意见，并完善本组的校园应急预案。

实践准备

全班学生以3～5人为一组进行分组，各组选出组长并进行任务分工，然后将小组成员及分工情况填入表5-1中。

表5-1 小组成员及分工情况

<table>
<tr><td>班级</td><td></td><td>组号</td><td></td><td>指导教师</td><td></td></tr>
<tr><td>任务内容</td><td colspan="5"></td></tr>
<tr><td>小组成员</td><td>姓名</td><td>学号</td><td colspan="3">任务分工</td></tr>
<tr><td>组长</td><td></td><td></td><td colspan="3"></td></tr>
<tr><td rowspan="4">组员</td><td></td><td></td><td colspan="3"></td></tr>
<tr><td></td><td></td><td colspan="3"></td></tr>
<tr><td></td><td></td><td colspan="3"></td></tr>
<tr><td></td><td></td><td colspan="3"></td></tr>
</table>

实践记录

将实践任务的具体完成情况记录在表5-2中。

表 5-2　实践任务完成情况记录表

时间和任务安排	实施步骤
	1．拆解任务，认识任务中的重点和难点，具体内容如下：
	2．明确本组选择的校园应急预案，具体内容如下：
	3．记录本组收集的相关校园突发事件案例及其他资料，要点如下：
	4．分析学校存在的安全隐患、可能发生的事故类型及后果等，开展风险评估，要点如下：
	5．客观分析学校的应急队伍、应急物资等，评估学校的应急管理能力，要点如下：
	6．合力编制校园应急预案，要点如下：
	7．聆听其他小组的校园应急预案，并提出修改意见，具体内容如下：
	8．结合其他小组的意见，完善本小组的校园应急预案，要点如下：

项目综合评价

指导教师可以根据学生的课堂表现、项目考核情况、项目实践情况对其进行评价。学生配合指导教师共同完成项目综合评价表（见表 5-3）。

表 5-3　项目综合评价表

班级		组号		日期	
姓名		学号		指导教师	
学习成果					
评价维度	评价指标	评价标准	分值	评价分数	
				自评	师评
素养评价 20%	学习态度	刻苦认真，勇于钻研	5		
	纪律意识	遵守课堂纪律，认真完成课堂作业与课后作业	5		
	互动意识	积极发言，完成课堂互动	5		
	团队精神	尊师爱友，积极合作，团结奋进	5		
知识评价 20%	基础知识	了解校园应急预案的作用，以及校园突发事件的处置原则	4		
		掌握校园应急预案的编制程序、完善措施，以及校园应急预案体系的内容	6		
	应用知识	掌握校园应急演练的程序	5		
		掌握校园突发事件的处置程序	5		
能力评价 20%	应急响应能力	在突发事件中能够迅速判断形势，做出正确的决策，并启动相应的应急预案	10		
	自救互救能力	在突发事件中能够迅速、有效地保护自己和他人的生命安全	10		
成果评价 40%	时间观念	按时完成实践任务	5		
	演示文稿	清晰流畅、重点突出、详略得当	10		
	应急预案	编制的应急预案具有完整性、逻辑性和条理性	15		
		针对其他小组的应急预案提出合理的建议	10		
合计			100		
总评	自评（30%）+师评（70%）=		教师（签名）：		

项目六

校园公共卫生类事故的管理

导语

校园公共卫生类事故（如集体性食物中毒、传染病疫情等）时有发生，对学校师生的身体健康和生命安全造成一定的威胁。对此，学校可以通过加强校园公共卫生管理，积极采取各项防范措施，从而减少该类事故的发生，提高师生的健康水平，为师生营造一个安全、健康、和谐的学习与生活环境。

学习目标

知识目标

- 了解校园公共卫生管理和食品安全管理的内容。
- 熟悉食物中毒和学校常见传染病的症状。
- 掌握集体性食物中毒事故的防范与处置。
- 掌握传染病疫情事故的防范与处置。

技能目标

- 能够按照要求对校园公共卫生和食品安全实施管理。
- 能够根据集体性食物中毒事故的实际情况，采取有针对性的处置措施。
- 能够按照处置流程，有效应对传染病疫情事故。

素养目标

- 不断扩展急救知识，提升急救能力。
- 养成良好的个人卫生和饮食习惯，提高健康意识。

传染病知识讲座进校园

为提高广大师生对常见传染病的认知度，帮助师生掌握校园常见传染病的防治知识，增强师生健康意识和防疫能力，2024 年 1 月 16 日上午，江西省抚州市崇仁县孙坊镇中心小学特邀孙坊镇卫生院医生到学校开展关于传染病知识的专题讲座。

医生从专业的角度，就如何预防传染病给师生做了详细的介绍，并教给师生一些公共场所的卫生礼仪。同时，医生还建议师生应加强日常卫生管理，注意个人卫生，加强自身锻炼，提高防病能力。

讲座结束后，学生们纷纷表示，要用“小手牵大手”的方式将学到的健康知识传递给身边的家人和朋友，让大家都能有预防传染病的意识，让身体更健康。

此次讲座，对提高师生的健康意识、预防和控制传染病发病率有重要意义。师生不仅对常见传染病的预防有了更深的了解与认识，同时也提高了预防传染病的能力。

（资料来源：梁艳军、刘爱新，《江西崇仁 冬春季重点传染病知识讲座进校园》，人民网，2024 年 1 月 16 日）

思考：校园常见的传染病有哪些？当校园出现传染病疫情时，学校应采取哪些措施？

任务一　了解校园公共卫生管理和食品安全管理

一、校园公共卫生管理

校园公共卫生管理是指学校为了保障师生身体健康、预防和控制疾病的发生与传播及营造良好的学习与生活环境而进行的一系列有计划、有组织的卫生管理活动。

（一）校园公共卫生管理的原则

1. 科学性原则

校园公共卫生管理必须科学、严谨。具体来说，学校应严格遵守相关法律法规，并根据公共卫生学、流行病学等原理，结合师生当前的健康状况和疾病的流行情况，科学分析校园公共卫生状况，从而制订一系列校园公共卫生管理政策、制度和措施。

此外，学校还可邀请公共卫生专家、学者或机构提供专业的指导和建议，以确保校园公共卫生管理决策的科学性。

2. 预防性原则

校园公共卫生管理应以预防为主。学校通过建立健全预防机制、实施健康检查与疫苗接种、加强健康教育与宣传、强化环境监测与治理、制订应急预案等措施，预防疾病的发生与传播，提高师生的健康水平，从而维护校园的稳定与安全。

3. 综合性原则

校园公共卫生管理应全面考虑校园内外的各种因素，如环境、设施、人员等，制订综合性的管理方案，并通过建立协作机制来加强各项管理活动之间的协调与配合，确保其能够形成整体效应。

（二）校园公共卫生管理的内容

校园公共卫生管理的内容主要包括以下几个方面。

1. 建立公共卫生管理工作机制

学校应建立以校长为组长的校园公共卫生管理工作领导小组，全面负责学校的公共卫生管理工作。校长为校园公共卫生管理工作的第一责任人，各部门、各年级、各班级应明确公共卫生管理工作的具体责任人和职责范围，形成责任明确、分工协作的工作机制。

2. 实施健康管理与疾病控制

首先，学校应做好师生的健康教育、健康检查、医疗保健等工作，建立健全师生健康信息档案。其次，学校应贯彻执行传染病防治相关法律法规，做好传染病的预防和控制，做到发现及时、防控有力、防治有效。最后，学校应严格执行公共卫生突发事件报告制度。出现集体性食物中毒、传染病疫情等事故时，学校相关责任人应立即向有关行政主管部门报告。

3. 严格把控校园食品安全

保障校园食品安全是校园公共卫生管理工作的重中之重。为此，学校应成立专门的食品安全管理组织，负责制订并落实食品安全管理制度，加强对食品采购、储存、加工、销售等环节的监管，同时注意提升师生的食品安全意识，共同营造安全、健康的饮食环境。

4. 加强校园环境卫生管理

干净、整洁、卫生的校园环境不仅能够为师生提供一个舒适的学习和生活空间，还能够降低疾病传播的风险，确保师生的健康和安全。为此，学校不仅应做好日常的保洁工作，还应加强对师生卫生知识的宣传和教育，提高他们的卫生意识，从而共同维护校园卫生。

5. 组织监督检查与应急管理

学校应建立公共卫生管理监督机制，通过监督各项卫生管理工作，定期检查和评估校园卫生，及时发现并处理卫生问题，促进各项卫生管理措施得到有效执行和持续改进，从而提高公共卫生管理水平。

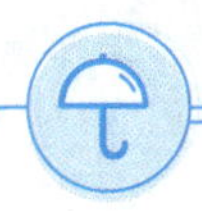

学校还应制订公共卫生类事故应急预案，一旦发生公共卫生类事故，立即启动应急预案，并配合相关部门采取有效的处置措施，力求将伤害和损失控制在最小范围内。

安全贴士

学校可以每年对公共卫生管理工作进行总结，对成绩显著的部门及个人予以表彰。

6. 明确责任追究制度

学校应建立公共卫生类事故的责任追究制度。对于不履行公共卫生安全管理和教育职责，玩忽职守，导致出现集体性食物中毒、传染病疫情或其他公共卫生类事故的，学校应依照相关法律法规，对相关责任人进行处理。对于事故发生后，瞒报、迟报或谎报的，其所在学校或教育行政部门应对相关责任人给予行政处分；造成严重后果的，应依法追究相关人员的刑事责任。

二、校园食品安全管理

校园食品安全管理是指学校为保障师生饮食的安全与健康而进行的一系列管理活动，它是校园公共卫生管理的基础，它直接关系到师生的身体健康和生命安全。学校可以通过严格的食品安全管理，有效预防集体性食物中毒、传染病疫情等事故的发生，保障师生的安全与健康。

“三步走”护校园食品安全

校园食品安全管理是一项系统性的工作，涉及多个方面和多个环节。具体来说，学校可以从以下几个方面对食品安全进行管理。

（一）成立食品安全管理组织

学校应成立食品安全管理组织，由校长作为最高管理者，对学校食品安全工作全面负责，并确定专职或兼职的食品安全管理人员，负责具体工作的实施和监督。

校长应定期组织召开会议，研究、部署、落实食品安全管理与监督工作，确保食品安全管理的各项制度和措施能够得到有效执行。

（二）制订食品安全管理制度

学校应制订全面的食品安全管理制度，对食品采购与储存、食品加工与销售、食堂工作人员管理、食堂环境卫生管理、食品安全隐患排查、食品安全事故应急预案等做出明确规定，以规范学校食品安全管理工作的各项流程，提升食品安全保障力度，以确保校园食品的安全、卫生和营养。

（三）加强食堂安全管理

学校应制订食堂安全管理制度，详细规定食品采购、储存、加工等各个环节的规范流程和操作要求。同时，学校还应加强对食堂工作人员的管理，要求其上岗前必须接受健康检查，并持有有效的健康证明；定期组织食堂工作人员体检，确保其健康状况符合从事食品工作的要求。

（四）保障食材安全

食材安全是保障食品安全的基础，是避免发生食品安全事故的重要防线。为此，学校应严格筛选信誉良好、质量可靠的食材供应商，并对采购进校的食材进行严格的验收。同时，学校还应加强食材的储存管理，确保食材在储存过程中保持新鲜和卫生。

（五）加强食品安全教育与宣传

学校可以将食品安全相关知识纳入校园安全教育课程，也可以定期开展食品安全知识宣传活动，如举办专题讲座、主题班会等，力求通过多种途径和方式，使师生了解食品安全知识，增强他们的食品安全意识，引导他们形成健康、科学的饮食习惯，从而有效预防食品安全事故的发生。

任务二　防范与处置集体性食物中毒事故

一、食物中毒概述

（一）食物中毒的症状与特点

食物中毒是指因食用了被有毒有害物质污染的食物而引起的中毒性疾病。食物中毒后，中毒者的第一反应多为腹部不适，出现腹胀、腹痛、急性腹泻等症状，同时伴有恶心、呕吐、发烧等症状，严重者有可能脱水、休克。此外，食物中毒还具有以下特点。

（1）潜伏期短，中毒后一般短则几分钟，长则几个小时内就会出现中毒症状。

（2）临床表现相似，多以消化道症状为主。

（3）一般不具有传染性，即一个人食物中毒后不会将毒素传染给其他人。

（4）食物中毒多发生在夏秋季节，具有一定的季节性。

（二）食物中毒的类型

根据病源不同，食物中毒可分为细菌性食物中毒、真菌性食物中毒、化学性食物中毒、有毒动植物食物中毒4类。

1. 细菌性食物中毒

细菌性食物中毒是指食用了含有大量细菌或细菌毒素的食物而引起的中毒。常见的致病菌有沙门氏菌、金黄色葡萄球菌、肠致病性大肠埃希氏菌、变形杆菌等。

2. 真菌性食物中毒

真菌性食物中毒是指食用了霉变食物而引起的中毒。常见的引起真菌性食物中毒的食物有发霉的花生、玉米、大米、小麦、大豆等。

3. 化学性食物中毒

化学性食物中毒是指食用了含有化学性有毒物质的食物而引起的中毒。常见的化学性有毒物质有汞、亚硝酸盐、甲醇、重金属（如铅）或类金属（如砷）等。

4. 有毒动植物食物中毒

有毒动植物食物中毒是指食用了有毒动植物或因处理不当未能除去其有毒成分的食物而引起的中毒。常见的引起食物中毒的动物有河豚、海胆等，常见的引起食物中毒的植物有木薯、四季豆等。虽然这些动植物在特定条件下或处理得当后可以食用，但如果缺乏专业知识和处理经验，应避免随意食用这些有毒动植物，以免发生食物中毒。

经典案例

河豚虽美味，食用须谨慎

9 岁的小凯在食用晚饭后不久出现了嘴麻、舌头麻的现象。家人立即带小凯到附近的医院检查。刚到医院，小凯就呼吸急促，甚至心脏骤停。医生见状，马上对小凯进行了心肺复苏、呼吸机辅助通气等治疗。过了一会儿，小凯逐渐恢复了意识，生命体征趋于平稳。

经诊断，小凯之所以出现这些症状，是因为他食用了没有处理干净的河豚。所幸小凯食用河豚的量不大，再加上救治及时，这才没有生命危险。

医生指出，虽然河豚具有滋补功效，但它是一种有剧毒的鱼类。人们食用河豚时必须由专业的厨师处理，避免因随便食用而引发食物中毒。

二、集体性食物中毒事故的防范

集体性食物中毒事故是一种严重的食品安全问题，学校必须严加防范。具体来说，学校可以采取以下几种防范措施。

（一）加强食品采购管理

学校应严格把控食品的采购关，这是防范集体性食物中毒事故的第一步。学校应对采购的食品进行严格的质量检查，禁止采购腐败变质、油脂酸败、霉变、生虫、混有异物的食品、未经检疫检验合格的肉类及其制品、“三无”食品和过期食品，确保采购的食品符合相关的卫生与安全标准。

知识拓展

学校禁止采购的食品

一、腐败变质食品

腐败变质食品是指食品在运输或储存的过程中，由于微生物的生长繁殖或化学作用，导致食品原有的化学性质、物理性质或感官性状发生不良变化，甚至产生有害物质。

二、油脂酸败食品

油脂酸败食品是指含油脂的食品在储存的过程中，因氧气、微生物、酶等的作用，导致食品中的油脂发生氧化、水解等反应，进而发生一系列不良变化，如变色、变味和产生有害物质等。

三、霉变食品

霉变食品是指食品在潮湿、温暖的环境下，受到霉菌的污染和侵害，导致食品表面或内部出现霉斑、霉点等现象。

四、生虫食品

生虫食品是指食品在储存的过程中，被害虫侵入并在食品内部生长繁殖的食品。

五、混有异物的食品

混有异物的食品是指食品中混入非食品原料或其他不应出现的物质。

六、未经检疫检验合格的肉类及其制品

未经检疫检验合格的肉类及其制品是指未经过动物卫生监督机构或相关部门的检验和检疫程序，以确定其符合食品安全标准和质量要求的肉类及其制品。在肉类及其制品的加工（包括动物的养殖、屠宰等）过程中，可能会受到各种污染和病菌侵害。因此，学校必须确保肉类及其制品经过检验检疫并合格后才能采购。

七、“三无”食品

“三无”食品是指无生产日期、无生产厂家、无生产许可证的食品，其存在许多潜在的风险，如食材来源不明、生产加工卫生条件差、出现问题无法追溯等。

八、过期食品

过期食品是指食品超过了其标注的保质期。保质期是食品生产厂家为保证食品的质量和安全性而确定的一个最佳食用期限，一旦超过这个期限，食品可能开始变质，失去原有的口感、营养价值，甚至可能产生有害物质。

（二）加强食品储存管理

学校应注意食品储存的卫生与安全，防止食品在储存的过程中受到污染和病菌侵害。

1. 保持储存环境与设备清洁

学校的食品储存室应定期清扫和消毒，确保室内无尘土积累；安装有适当的通风和排气装置，以保持空气流通，避免潮湿和霉变。储存设备（如货架、柜子等）应选用无毒材质和易于清洁的造型，保持食品放置层清洁、干燥、无异物。

此外，工作人员应使用食品级的清洁剂清洗储存设施，避免使用含有有害化学物质的清洁剂。

2. 防止昆虫和鼠类入侵

学校应定期检查食品储存室的门窗是否密封完好，若有损坏要及时修补。食品储存室应做好防鼠、防虫工作，如安装纱门、纱窗、捕鼠器等，以有效防止病媒生物进入。食品储存室内可以使用合适的灭虫剂，但应确保所使用的灭虫剂不会污染食品或对人体健康造成危害。

3. 分类储存

不同种类的食品应分开存放，以避免交叉污染。具体来说，易腐败变质的食品应放在冷藏或冷冻设备中，确保其在适当的温度下保存；干燥的食品应存放在干燥、通风的地方，避免其受潮。

4. 标识清晰

储存食品时，每种食品都应有清晰的标识，包括食品的名称、生产日期、保质期等信息，并遵循“先入先出”原则，确保先到的食品先被食用完，以防食品过期、变质。

5. 定期检查和评估

学校应定期对食品储存室的环境、设施、食品储存等情况进行检查，并根据检查结果，对食品储存室的安全和卫生状况进行评估，及时发现问题，并采取整改措施。

（三）规范食品加工过程

食品加工是指通过物理、化学或生物手段，将食材转化为可食用产品的过程。这个过程包括多种不同的操作，如清洁、切割、烹饪、发酵、腌制、熏制、罐装等。食品加工最重要的一点是必须做到食品熟透，即食品已经经过了足够的加热处理，达到了能够杀死或去除其中大部分潜在致病菌或微生物的程度。规范食品加工过程可以减少食品中可能存在的细菌、病毒或其他微生物，从而确保为学生提供安全、健康的食品。

另外，食品加工过程中所使用的工具和容器很容易成为细菌、病毒和其他污染物的载体。因此，食堂从业人员应定期对加工食品所使用的工具和容器进行严格的清洁和消毒。

安全贴士

食品中心温度不低于70℃是衡量食品是否达到了足够的加热程度的温度标准。这一温度可以杀死大多数常见的致病菌或微生物，大大提高食品的安全性。

知识拓展

蔬菜和水果的清洗（处理）方法

一、清洗蔬菜的方法

食堂工作人员在加工蔬菜之前，应先将其放入清水中浸泡5～10分钟，这样可有效去除蔬菜表面可能附着的农药、污垢或其他有害物质。浸泡后，食堂工作人员可再用清水反复冲洗蔬菜，这样可以确保蔬菜表面的大部分有害物质被彻底清除。

二、水果的处理方法

食堂供应的水果应尽可能做削皮处理。虽然水果的外皮可能富含营养，但也可能附着有农药、细菌或其他污染物。削皮可以去除这些可能存在的有害物质，从而确保水果更为安全、卫生。

（四）落实食品留样制度

学校食堂应落实食品留样制度，由专人负责留样工作，将经食堂加工后的食品冷却后装盒，用保鲜膜密封好，贴上标签，并放入专用冷藏设备中留样48小时以上。

需要注意的是，留样食品的标签上应注明编号、留样时间、餐名、留样量、消毒时间、销毁时间、留样人等，并按早、中、晚餐的顺序保存。

（五）严格处理剩余食品

学校食堂剩余的食品必须冷藏储存。冷藏可以显著减缓微生物的生长速度，能够有效地防止食品变质和细菌滋生，从而延长食品的保质期。需要注意的是，虽然冷藏可以延长食品的保质期，但长时间冷藏同样可能导致食品品质下降，因此，食品冷藏必须有严格的时间控制，一般不宜超过24小时。冷藏后的食品在确认没有变质的情况下，必须经过高温加热后方可食用。

（六）保持良好的个人卫生

食堂工作人员保持良好的个人卫生是防止食品被污染的重要措施之一。食堂工作人员应穿戴整洁的工作服、帽子和鞋子，并在接触食品及相关的容器、工具、设备的前后，都及时使用肥皂和流动清水清洁双手，确保双手的卫生，避免将手上的细菌和其他污染物通过食品传播给学生。

经典案例

“明厨亮灶”智能监管学校食堂食品安全

近年来，广西省河池市罗城县大力实施学校食堂“明厨亮灶”工程，实现学校食堂食品安全监管智能化，提升学校食堂食品安全监管水平。

2023 年以来，该县在辖区内 52 家私立幼儿园安装并投入使用了配套摄像头 53 个，成功将“明厨亮灶”延伸到私立学校食堂。此前，该县已累计安装并投入使用 315 个配套摄像头，覆盖率高达 92%。这些摄像头全部接入互联网监管平台，构建起一张全面覆盖、高效运行的食品安全监督网络。

监管人员通过平台，可以清晰地看到各个学校食堂工作人员的工作情况，实时全程监控原材料采购、加工、分餐、陪餐、清洗消毒等环节，实现人员健康管理、安全检测、加工过程管理、全程数据留痕、餐前实时监管、信息追溯等监管功能。学校食堂“明厨亮灶”的建设，提高了市场监管领域对学校食堂食品安全管理水平，提升了产品、餐饮安全追溯数字化水平，有力保障了全市师生的饮食安全。

（资料来源：韦如代，《罗城 “明厨亮灶”智能监管学校食堂食品安全》，罗城县委宣传部，2023 年 6 月 8 日）

三、集体性食物中毒事故的处置

集体性食物中毒事故的处置应迅速、有序、高效，确保中毒者能够得到及时救治，并防止事态进一步扩大。发生集体性食物中毒事故时，学校可以按照以下流程进行处置。

（一）立即报告

一旦发现有人食物中毒，发现者或相关负责人应立即向学校安全管理人员和当地的食品安全监管部门、教育行政部门报告。报告内容应包括中毒发生的时间、地点，中毒者的人数、症状，可疑食品等信息。

（二）救治中毒者

校医应立即查看中毒者的状况。对于症状较轻的中毒者，校医可先对其进行现场急救，如催吐等。对于症状较严重的中毒者，学校应立即将其送往医院进行救治，或拨打 120 紧急电话进行求助。

急性食物中毒的急救方法

在救治中毒者的过程中，校医应记录救治信息，包括中毒者的基本信息、救治时间、救治措施、救治结果等，以便为后续治疗提供依据。

小试牛刀

除催吐外，还有哪些救治中毒者的措施？请结合实际举例说明。

（三）控制与调查现场

当发生集体性食物中毒事故后，学校应立即停止销售并禁止师生食用可疑食品，并及时疏散现场人员。食堂管理员应立即封存可疑食品的留样，并根据标签获取留样时间、留样人等信息，以便为后续调查提供依据。待当地食品安全监管部门及其他相关部门进入现场展开调查时，食堂管理员应积极配合调查工作，以确保调查顺利进行。

（四）做好告知工作

学校应派专人在最短的时间内向中毒者的家人告知事故情况，并请其前往医院。告知的内容应包括事故发生的时间、地点、涉及人数、中毒者目前的健康状况及学校正在采取的应对措施等。同时，工作人员还应积极回答中毒者家人提出的问题，确保他们能够获得准确、全面的信息。

（五）公布相关信息

学校作为集体性食物中毒事故的主要责任方，有责任和义务向社会公众及时、准确地公布相关信息。具体来说，学校应根据事故的进展情况和调查结果，适时向社会公众发布信息，并确保信息的真实性、准确性和完整性，以避免引起不必要的误解和恐慌。

在信息传播过程中，难免会出现一些不实言论。学校应积极采取措施进行辟谣，及时澄清事实真相，防止谣言的扩散和蔓延给社会造成不良影响。

（六）后续处理

事后，学校应对所发生的集体性食物中毒事故进行回顾，分析原因，总结经验教训，制订整改措施，以防类似事故再次发生。同时，根据调查结果，学校应依法追究相关责任人的法律责任。

例如，对于提供非正规渠道食材的供应商，学校应取消其供货资格，并依法追究其法律责任；对于食堂工作人员操作不规范、食堂卫生条件不达标等现象，学校应按照相关规定进行严肃处理，并加强对食堂工作人员的培训与监督；对于食品安全管理制度落实不到位的问题，学校应追究相关责任人的管理责任，并加强监管力度；等等。

任务三 防范与处置传染病疫情事故

一、常见的传染病

（一）流行性感冒

流行性感冒又称“流感”，是指由流感病毒引起的急性呼吸道传染病，其主要通过飞沫传播，也会通过接触被流感病毒污染的物品间接传播，具有较强的传染性。

流行性感冒的症状有发热、头痛、咽痛、咳嗽、全身酸痛等，严重者可能并发肺炎。

安全贴士

戴口罩是一种有效切断流感病毒传播途径的方法。一方面，已患流感的学生戴上口罩，可以阻挡自己呼出的飞沫中携带流感病毒向周围环境扩散；另一方面，口罩也能在一定程度上阻挡外界空气中的飞沫进入未患流感的学生的呼吸道，从而降低其感染流感病毒的风险。

（二）流行性腮腺炎

流行性腮腺炎是指由腮腺炎病毒引起的急性呼吸道传染病，其主要通过飞沫传播，也会通过接触被腮腺炎病毒污染的物品（如餐具）而传播。流行性腮腺炎有潜伏期，通常为14～25天，平均为18天。

流行性腮腺炎的症状通常一开始表现为头痛、食欲减退、低烧等，随后出现两侧或一侧腮腺肿大、胀痛，持续5～10天后逐渐消退。

（三）细菌性痢疾

细菌性痢疾是指由志贺菌（痢疾杆菌）引起的肠道传染病。细菌性痢疾多发于夏秋季节卫生条件较差的地区。

细菌性痢疾的症状主要有发冷、发热、腹痛、腹泻，大便时有下坠感，大便次数增多，但便量逐渐减少。

细菌性痢疾主要通过消化道传播，即粪口传播。痢疾杆菌随患者的粪便排出体外，散播到环境中，通过污染衣物、食物、水等途径传播。此外，苍蝇等昆虫也可能成为传播媒介。

（四）水痘

水痘是一种由水痘—带状疱疹病毒引起的急性传染病，具有较强的传染性。

1. 水痘的症状

水痘的症状表现可分为两期，即前驱期和出疹期。

（1）前驱期。在出水痘前的 1 天或 2 天，患者会先出现发热、头痛、咽痛等前驱症状。

（2）出疹期。水痘通常会先出现在头部和躯干，然后逐渐蔓延到四肢。水痘开始时为红色小丘疹，1 至 2 天后变成椭圆形、绿豆大小的疱疹，疱疹周围呈淡红色。这一阶段，疱疹壁较薄易破，疱液先呈透明液体状，很快变成混浊液体状，且疱疹处常伴有瘙痒感。3 天或 4 天后，疱疹会干缩并结痂，1 至 3 周后痂皮会脱落，一般不留瘢痕。

2. 水痘的传播途径

水痘的传播途径主要有接触传播和呼吸道传播两种。

（1）接触传播。病毒存在于疱疹的疱液中，会通过直接接触患者的疱液而传播，也会通过接触被疱液污染的物品（如衣服、用具等）而传播。

（2）飞沫传播。在没有出疱疹之前，病毒主要存在于患者的上呼吸道黏膜中，会通过飞沫传播。

（五）手足口病

手足口病是一种由肠道病毒引起的传染病。手足口病多发于夏秋季节。5 岁以下的儿童较易感染，1～3 岁的婴幼儿发病率最高。

1. 手足口病的症状

手足口病的典型症状为手、足、口腔等部位出现疱疹，还常伴有发热、咳嗽、流涕、食欲不振等症状。

手足口病的病程较短，一般 7～10 天后可完全康复。但少数重症患者的病情会快速恶化，出现神经系统并发症，严重者会危及生命。

2. 手足口病的传播途径

手足口病具有较强的传染性，其传播途径主要有以下 3 种。

（1）粪口传播。病毒通常在感染者的粪便中存活时间较长，通过直接或间接污染水和食物等传播。

（2）接触传播。病毒存在于患者的疱液、唾液、鼻涕中，会通过直接接触患者的疱液、唾液、鼻涕或间接接触被这些液体污染的物品（如玩具、毛巾、衣服等）而传播。

（3）飞沫传播。患者咳嗽或打喷嚏时将病毒散播到空气中，进而通过空气中的飞沫传播。

二、传染病疫情事故的防范

学校是传染病传播的主要场所，学生是传染病的高发人群。因为学生的免疫功能尚不完善，抵御各种传染病的能力较弱，加之学校人口密度大，所以一旦校园内突发传染病，较易造成广泛的传播和流行。因此，学校应采取有力的防范措施，尽可能地避免发生传染病疫情事故。

（一）建立传染病防范制度

学校应建立传染病防范制度，包括传染病报告制度、晨检制度、因病缺课追踪登记制度等。

1．传染病报告制度

学校应明确传染病报告的责任人，通常包括校医、班主任、年级组长及学校安全管理人员等，并规定责任人的具体职责，确保职责到位。同时，学校还应制订明确的传染病报告流程，确保信息能够准确、及时地传达给当地卫生行政部门和教育行政部门。

2．晨检制度

学校应实行晨检制度，每日早晨对学生进行健康检查，包括测量体温、观察学生的精神状态和身体状况，以及询问学生是否有发热、咳嗽、腹痛等不适症状等。对于有异常情况的学生，学校应立即将其隔离，并通知其家长带其前往医院就诊。

3．因病缺课追踪登记制度

学校应对因病缺课的学生进行病因追踪，了解并登记学生的具体病情、治疗情况、康复情况等，以确认是否有传染的可能。对于患传染病缺课的学生，学校在确认其病情已经康复并符合复课条件后，方可允许其复课。

（二）制订传染病应急预案

学校应制订完善的传染病应急预案，明确应急领导小组的组成人员及其职责，详细规定传染病监测与报告、隔离与治疗、环境消毒与防护、教学安排与调整等各项具体措施，确保在发生传染病疫情事故时能够迅速、有效地应对。

（三）确保食品和饮水安全

确保食品和饮水安全是预防传染病至关重要的一环。加强食品安全管理的措施已在本项目的任务二中进行了详细介绍，此处不再赘述。

在加强饮水安全管理方面，学校要从两个方面开展管理工作。一是加强水源保护，从源头处确保饮水安全。使用自来水的学校应定期向供水方索取水质检测报告，确保其符合国家饮用水标准；使用自备水源的学校应定期进行水质检测，并加强对水源地的保护，防止水源被污染。二是定期对饮水设施设备进行卫生清理和消毒，并加强日常检查，发现问题及时整改。

（四）强化环境卫生管理

1. 定期清洁、消毒公共场所

教室、宿舍、食堂等区域应定期进行深度清洁，确保地面、墙面、桌椅等干净、卫生。学校还要定期对上述区域进行消毒处理，特别是师生高频接触的物品，如门把手、水龙头、食堂桌凳等，以减少细菌滋生和病毒传播。

2. 加强人群密集场所的通风换气

教室、图书馆、宿舍等人群密集场所应保持空气流通，可每日定时开窗通风或使用空气净化设备通风换气。在天气允许的情况下，学校可以增加开窗通风的时长和频率，确保室内空气新鲜。对于通风条件较差的场所，学校可以安装通风系统或空气消毒设备，以有效提高室内空气质量。

（五）加强健康教育

学校应定期开展有关传染病的知识讲座和培训，向师生详细介绍传染病的基本症状、传播途径、预防措施和治疗方法，提高师生对传染病的认识和自我防护能力。

另外，学校还可以通过校园广播、宣传栏、校园网等途径，向师生普及传染病防护知识。例如，在学校显眼位置设置宣传栏，定期更新传染病防护知识的海报、宣传单等，便于师生在课余时间了解传染病的相关知识。

三、传染病疫情事故的处置

学校对传染病疫情事故应做到早发现、早报告、早隔离、早诊断、早治疗，从而有效控制传染病传播，维护师生的身体健康和学校的正常秩序。具体来说，传染病疫情事故的处置包括以下几个步骤。

（一）报告疫情

一旦发现疑似或确诊病例，第一知情人应立即向学校应急领导小组报告，学校应急领导小组应立即启动应急预案，确保相关责任人能够迅速到位并展开应急处置工作。同时，学校相关责任人应立即向当地卫生行政部门和教育行政部门报告，报告的内容包括基本信息（如报告单位、时间等）、传染病情况概述（如传染病的名称与类别、发现时间、发现地点、感染人数等）、病例信息（如症状、原因、诊断结果等）、已采取的处置措施等。

（二）采取隔离措施

学校应立即将疑似或确诊患者隔离，避免患者与其他人接触，从而防止疫情的进一步扩散。具体的隔离措施如下。

（1）立即准备空教室作为隔离室，并确保隔离室卫生符合标准。

（2）将患者转移至隔离室，并确保患者在转移过程中不与其他人接触。

（3）除必要的工作人员外，其他人员应避免与隔离区域内的患者接触。同时，也要确保隔离区域内的患者之间不互相接触。

安全贴士

在发生传染病疫情事故后，学校师生应严格遵守卫生防疫要求，佩戴口罩、勤洗手、保持社交距离等。

（三）救治患者

对于疑似患者，校医应对其进行必要的检测，学校不具备检测条件的，应立即将其送往医院进行检测，以确认病情。对于确诊患者，学校应立即将其送往医院进行治疗，并通知其家人前往医院。同时，学校还应特别关注与患者密切接触的人员，采取必要的预防与控制措施。

（四）清洁与消毒相关场所

学校应对传染病患者活动过的场所进行彻底清洁与消毒，这是确保环境安全、防止疾病进一步传播的重要措施。具体来说，学校应做好以下清洁与消毒工作。

（1）对于师生高频接触的物品，如门把手、电梯按钮、水龙头等，要重点清洁与消毒。

（2）对于地面、墙面等物体表面，使用消毒剂进行拖拭或喷洒消毒。

（3）对于空气消毒，可以使用循环风空气消毒机或超低容量喷雾器进行喷洒消毒。需要注意的是，在使用超低容量喷雾器时，工作人员应从顶楼开始依次从上往下进行空气消毒。

（4）对于厕所等区域，应特别注意对水池、便器等进行清洁与消毒。

在消毒的过程中，工作人员应注意消毒剂的浓度、作用时间和消毒方法，确保达到消毒效果。同时，工作人员应避免过度消毒，以免对环境和人员造成不必要的伤害。

迅速隔离与消毒，避免了疫情的进一步传播

一天，在某幼儿园中，3岁的珊珊出现了上吐下泻的症状，随后又相继有3名小朋友也出现了同样的症状。张老师考虑到当前是细菌性痢疾的高发季，怀疑这4名小朋友可能是得了细菌性痢疾，于是立即将这4名小朋友的身体状况告知了其家长，并请家长前来接孩子去医院检查。同时，张老师将此情况上报给了园长。

园长听后立即采取了以下隔离与消毒措施：① 在家长到来之前，让4名患病小朋友在2楼保健室隔离，由张老师和医务室工作人员一起照护，其他人员禁止前往2楼。② 封锁4名患病小朋友待过的活动室和使用过的卫生间，并对其进行彻底的清洁与消毒。③ 对4名患病小朋友接触过的玩具、餐具等进行清洁与消毒。④ 待4名患病小朋友被接走后，立即对保健室进行清洁与消毒，晾晒所有被褥。⑤ 待所有小朋友回家后，立即对幼儿园的所有房间进行清洁与消毒，开窗通风，更换饮用水。

随后几天，4名患病小朋友经治疗恢复健康后重返幼儿园，其他小朋友也没有出现呕吐和腹泻的现象。由于园长和张老师的准确判断，在发现传染病疫情后，及时采取隔离和消毒措施，避免了病毒的进一步传播。

（五）发布相关信息

学校应及时公开发布所发生的传染病疫情事故的相关信息，并保证信息全面、客观、准确，避免引起不必要的恐慌。

（六）调整教学安排

学校应根据传染病疫情的发展情况，及时调整教学计划和方式。例如，在传染病疫情严重的情况下，学校可以灵活调整教学计划，如延长假期、调整课程安排等，也可以采用线上教学的方式，利用互联网和远程教育平台进行教学。

（七）总结与完善

在传染病疫情事故结束后，学校应全面总结事故处置流程，评估各项应急措施是否得当，分析应急处置过程中存在的问题与不足，并据此优化和完善应急预案，加强未来的防范工作。

项目考核

一、单项选择题

1. 学校（　　）应作为校园公共卫生管理的第一责任人。

A. 校长　　B. 党（总支、支部）书记

C. 校医　　D. 分管后勤的副校长

2. 下列选项中，不属于食物中毒常见症状的是（　　）。

A. 呕吐　　B. 腹痛

C. 呼吸不畅　　D. 急性腹泻

3. 下列有关防范集体性食物中毒事故的措施中，不正确的是（　　）。

A. 定期清洁工具和容器

B. 禁止采购过期食品

C. 妥善储存食品，将不同种类的食品分开存放

D. 将熟食和生食混放在同一个保鲜盒内

4. 在传染病流行期间，下列做法中不正确的是（　　）。

A. 加强教室通风换气

B. 加强健康教育

C. 要求学生每天进行晨检

D. 允许发热学生继续上课

5.（　　）是保障食品安全的基础，是避免发生食品安全事故的重要防线。

A. 食品安全管理制度　　B. 食材安全

C. 食堂安全管理　　D. 食品安全教育

二、多项选择题

1. 校园公共卫生管理的原则有（　　）。

A. 科学性原则　　B. 预防性原则

C. 综合性原则　　D. 参与性原则

2. 校园公共卫生类事故通常包括（　　）。

A. 集体性食物中毒　　B. 传染病疫情

C. 地质灾害　　D. 校园暴力

3．食物中毒通常可分为（　　）。

A．细菌性食物中毒

B．真菌性食物中毒

C．化学性食物中毒

D．有毒动植物食物中毒

4．当校园内发生集体性食物中毒事故后，学校应立即采取的措施包括（　　）。

A．报告相关部门

B．轻症者应正常上课

C．控制与调查现场

D．救治中毒者

5．下列选项中，属于防范传染病疫情事故的有效措施的有（　　）。

A．允许学生带病上课

B．增加学生的户外活动

C．制订传染病应急预案

D．确保食品和饮水安全

三、判断题

1．校园公共卫生类事故只涉及学生的健康问题，与学校管理无关。（　　）

2．在处置校园公共卫生类事故时，学校应优先考虑学校的声誉和形象。（　　）

3．学校应严格把控食品的采购关，这是防范集体性食物中毒事故的第一步。（　　）

4．学校在处置公共卫生类事故时，应与家长保持沟通。（　　）

5．学生食入少量的发霉的花生、玉米、大豆，并不会引发食物中毒。（　　）

四、简答题

1．简述校园公共卫生管理的内容。

2．简述食物中毒的症状和特点。

3．简述集体性食物中毒事故的防范措施。

4．简述传染病疫情事故的处置流程。

项目实践

实践目的

通过公共卫生类事故情景模拟，使学生增强对公共卫生类事故的重视程度，并熟悉其应急处置流程，从而提升自我防护意识和能力。

实践描述

以小组为单位，结合所学知识完成以下任务。

（1）选择模拟的事故：① 集体性食物中毒事故，假设学校食堂中多名学生出现呕吐、腹泻等症状。② 传染病疫情事故，假设学校某班级发现一名学生疑似患有手足口病。

（2）编制情景模拟活动方案，包括活动目标、情景构建、活动流程、所需道具等。

（3）各小组根据编制的情景模拟活动方案利用课余时间进行彩排，为在班级中表演做准备。

实践准备

全班学生以 4～8 人为一组进行分组，各组选出组长并进行任务分工，然后将小组成员及分工情况填入表 6-1 中。

表 6-1　小组成员及分工情况

<table>
<tr><td>班级</td><td></td><td>组号</td><td></td><td>指导教师</td><td></td></tr>
<tr><td>任务内容</td><td colspan="5"></td></tr>
<tr><td>小组成员</td><td>姓名</td><td>学号</td><td colspan="3">任务分工</td></tr>
<tr><td>组长</td><td></td><td></td><td colspan="3"></td></tr>
<tr><td rowspan="7">组员</td><td></td><td></td><td colspan="3"></td></tr>
<tr><td></td><td></td><td colspan="3"></td></tr>
<tr><td></td><td></td><td colspan="3"></td></tr>
<tr><td></td><td></td><td colspan="3"></td></tr>
<tr><td></td><td></td><td colspan="3"></td></tr>
<tr><td></td><td></td><td colspan="3"></td></tr>
<tr><td></td><td></td><td colspan="3"></td></tr>
</table>

实践记录

将实践任务的具体完成情况记录在表 6-2 中。

表 6-2 实践任务完成情况记录表

时间和任务安排	实施步骤
	1．拆解任务，认识任务中的重点和难点，具体内容如下：
	2．确定本组模拟的事故，具体内容如下：
	3．按照事故编制情景模拟脚本，并根据脚本分配本组各成员将扮演的角色，具体内容如下：
	4．根据模拟需要，准备相关道具，具体内容如下：
	5．各小组根据编制的情景模拟脚本，利用课余时间进行彩排，总结彩排中出现的问题，并提出改进措施，要点如下：
	6．各小组轮流上台表演，当某一小组在表演时，其他小组认真观看并记录，具体内容如下：
	7．表演结束后，各小组对本组的表演过程进行总结，并收集其他小组对本组表演的意见与建议，具体内容如下：

项目综合评价

指导教师可以根据学生的课堂表现、项目考核情况、项目实践情况对其进行评价。学生配合指导教师共同完成项目综合评价表（见表 6-3）。

表 6-3 项目综合评价表

<table>
<tr><td>班级</td><td colspan="2"></td><td>组号</td><td></td><td>日期</td><td></td></tr>
<tr><td>姓名</td><td colspan="2"></td><td>学号</td><td></td><td>指导教师</td><td></td></tr>
<tr><td>学习成果</td><td colspan="6"></td></tr>
<tr><td rowspan="2">评价维度</td><td rowspan="2">评价指标</td><td rowspan="2" colspan="2">评价标准</td><td rowspan="2">分值</td><td colspan="2">评价分数</td></tr>
<tr><td>自评</td><td>师评</td></tr>
<tr><td rowspan="4">素养评价 20%</td><td>学习态度</td><td colspan="2">刻苦认真，勇于钻研</td><td>5</td><td></td><td></td></tr>
<tr><td>纪律意识</td><td colspan="2">遵守课堂纪律，认真完成课堂作业与课后作业</td><td>5</td><td></td><td></td></tr>
<tr><td>互动意识</td><td colspan="2">积极发言，完成课堂互动</td><td>5</td><td></td><td></td></tr>
<tr><td>团队精神</td><td colspan="2">尊师爱友，积极合作，团结奋进</td><td>5</td><td></td><td></td></tr>
<tr><td rowspan="5">知识评价 40%</td><td rowspan="3">基础知识</td><td colspan="2">了解校园公共卫生管理和食品安全管理的内容</td><td>10</td><td></td><td></td></tr>
<tr><td colspan="2">熟悉食物中毒的症状、特点和类型</td><td>5</td><td></td><td></td></tr>
<tr><td colspan="2">熟悉学校常见的传染病</td><td>5</td><td></td><td></td></tr>
<tr><td rowspan="2">应用知识</td><td colspan="2">掌握集体性食物中毒事故的防范与处置</td><td>10</td><td></td><td></td></tr>
<tr><td colspan="2">掌握传染病疫情事故的防范与处置</td><td>10</td><td></td><td></td></tr>
<tr><td rowspan="2">能力评价 20%</td><td>观察分析能力</td><td colspan="2">能够敏锐察觉校园内存在的卫生安全问题</td><td>10</td><td></td><td></td></tr>
<tr><td>应急响应能力</td><td colspan="2">在处置突发事件时能够迅速判断形势，做出正确的决策，并采取相应的应急措施</td><td>10</td><td></td><td></td></tr>
<tr><td rowspan="3">成果评价 20%</td><td>时间观念</td><td colspan="2">按时完成项目实践</td><td>5</td><td></td><td></td></tr>
<tr><td rowspan="2">情景模拟</td><td colspan="2">模拟过程真实性强</td><td>10</td><td></td><td></td></tr>
<tr><td colspan="2">能够针对其他小组的情景模拟提出合理的建议</td><td>5</td><td></td><td></td></tr>
<tr><td colspan="4">合计</td><td>100</td><td></td><td></td></tr>
<tr><td>总评</td><td colspan="3">自评（30%）+师评（70%）=</td><td colspan="3">教师（签名）:</td></tr>
</table>

项目七

校园意外伤害类事故的管理

导语

校园意外伤害类事故时有发生，不仅给学生的身心健康带来了威胁，也给学校的和谐稳定带来了挑战。因此，加强校园意外伤害类事故的防范与处置，不仅是对学生安全的保障，更是对学校管理水平的检验。学校应从加强安全教育、完善安全设施、提高师生安全意识等多个方面入手，构建一个安全、和谐的校园环境。

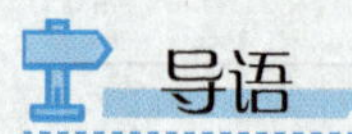

学习目标

知识目标

- 了解校园意外伤害类事故的类型与处置原则。
- 掌握防范火灾、交通、溺水、踩踏、集体活动等校园意外伤害类事故的措施。

技能目标

- 能够敏锐察觉和识别校园内潜在的安全风险。
- 能够正确处置火灾、交通、溺水、踩踏、集体活动等校园意外伤害类事故。

素养目标

- 提高安全意识，避免冒险和鲁莽行为，防止发生意外。
- 培养良好的心理素质，在发生意外时能迅速评估形势，并采取正确的处置措施。

项目导入

交通事故情景模拟进校园

为了提升学生交通安全意识，让学生们感受遵守道路交通法律法规的重要性，进一步树立安全文明出行的理念，2023年9月6日上午，贵州省贵阳市南明区交警前往尚义路小学，开展了一场主题为“知危险，会避险”的大型实景模拟交通安全宣传课。

在尚义路小学足球场上，交警设置了交通安全演练场地，由交警驾驶警车，相关工作人员驾驶电动自行车，现场模拟典型的交通事故案例，如逆行、“内轮差”等。这些模拟活动给同学们留下了深刻的印象，尤其是逼真的碰撞表演，赢得了同学们的阵阵掌声。

学生们纷纷表示，经过此次活动，自己会努力争做一名“知危险，会避险”的交通参与者，通过“小手拉大手”，以点带面，潜移默化，带动家人和朋友共同创造文明和谐的交通环境。

（资料来源：薛茜，《南明交警将交通事故情景模拟搬进校园》，人民网，2023年9月7日）

思考：校园意外伤害类事故有哪些？学校应如何防范校园意外伤害类事故的发生？

任务一　了解校园意外伤害类事故的类型与处置原则

一、校园意外伤害类事故的类型

（1）校园火灾事故。校园火灾事故是一种严重且危害性极大的意外事故，它可能由多种原因引起，如电气线路老化、违规使用明火、易燃易爆物品存放不当等。校园火灾事故一旦发生，往往会造成严重的人员伤亡和财产损失。

（2）校内外交通事故。校内外交通事故主要发生在学生在校园内行走或骑行时、学生上下学途中，往往由车辆违规行驶、学生注意力不集中等原因引起。

（3）校内外溺水事故。校内外溺水事故主要发生在校园及其周边的水池、水塘、河道等水域。由于学生的冒险心理、游泳技能不足、安全意识淡薄等，校内外溺水事故时有发生。这类事故往往具有突发性，后果严重，对学生的生命安全构成严重威胁。

（4）校园踩踏事故。校园踩踏事故通常发生在学生集会场所、上下楼梯通道等人员密集的场所。由于人数众多、场地狭窄等，这类事故一旦发生，往往会造成群体性伤亡。

(5) 校内外集体活动事故。校内外集体活动事故是指学生在参加学校组织的各类校内外集体活动（如文艺汇演、运动会、春游、社会实践等）时可能遇到的意外事故。这些事故不仅会对学生的身体健康和生命安全构成威胁，还可能引发社会广泛关注和强烈的舆论反响。

小试牛刀

除了上述类型，常见的校园意外伤害类事故还有哪些？

二、校园意外伤害类事故的处置原则

（一）依法依规

校园意外伤害类事故的处置必须符合有关法律法规和规范性文件的规定。这些法律法规和规范性文件包括《民法典》《教育法》《未成年人保护法》《刑法》《学生伤害事故处理办法》等。

学校在处置校园意外伤害类事故时，必须坚守法律底线，根据事故的实际情况和相关法律规定，明确界定各方的法律责任。在事故责任认定前，学校不得赔钱息事。经认定，学校确有责任的，应积极、主动、及时给予受害方（受伤学生及其家长）相应的赔偿；学校无责任的，应澄清事实、及时说明情况。

（二）注重协商和调解

在事故发生后，一方面，受害方可能会过度强调学校的责任，并向学校提出一些超出法律规定的诉求；另一方面，一些学校的应对措施不专业或不到位，无法安抚受害方的情绪，导致双方之间的矛盾进一步升级。

为了有效地化解矛盾，确保校园的和谐稳定，学校应高度重视协商和调解的作用，并采取一系列具体措施来推动这一工作的深入开展。

1. 推动平等协商

平等协商是解决矛盾的基础。学校应积极倡导师生间、学生间，以及家长与学校间的平等交流，通过真诚的沟通，增进理解，消除误会。同时，学校还应教育师生学会倾听，尊重他人的观点和利益，以达成双方都能接受的解决方案。

2. 引入第三方调解机制

第三方调解是解决矛盾的重要手段。当矛盾无法通过协商达成一致时，学校可以引入第三方调解机制，如邀请社区调解员、法律顾问等参与调解。这些第三方调解员具有丰富的经验和专业的知识，能够客观地分析矛盾的根源，提出切实可行的解决方案，从而避免矛盾进一步升级。

3. 探索诉讼路径

诉讼是解决矛盾的一种法律途径。当矛盾无法通过协商和第三方调解解决时，学校可以引导受害方通过诉讼寻求解决方案。在这一过程中，学校应积极配合相关工作，提供必要的帮助和支持。

（三）客观公正

在处理校园安全事故时，学校要始终坚持实事求是的态度，确保事实清楚、定性准确、责任明确。对于事故发生的原因和过程，学校要及时进行全面的调查，不主观臆断、不隐瞒事实、不弄虚作假。

在认定事故责任时，学校要公平公正，勇于承担自己的法律责任，不推卸、不逃避。同时，学校在理解并尊重受害方的基础上，应避免他们将全部责任推给自己。

（四）及时妥善

为了查明事实和分清事故责任，减少事故对校园秩序的影响，学校应坚持及时妥善的处置原则，切实做好以下几点：及时进行救助、及时开展调查、及时给予赔偿、及时处理责任人、及时立案。

任务二 防范与处置校园火灾事故

一、校园火灾事故的常见类型

（一）生活火灾

生活火灾是指在生活中用火不当引起的火灾，通常涉及做饭、取暖、照明、吸烟、燃放烟花爆竹等生活情境。在校园中，生活火灾屡见不鲜，其发生原因多种多样，如随意设置燃气设施、在可燃物附近用火、使用易燃材料做灯罩、乱扔烟头、卧床吸烟、违规存放易燃易爆物品、违规燃放烟花爆竹、玩火等。

（二）电气火灾

电气火灾是指由电气问题引发的火灾。这些问题可能包括私拉乱接电线、电线超负荷运行、老旧线路与新设备不匹配、学生违规使用电热毯和电暖器等。

经典案例

一场由电吹风机引发的宿舍火灾

2020 年 12 月 21 日上午 10 时左右，湖南省某学生宿舍 4 楼突发大火，浓烟从学生宿舍窗户冒出，迅速包围了整幢大楼。接到报警后，辖区消防队员立即赶到现场，利用消防栓将火扑灭。幸运的是，火灾发生时，宿舍楼内大部分学生都去上课了，留在宿舍楼内的学生发现宿舍着火后也都迅速逃离了火灾现场。

据了解，火灾发生的原因与用电不规范有关。该宿舍学生违规使用大功率电吹风机，并且出门上课时忘记关闭电吹风机的开关，导致电吹风机过热引燃附近的棉被等可燃物，火苗迅速向周围蔓延，从而引发了火灾。

（资料来源：熊安锋、阳军，《校园安全教育》，江苏大学出版社，2022 年）

（三）自然现象火灾

自然现象火灾虽然不常见，但一旦发生，其破坏力极大。这类火灾主要是由雷电和自燃两种自然现象引起的。

雷电这种自然现象，源于大气层中的高压静电放电，其放电电压有时高达几万伏，能释放出巨大的能量。当雷电作用于地球表面时，它产生的电弧可以直接成为火灾的火源，从而引发各种火灾。

自燃是指物质在特定条件下自行燃烧的现象。例如，黄磷、锌粉、铝粉等，由于其燃点较低，在自然环境下可能自行燃烧；通风不良的柴草、沾油的化纤和棉纱等，在大量堆积时，也会因生物作用或氧化作用而积聚大量的热量，达到自燃点自行燃烧，从而引发火灾。

（四）人为纵火

人为纵火一般带有明确的动机。例如，部分学生或校园周边的社会闲散人员，可能出于恶作剧、报复社会或其他非法动机，故意在校园内纵火，以制造混乱和恐慌；有些学生可能因个人问题或情绪困扰，通过纵火来寻求关注或发泄情绪。

经典案例

严防校园火灾，保障师生安全

2019 年 6 月 28 日，安徽省凉亭中学的一间化学实验室突发火灾，火光冲天。在消防救援人员的努力下，火势得到控制，所幸未造成人员伤亡。

2023 年 1 月 5 日，江苏省南京市一所中学食堂的杂物间发生火灾。虽然过火面积（受到火焰侵袭并燃烧的区域总面积）约 3 平方米，但现场短时间内浓烟滚滚，情况十分危急。幸运的是明火很快被扑灭，未造成人员伤亡。

2023 年 3 月 17 日，辽宁省沈阳市铁路实验中学内食堂一楼烟道发生火灾。面对火势，有学生从二楼跳窗逃生，2 人受伤。

校园火灾无情，生命安全至上。学校必须从历次校园火灾事故中吸取教训，加强校园火灾防控工作，提高师生的安全意识和自防自救能力。只有这样，学校才能有效遏制校园火灾事故的发生，为师生营造一个安全、和谐的学习和生活环境。

二、校园火灾事故的防范

学校可以从以下几个方面防范校园火灾事故。

（一）设置符合消防要求的基础设施

1. 校园建设工程

对于校园内所有新建、改建、扩建、内部装修或变更使用性质的工程，学校应严格执行消防法规和国家工程建设消防技术标准，并依法办理建设工程消防审核、消防验收等手续。未经消防验收或经消防验收不合格的工程，学校不得擅自投入使用。同时，在工程投入使用前，学校还应申报消防安全检查，通过安全检查后方可投入使用。

2. 安全出口

一般情况下，校舍至少应设置 2 个安全出口。特定情况下，如校舍为单层建筑，且建筑面积不超过 200 平方米，同时容纳的人数不超过 50 人，可以设置 1 个直通室外的安全出口。

3. 疏散宽度

疏散宽度决定了师生通过门、走廊、楼梯时的速度和效率。学校在规划消防布局时，必须严格遵守《中小学校设计规范》中关于疏散宽度的具体要求。

（1）门的宽度。对于学校的大门、教室门及其他重要通道的门，学校应根据师生数量和年龄层精心设计，确保其宽度满足师生在紧急情况下快速疏散的需求。

（2）走廊与楼梯的宽度。走廊和楼梯是师生在紧急情况下疏散的主要通道。它们的宽度同样需要精心设计，以确保在疏散过程中不会发生拥堵。特别是在高层建筑中，楼梯的宽度尤为重要，因为它可能是师生在火灾等紧急情况下的唯一逃生通道。

4. 疏散距离

疏散距离是从危险区域到安全区域的最短距离。过长的疏散距离不仅会增加逃生的难度，还可能在紧急情况下危及师生的生命安全。因此，每间教室到最近安全出口的距离应尽可能缩短。

5. 应急照明设备

（1）布局。学校应在疏散通道、安全出口、重要功能房间等关键位置，以及超过一定建筑面积的区域设置应急照明设备。应急照明设备应安装在墙面或顶棚上，确保在紧急情况下能够迅速启动并照亮疏散路径。此外，应急照明设备的间距一般控制在6～10米，以均匀分布光线，避免存在照明盲区。

（2）保护措施。应急照明设备应配备由玻璃或其他不燃烧性材料制作的保护罩，以防止其在火灾中受到破坏，确保其在火灾环境中也能正常工作，为师生提供照明。

（3）电源。应急照明设备除配备正常电源外，还应配备备用电源，如独立于正常电源的柴油发电机组，以确保在断电的情况下，仍然能够正常工作。

6. 疏散指示标志

学校应在安全出口和疏散门的上方、疏散通道及其转角处，以及人员密集的场所设置疏散指示标志。同时，学校还应确保疏散指示标志指向最近的安全出口，为师生在紧急情况下提供明确的疏散方向指示。

（二）明确各岗位的消防安全职责

为确保校园消防安全工作的全面覆盖和有效执行，学校应建立校园消防安全管理组织，并明确各岗位的消防安全职责。

1. 校长

校长是校园消防安全管理工作的第一责任人，其具体职责主要包括以下几个方面。

（1）确保校园消防安全符合相关法律法规。

（2）统筹安排消防工作，将消防工作与学校的教学、科研等活动有机结合，确保消防安全与教学、科研等活动相协调。

（3）为校园消防安全管理提供必要的经费和组织保障。

（4）确定各级消防安全责任，审核并批准消防安全管理制度和操作规程。

（5）根据相关法律法规建立消防队伍，并组织人员制订符合学校实际情况的火灾应急预案。

2. 分管安全工作的副校长

分管安全工作的副校长对校园消防安全管理工作负直接领导责任，其具体职责主要包括以下几个方面。

（1）根据学校实际情况，拟订消防工作计划。

（2）组织人员制订消防安全制度和操作规程，并督促其落实。

（3）负责消防设施（火灾报警系统、消防栓等）和消防器材（灭火器、灭火毯、逃

生绳等）的配置、维修和保养，确保其完好有效、数量充足。

（4）定期组织开展消防知识、技能的宣传教育和培训。

（5）定期组织消防安全检查，督促并落实火灾隐患的及时排除。

（6）协助有关部门调查校园火灾事故，并提出处置意见。

3．各部门负责人

各部门负责人是本部门消防安全管理工作的第一责任人，其具体职责主要包括以下几个方面。

（1）贯彻执行消防安全管理制度和上级指示，确保本部门的消防安全符合规定。

（2）负责部门消防设施的日常维护，确保其正常运行。

（3）发生火灾事故时，迅速响应，正确操作消防设施，协助灭火救援。

4．学校保安

学校保安在校园消防安全管理工作中的具体职责主要包括以下几个方面。

（1）严格控制进出校园的外来人员及其携带的物品。

（2）及时制止违反消防安全法律法规和消防安全管理制度的行为。

（3）发现火灾及时报告，并协助灭火救援。

（三）加强校园消防安全教育

校园消防安全教育是一项长期而艰巨的任务，需要学校、家庭和社会的共同努力。

1．制订教育计划

学校应根据学生的年龄特点和认知水平，制订切实可行的校园消防安全教育计划。校园消防安全教育计划应包括消防安全基础知识、火灾逃生技能、自防自救方法等内容，确保学生全面了解和掌握各种消防安全知识。

2．开展多种形式的教育活动

学校可以通过课堂教学、主题班会、实地演练等多种形式，开展校园消防安全教育，让学生在参与中学习消防安全知识。例如，学校可以组织学生进行火灾逃生演练，让他们熟悉火灾逃生的路线；邀请消防人员来校举办消防安全知识讲座和技能培训，提高学生的消防安全意识和自防自救能力。

3．加强家校合作

学校应加强与家长的沟通和合作，共同推进校园消防安全教育工作的深入开展。例如，学校可以通过家长会、家长课堂等形式向家长普及消防安全知识，共同培养学生的自防自救能力，形成家校共育的良好局面。

（四）定期进行校园消防安全检查

校园安全管理人员应从以下几个方面定期开展校园消防安全检查。

1. 电气安全检查

（1）检查电气线路是否老化、裸露、破损，是否穿管保护。

（2）检查电气设备是否超负荷用电，是否私拉乱接电线，是否违规使用移动式插座连接大功率电器。

（3）检查校园用电安全管理制度的执行情况。

知识拓展

校园用电安全管理制度

（1）电线与接线管理：严禁任何形式的私拉乱接电线、自行改线或铺线行为，以防止发生短路及漏电现象。

（2）大功率电器使用限制：严禁在办公室、教室、宿舍使用大功率电器，特别是电热毯、电暖器等取暖设备。如果需要增加用电设备，相关人员必须向有关部门申请，得到批准后方可使用。

（3）电器周围安全管理：严禁在灯具、电扇、空调等电器上悬挂、覆盖易燃物；靠近电源摆放计算机，避免四处布线、盘绕电源、跨接电线。

（4）异常现象处理：一旦发现电器、电线冒烟起火或有刺鼻气味，现场人员应立即关闭电源，上报部门领导，并通知专人维修。

（5）触电急救教育：所有人员应掌握正确的触电急救方法，一旦发生触电事故，应立即呼救，断开电源，并拨打120急救电话。

（6）定期检查与维护：每月全面检查学校的电线、灯具、插座、插头、各种电气开关，发现问题及时更换，确保用电安全。

（7）日常电路巡查：值班领导应每天巡查校园电路，发现问题及时处理；班主任应每天检查教室电路，确保教室用电安全；宿舍管理员应每天检查宿舍电路，确保学生宿舍用电安全。

（8）警示标志管理：在变压器、配电房周围设立防护栏，并设置醒目的警示标志，禁止学生靠近、攀爬。

2. 用火安全检查

（1）检查学校是否存在违规使用明火进行取暖、照明等活动；检查食堂操作间是否严格遵守燃气管理使用规定，是否安装可燃气体报警装置。

（2）检查学校是否违规实施电气焊作业，是否办理动火审批手续，动火作业人员是否持证上岗。

3. 消防设施和消防器材检查

（1）检查学校是否按照国家规定配置消防设施和消防器材，如灭火器、消防栓、火灾报警系统等。

（2）检查消防设施和消防器材是否完好有效，是否定期进行维护和检测，是否有损坏或缺失现象。

4. 疏散通道和安全出口检查

（1）检查疏散通道和安全出口是否畅通，是否被封闭、堵塞、占用。

（2）检查疏散通道和安全出口是否配置应急照明设备、疏散指示标志。

5. 易燃易爆物品检查

（1）检查学校易燃易爆物品的储存情况。

（2）检查学校是否按要求储存易燃易爆物品，是否严格遵守易燃易爆物品的使用规定。

安全贴士

校园消防安全检查的重点部位包括教室、配电室、锅炉房、食堂操作间、空调机房、图书馆、可燃物品仓库、消防控制室、实验室、宿舍、档案室等。

三、校园火灾事故的处置

校园火灾的处置需要根据火灾的不同阶段采取不同的措施。一般来说，火灾的发展过程可以划分为以下 3 个阶段：火灾初起阶段、火灾发展阶段和火灾猛烈阶段。

（一）火灾初起阶段

在火灾初起阶段，过火面积较小，温度较低，火焰易于扑灭。此时，现场人员一定不要惊慌失措，应在确保自身安全的前提下，根据实际情况，灵活运用以下方法，迅速、有效地控制火势。

1. 隔离法

隔离法的原理是通过隔离着火区域与周围的可燃物，切断火势蔓延的通道。在运用这种方法时，现场人员可将靠近燃烧物的易燃、助燃物迅速搬走；将燃烧物移到安全的地方；关闭电源、天然气管道的阀门，中止或减少可燃物进入燃烧区域；等等。

2. 窒息法

窒息法的原理是通过阻止空气流入燃烧区域或使用不燃烧物、难燃烧物阻隔空气中的氧气，使燃烧物因缺氧而熄灭。在运用这种方法时，现场人员可将湿棉毯、湿麻袋、黄沙、泡沫等物品覆盖在燃烧物上，形成一层隔绝空气的屏障。

3. 冷却法

冷却法的原理是将灭火剂直接喷射到燃烧物上，降低燃烧物的温度，直至温度降低到燃烧物的燃点以下，从而达到灭火的目的。在运用这种方法时，现场人员可将灭火剂直接喷洒在燃烧物上，也可将灭火剂喷洒在燃烧物附近的可燃物上，以阻止火势进一步蔓延。

知识拓展

灭火器的种类及使用要点

灭火器是一种便携式灭火工具，种类繁多。常见的灭火器有干粉灭火器、泡沫灭火器和二氧化碳灭火器，如图 7-1 所示。

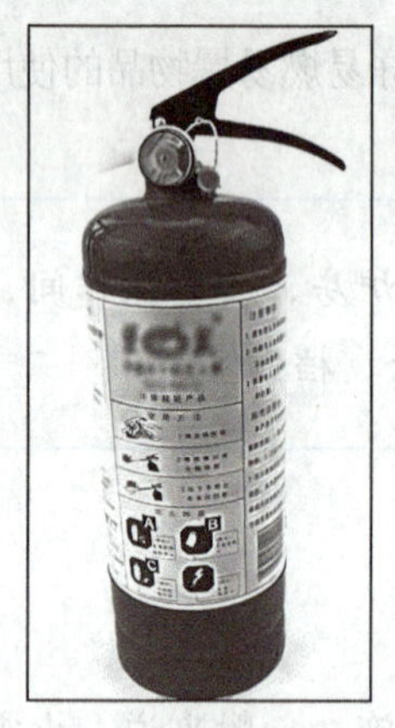

干粉灭火器

泡沫灭火器

二氧化碳灭火器

图 7-1　不同种类的灭火器

干粉灭火器使用方便、有效期长，适用于各种易燃液体、气体及电气设备火灾。泡沫灭火器适用于各种油类火灾和木材、纤维、橡胶等固体可燃物火灾。二氧化碳灭火器的灭火性能高、毒性低、腐蚀性小，灭火后不留痕迹，适用于各种易燃液体和气体火灾，仪器仪表、图书、档案和低压电气设备火灾。

不同种类灭火器的使用方法略有不同，其具体使用方法一般会绘制在瓶体上。但是，不管哪种灭火器，使用者在使用时都应注意以下问题。

（1）灭火时，人应站在上风处。

（2）不要将灭火器的上盖和底端对着人体，防止上盖和底端弹出伤人。

（3）不要与水同时喷射在一起，以免影响灭火效果。

（4）持喷管的手应握在胶质喷管处，以防冻伤。

（5）禁止对着人体直接喷射，尤其是面部。

（二）火灾发展阶段

在火灾发展阶段，过火面积较大，短时间内可能无法将火扑灭。此时，现场人员要一边灭火，一边向相关部门报告火情。在报告火情时，现场人员要沉着镇定，清楚地描述起火地点（如某宿舍楼某房间）、火势情况、着火对象和火灾范围，并留下自己的电话号码，以便后续联系。

安全贴士

很多时候，师生一旦察觉到火灾，火势往往已经发展到一定规模，此时应立即拨打报警电话，请求外界援助。

（三）火灾猛烈阶段

在火灾猛烈阶段，现场人员可能会被大火围困，此时必须保持冷静，选择最佳的逃生路径进行自救。

（1）尽快逃离现场。被困人员不要因寻找衣物、钱财等琐碎小事而延误宝贵的逃生时间，应立即选择与火源相反方向的通道，快速、有序地逃离现场。

（2）选择合适的通道逃离。如果楼房起火，且火势不太猛烈，被困人员可披上浸湿的衣物或被单，迅速下楼。如果火势太猛无法顺利通行，被困人员可将窗帘、床单等撕成条后连成绳子，一端拴在牢固的物体上（如暖气管道），再顺着绳子从窗口滑下；如果所在楼层只有二、三层高时，被困人员可将被褥、垫子等扔出，用手臂或身体其他部分挟住窗框滑下，并确保脚部先落地以减轻冲击力。

安全贴士

火灾逃离时千万不要乘电梯，以防电路中断而被困在电梯中。

（3）争取时间，等待救援。当各种逃生路径均被切断，被困人员应退回室内，关闭门窗，用湿棉被、浸湿的窗帘或衣物将门堵严，并不断浇水，以延缓火势蔓延的时间，同时等待救援人员的到来。

知识拓展

实验室火灾的紧急处置

实验室一旦发生火灾，现场人员应立即切断实验室内一切电源，然后根据具体情况正确地进行抢救和灭火。

（1）可燃液体着火：立即移开着火区域内的一切可燃物，关闭通风设施，以防火势扩散。若火势较小，可用湿抹布、铁片或沙土覆盖火源，以隔绝空气达到灭火目的。在具体操作过程中，现场人员需格外小心，避免碰坏或打翻盛装可燃液体的器皿，加剧火势。

（2）酒精及其他可溶于水的液体着火：可直接使用水灭火。

（3）汽油、乙醚、甲苯等有机溶剂着火：应使用灭火毯或沙土扑灭，切勿使用水，以免加剧火势。

（4）金属钾、钠或锂着火：不能用水、泡沫灭火器、二氧化碳灭火器等灭火，可用沙土等不易与金属发生反应的物质扑灭。

（5）电线和电器外壳着火：在灭火前，应先切断电源，再用干粉灭火器或覆盖法灭火。

（6）衣服着火：应立即将厚重的外套覆盖在着火的衣服上（使火焰因缺氧而熄灭），或迅速脱下着火的衣服。火势较大时，衣服着火的人员应卧地打滚以扑灭火焰；切勿奔跑，以免火势蔓延。

任务三　防范与处置校内外交通事故

一、常见的学生交通违法行为

在日常上下学途中，有些学生的交通行为存在安全隐患。这些行为不仅危及学生自身的安全，也可能对其他行人和车辆造成威胁。常见的学生交通违法行为包括以下几个方面。

（1）忽视斑马线。虽然学校周边道路设有斑马线以保障学生安全，但有些学生因交通安全意识薄弱，常常忽视斑马线，随意穿越马路。

（2）不遵守交通信号灯。有些学生在过马路时，不顾交通信号灯的状态，只要人数足够多，就随意过马路。

（3）占道骑行。在骑自行车上下学途中，有些学生不遵守交通规则，选择在机动车道上行驶，甚至三五成群地并排行驶，严重影响了机动车的正常行驶。

（4）双手脱把。有些学生自认为骑车技术高超，在骑行过程中双手脱离车把，进行“杂技表演”。这种行为增加了事故风险。

（5）分心骑行。有些学生在骑行时，一手扶车把，一手吃东西或玩手机。这种不专

注的骑行方式会严重影响他们的反应速度和判断能力，增加事故风险。

（6）突然跳车。有些学生乘车上下学，到达学校门口或站台后，不注意周围环境，直接从车上跳下，极易与过往车辆或人员发生碰撞。

小试牛刀

你认为造成校内外交通事故的主要原因有哪些？

二、校内外交通事故的防范

学校可以从以下几个方面防范校内外交通事故。

（一）加强交通安全教育

学校可以通过校园广播、学生安全手册、安全教育课堂、板报等形式向学生广泛传播交通安全常识，提高他们的交通安全意识。

“三个强化”构建校园交通安全堡垒

1．步行安全常识

（1）选择安全行走路线：行走时应选择人行道；如果没有人行道，应尽量靠路边行走，远离机动车道。

（2）注意周围环境：行走时应注意观察周围的交通情况，包括机动车、非机动车及行人的动向。

（3）遵守交通规则：行走时应遵守交通信号灯和交警指挥，按照交通标志和标线的指示行走，不闯红灯、横穿马路或翻越隔离栏。

（4）注意避让车辆：在没有交通信号灯或交警指挥的路段，要特别留意来往车辆，主动避让机动车，不与机动车争道抢行。

（5）保持警觉：行走时应时刻保持警觉，特别是在路口、斑马线、公交车站等地方。

（6）穿着醒目衣物：在夜晚或能见度低的情况下，可以穿着颜色鲜艳或带有反光条的衣物，以提高自己的可见性，减少交通事故发生的风险。

（7）不要分心：行走时不要使用手机、看书或做其他可能分散注意力的事情，以免发生意外。

（8）谨慎横穿马路：在穿越马路时，要仔细观察道路两侧的车辆情况，确保没有车辆靠近或车辆通过后再快速、安全地穿越马路。

（9）使用安全设施：在有过街天桥、地下通道或人行横道的地方，应优先选择使用这些设施穿越马路，以确保自身安全。

（10）遵守集体外出安全准则：集体外出时，要有组织、有秩序地列队行走，不占用过多的道路空间，尤其是不要超过 2 人并排行走。

2. 骑自行车安全常识

（1）检查和维护自行车：骑行前后，仔细检查自行车的状态，判断刹车、轮胎、链条、车把、车座、喇叭等部件是否良好，是否需要修复或更换；定期保养和维护自行车，确保其在骑行时保持良好的状态。

（2）选择合适的装备：佩戴合适且符合安全标准的头盔；穿着醒目且舒适的服装和鞋子。

（3）遵守交通规则：骑行时要遵守道路交通规则，包括遵守交通信号灯、遵守车道标线、不双手脱把、不逆行等。

（4）保持适当车速：控制好骑行速度，避免过快或过慢；在转弯、下坡、过路口时要减速慢行，确保安全。

（5）关注路面状况：时刻关注路面状况，碰到坑洼、石块、杂物等障碍物时及时躲避；在雨天或湿滑路面上要格外小心，防止滑倒。

（6）集中注意力：骑行时不要戴耳机、看手机等，应注意观察前方的路况，以及车辆和行人的动向。

（7）使用手势或喇叭：骑行时要及时使用手势或喇叭向其他车辆和行人示意自己的行驶意图，提高沟通效率和骑行安全性。

（8）保持车距：与其他车辆保持适当的距离，避免发生追尾事故。

（9）符合骑行年龄限制：12 周岁及以上年龄的学生才能骑自行车上下学，且在骑行时不可带人。

3. 乘机动车安全常识

（1）选择合适的交通工具：优先选择有准运资格的、车况良好的客运车，避免乘坐非法营运车辆、超员车辆、存在故障的车辆、无牌无证车辆等。

（2）检查车辆状况：上车前，观察车辆是否干净整洁，有无明显的损坏或故障迹象。

（3）注意驾驶员状态：如发现驾驶员存在过度疲劳或饮酒等情况，或患有妨碍安全行车的疾病，不要乘坐该车辆，并及时报告相关部门。

（4）遵守乘车规则：在站台或指定地点依次候车，待车辆停稳后再有序上车；不得强行上下正在行驶的车辆；不在机动车道上或交叉路口处招呼出租车；不在道路上扒车、追车、强行拦车或抛物击车；禁止携带易燃易爆物品乘车。

（5）规范乘车行为：上车系好安全带；不将身体任何部位伸出车外，不向车窗外乱扔杂物；不与驾驶员闲谈或妨碍驾驶员操作；不在车内随意走动、打闹；不在车内进行销售、乞讨等活动；遇到车辆发生交通事故时，保持冷静，听从乘务员指挥，采取正确的自救和互救措施，确保自身安全。

（6）安全下车：车辆到站后，不要拥挤抢下；如需过马路，应在没有车辆过往时，从车尾穿行，避免从车头通过。

（二）强化校车安全防护体系

强化校车安全防护体系的具体措施如下。

1. 制度建立与人员配置

（1）学校应建立健全校车安全管理制度，配备专业的安全管理人员。

（2）学校应与相关责任人签订校车安全管理责任书，明确职责，确保校车安全管理制度有效执行。

2. 车辆与设施管理

（1）相关责任人应定期检查校车运行线路上的站点及交通安全防护设施是否完好，确保其无安全隐患。

（2）相关责任人应为校车配备逃生锤、灭火器、急救箱等必要的安全设备，并确保其完好无损。

（3）学校应为校车配备具有行驶记录功能的卫星定位装置，以便及时了解校车的行驶情况。

（4）学校应严格管理校车标牌，不伪造、变造校车标牌；严禁使用未取得校车标牌的车辆提供校车服务；禁止使用拼装或报废车辆，确保校车车况良好。

（5）学校应定期安排专业维修公司负责校车安全维护，并建立安全维护档案。

（6）学校应每半年对校车进行 1 次全面的机动车安全技术检测，确保校车的各项性能达标。

安全贴士

校车标牌应载明该车的车牌号码、车辆所有人、驾驶员、行驶线路、开行时间、停靠站点，以及校车标牌发牌单位、有效期等事项。

3. 驾驶员与随车照管人员管理

（1）校车驾驶员必须取得校车驾驶资格，并接受定期的安全审验。

（2）学校应定期对校车驾驶员、随车照管人员进行安全培训，提升其应急处置和救援能力。

（3）随车照管人员负责维护学生上下车秩序、监督驾驶员行为、清点学生数量、检查学生乘车是否系好安全带等。

4. 运行管理

（1）驾驶员在发车前必须对车况进行安全检查，确保制动、转向、照明等系统正常；引擎熄火前，驾驶员不得离开驾驶座位。

（2）驾驶员应严格遵守交通规则，不超载、不超速、不违章行驶、不违章停靠。

（3）校车仅用于接送学生，不得搭乘其他社会人员。

（三）严格管控校园及其周边交通环境安全

为了确保校园及其周边交通环境的安全，学校需要采取一系列严格的管理措施。

（1）加强对进出学校车辆的管理，禁止校内车辆乱停乱放，并设置明确的停车区域和标志。

（2）在校园交通要道上设置限速标志，确保校内交通安全。

（3）禁止将校园场地借用或出租给任何社会单位作为停车场。

（4）在学校大门附近设置限速标志、斑马线等，提醒过往车辆注意交通安全。

经典案例

校车“体检”迎开学

2024年秋季开学前，为确保新学期校车安全“健康”运行，及时消除校车安全隐患，安徽省巢湖市经纬城乡客运有限公司开展了校车安全专项大检查，组织相关技术人员对全市207辆较长时间“未上岗”的校车进行检查维护，从源头上预防和杜绝交通事故的发生，筑牢安全屏障。

此次校车“体检”，主要是对每辆校车的灭火器、破窗锤、车辆灯光、停车指示标志、制动系统等进行全面认真的检查与维护。除此之外，技术人员还对全体校车驾驶员开展了校车安全教育培训，并对校车车厢卫生、车体外卫生和座套进行检查，确保车辆干净舒适，在新学期给学生们提供一个干净舒适的乘车环境。

（资料来源：马丰成，《安徽巢湖 校车“体检”迎开学》，人民网，2024年8月20日）

三、校内外交通事故的处置

（一）学生对校内外交通事故的处置

学生在上下学途中发生交通事故，应采取以下处置措施，以确保自身安全并降低事故影响。

（1）报警求助：在确保自身安全的情况下，尽快远离事故现场，撤离到安全地带，并拨打报警电话求助。如果有需要，可通知家长或学校，告知自己的情况和所在位置，请求家长或学校协助处理后续事宜。

（2）保护现场：在救援人员到达之前，不要随意移动事故车辆或物品，以免破坏现场证据，影响后续的事故调查和责任认定。

（3）自救和互救：如果自己受伤，在能力范围内进行简单的自救，如止血、包扎等；如果他人受伤，在确保自身安全的前提下，协助他人脱困。

（4）协助调查：尽量提供肇事车辆及司机的详细信息，协助警方处理事故。

安全贴士

学生在面对校内外交通事故时，应保持冷静和负责任的态度。无论责任归属何方，学生都应勇敢地面对，绝不可因恐惧而选择逃避。这不仅是对自身安全的保障，更是对他人和社会的尊重。

（二）学校对校内外交通事故的处置

当发生校内外交通事故时，学校应按照以下流程进行处置。

（1）紧急报警与救治：迅速拨打 122、120、110 等紧急电话，并通知相关负责人第一时间赶到现场；对受伤人员进行现场急救，并等待专业医疗人员的到来。

（2）现场保护与记录：维护现场秩序，保护事故现场，并记录肇事车辆及驾驶员的详细信息；按规定放置警示标志，防止二次事故的发生。

（3）通知与接待：及时通知受伤人员的家人，并安排专人做好家人接待工作，提供必要的信息和支持。

（4）事故调查与责任追究：协助有关部门进行事故调查，依法追究事故责任；做好伤亡人员家人的安抚工作，协助他们处理保险理赔等后续事宜。

（5）事故通报与安全教育：及时向教育行政部门和全体师生通报事故情况，稳定师生情绪，维护正常的教学秩序；借此机会开展交通安全教育活动，进一步提高全体师生的交通安全意识。

任务四　防范与处置校内外溺水事故

一、校内外溺水事故的原因

（1）安全意识薄弱。有些学生安全意识薄弱，缺乏对溺水风险的认知。他们认为自己精通水性，在没有做好防护措施的情况下就涉足危险水域，从而在面对突发情况时无法做出正确的判断。

（2）游泳技能不足。受限于资金、场地等因素，许多学校未开设游泳课程，导致学生缺乏基本的游泳技能和自救能力。部分学校虽然开设了游泳课程，但由于教学时间有限、师资力量不足等原因，学生的游泳技能不扎实。在无成人监护的情况下，他们很容易溺水。

（3）心理因素。有些学生可能存在冒险、追求刺激的心理，对危险水域充满好奇和向往。他们不顾自身安全，盲目涉足危险水域，最终导致溺水事故的发生。此外，有些学生在水中遇到危险时，往往无法保持冷静和镇定，从而增加了溺水的风险。

（4）病理因素。患有心血管系统疾病、呼吸系统疾病、神经系统疾病等，以及体能不足或身体疲劳的学生，在水中活动时容易发生危险或无法有效自救，从而增加溺水的风险。

（5）监管不力。一方面，学校对校园及其周边的水域环境监管不到位，未能及时发现和消除安全隐患；另一方面，学校对学生的安全教育和管理存在疏漏，未能有效防范学生放学后到危险水域游泳。

（6）自然环境和天气因素。暴雨、洪水等自然灾害可能使校园及其周边水域的水位上涨、流速加快，增加安全隐患；高温天气可能促使学生选择到水中游泳降温，从而增加溺水的风险。

二、校内外溺水事故的防范

学校可以从以下几个方面防范校内外溺水事故。

（一）深化防溺水安全教育

学校应采取一系列措施来深化防溺水安全教育，确保学生充分认识到溺水的危险性和预防溺水的重要性。

（1）定期邀请专家或安全教育工作者来校举办防溺水安全讲座，通过分享实际的溺水案例，讲解防溺水知识和自救技能。

（2）制作防溺水宣传海报、手册和传单，并在校园内的显著位置张贴和分发；利用学校官方网站、社交媒体等途径发布防溺水宣传文章和视频；定期在校园广播中播放防溺水安全提示。

（3）举办溺水救援演练，让学生亲身参与，学习如何在紧急情况下自救和救助他人；开展“防溺水安全周”或“防溺水安全月”活动，进行防溺水安全教育和宣传；定期召开“珍惜生命，预防溺水”的主题班会。

（4）定期向家长发送防溺水安全提示信息，尤其是暑假前，应加强对家长的防溺水安全教育培训；邀请家长参与学校的防溺水安全教育活动，让家长加强对学生的日常监管。

（5）在校园文化活动中融入防溺水元素，如举办以“珍爱生命，远离溺水”为主题的演讲比赛、征文比赛等。

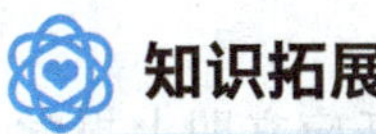

防溺水安全提示

学校向家长发送的防溺水安全提示信息一般包括以下内容。

（1）不要让学生私自在海边、江边、河边、湖边、水库边、水沟边、池塘边玩耍或钓鱼，以防不慎落水。

（2）学生下水游泳需要有家长陪同，并且穿戴好救生圈等安全设备。

（3）在公园划船或乘坐船只时，务必保持船体稳定，避免摇晃，并且不要让学生在船边洗手、洗脚，以防意外落水。

（4）遇到大风、大雨、大浪或大雾等恶劣天气，最好不要让学生乘船，也不要让他们在船上玩耍。

（5）一旦遇到特殊情况，要让学生保持镇静，听从船上工作人员的指挥，切勿轻易跳水。

（6）当学生特别喜欢的物品或贵重物品不慎落入水中时，不要盲目下水去取。

（二）提高学生的游泳技能

有条件的学校应将游泳课程纳入体育教学体系中，确保每位学生都有机会学习基本的游泳技能。开设游泳课程的学校应招聘具备游泳教学资格的教师，或定期组织现有体育教师参加游泳教学培训，确保他们具备教授游泳课程的能力和技巧。

因条件限制无法在校内建设游泳池的学校，可积极与周边正规游泳场馆建立合作关系，鼓励学生利用课余时间前往学习。

你认为哪些学生更容易发生溺水事故，为什么？

（三）认真落实日常安全工作

（1）实行严格的点名制度。一旦发现学生缺勤，班主任应立即联系家长，详细了解学生的缺勤原因。

（2）认真核查请假原因。对于请假的学生，班主任应及时联系家长，核实学生请假事由的真实性，防范学生的虚假请假行为。

（3）实行每天“警醒”制度。每天放学前，当堂教师应在班级中强调安全注意事项，特别提醒学生不要前往危险水域玩耍。

（4）认真执行安全教育记录制度。各班级必须将安全教育内容如实记录在册，包括教育时间、地点、内容等。

（5）严格执行重大事件报告制度。一旦发生校园安全事故，班主任应立即上报学校，并协助学校进行处置。

（6）明确责任追究制度。对于因学校或教师失职导致的学生溺水事故，相关责任人应承担相应的法律责任和社会责任。

（7）加强家校合作。学校应向家长明确放学时间、校方紧急联系方式等，确保学生未按时到家时，家长可立即与学校或班主任取得联系。

（8）运用多方合力。学校可联合当地街道、社区，对校园周边河道、水库、池塘、废弃水坑进行检查，设置警示标牌。

（四）普及溺水后的自救常识

（1）及时呼救。如果不慎滑落水中，溺水者应吸足气，大声呼喊，寻求岸上人员的帮助。

（2）利用漂浮物求生。溺水者应合理利用救生圈、救生衣、木板等漂浮物，积极自救。

（3）努力靠岸。在有能力的情况下，溺水者应尝试向岸边游动，增加获救机会。

（4）保存体力。在危急关头，溺水者要保持镇静，采取仰面漂浮的姿势，尽量将口、鼻露出水面，浅呼深吸，等待救援，尽量避免挣扎，导致体力耗尽。

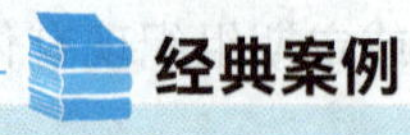

经典案例

“以疏代堵”防溺水

暑假来临前，某校在政府的支持下搭建的简易免费游泳池正式开放，吸引了众多孩子们前来玩水嬉戏。

“我们这里没有游泳馆，小孩子夏天想玩水的话去河里、水库还是比较危险的，现在学校设置了这样一个免费又安全的游泳池，旁边还有人专门看护，我们家长也非常放心，这真是为孩子们办了一件好事。”某孩子家长说道。

为了解决青少年游泳安全问题，学校搭建了简易游泳池免费对外开放，让孩子们可以在家门口游泳，度过一个安全、快乐的暑假。在免费泳池开放期间，学校安排了教师作为安全巡视员，并配备游泳圈、救生衣等救援设施，严防溺水事故发生。同时，学校还加设了遮阳棚帮助孩子们抵挡炎热，并安排值班教师对泳池定期换水、消毒，确保水质安全。泳池关闭期间，值班教师会对泳池进行拉网防护，防止意外事故发生。

近年来，该校在防溺水工作方面，采取疏堵结合措施，既加强防溺水巡查工作力度，严禁未成年学生私自下河游泳，又做好泳池等硬件服务工作，让孩子们玩得开心、舒心、放心，从源头上堵住防溺水安全漏洞，织密学生防溺水“安全网”，筑牢暑期防溺水安全屏障。

三、校内外溺水事故的处置

当发生校内外溺水事故时，学校应迅速、有序地采取一系列处置措施，以确保事故得到妥善处理，并尽量减少对学生的伤害。

（1）紧急救援与现场保护：立即拨打急救电话，通知专业救援人员前往现场；迅速组织救援队伍，包括学校教职工、校医等，将溺水学生转移至安全地带；在等待专业救援人员到来的过程中，实施现场急救措施。

（2）通知家长并报告学校领导：尽快通知学生家长，告知事故情况，让家长及时了解学生的安全状况；向学校领导报告事故情况，启动防溺水应急预案，协调各方资源共同应对。

（3）协助救治并配合调查：协助专业救援人员进行救治工作，提供必要的支持和帮助；积极配合警方开展事故调查工作，如实提供相关信息，协助查明事故原因和责任。

（4）全面排查安全隐患，强化安全教育：组织人员对校园及其周边可能存在的溺水安全隐患进行全面排查，确保类似事故不再发生；向学生普及防溺水安全知识，提高他们的安全意识和自我保护能力。

知识拓展

如何拯救溺水者

发现有人溺水时，不会游泳或游泳水平有限的人，不要贸然下水，而应大声呼救，观察周围环境，寻找可用的救助工具，并及时拨打110、120、119紧急电话求助。

如何救助溺水者

如果下水救人，施救者应从溺水者的背部游过去，从背后抓住溺水者的胳膊，并将其胳膊翻到背后，使其仰面朝上，头部置于自己腋下（见图7-2），然后采用单臂侧泳的方式将其带到岸边。

将溺水者救到岸上后，施救者应迅速清除溺水者口鼻中的污泥、杂草及分泌物，并拉出其舌头，以免堵塞呼吸道；然后将溺水者的腹部架高，使其胸部和头部下垂，或抱其双腿，将其腹部放在自己肩部，做走动动作，帮助溺水者排除呼吸道内的积水（见图7-3）。

图 7-2　救溺水者上岸的姿势

图 7-3　帮助溺水者控水

若溺水者已昏迷，呼吸微弱或停止，做完上述处置措施后，施救者要对其进行人工呼吸。人工呼吸的具体方法如下：让溺水者仰卧，施救者一只手捏住溺水者的鼻子，另一只手托着他的下颌，深吸一口气，然后嘴对嘴将气吹入；吹完一口气后，离开溺水者的嘴，同时松开捏鼻子的手，并用手压一下溺水者的胸部，帮助其呼气；如此反复有节奏地吹气（每分钟 12～16 次），直至溺水者恢复自主呼吸。

任务五　防范与处置校园踩踏事故

一、校园踩踏事故的特点及原因

（一）校园踩踏事故的特点

1. 突发性强，难以预测

校园踩踏事故往往在短时间内突然发生且难以预测。

一方面，群体行为难以预料。学生群体在特定情境下的行为是难以预料的，他们可能出于好奇心、从众心理、恐慌等因素做出一些不理智的行为，如奔跑、拥挤等。这些突发状况使校园踩踏事故难以预料。

另一方面，环境因素难以预料。自然环境（如天气、光线等），以及校园设施的状态（如地面湿滑、存在障碍物等），都可能骤然发生变化，这些因素会影响学生的行走速度和平稳性，导致校园踩踏事故突然发生。

2. 伤亡人数多，后果严重

校园踩踏事故多发生在学生密集的场所，如楼梯、走廊、校门口等。这些场所的特殊性也使得事故一旦发生，容易造成群体性伤亡。这种群体性伤亡不仅给受伤学生带来身体上的痛苦，还容易对其心理健康造成长期影响。

3. 社会关注度高，影响广泛

学校作为培养未来社会栋梁的重要场所，其安全状况直接关系到学生的生命安全和家长的信任。校园踩踏事故一旦发生，不仅会影响学校的声誉，还会引发社会的广泛关注和舆论谴责。

（二）校园踩踏事故的原因

1. 学生过度拥挤的行为

在校园这种高密度人群聚集的环境中，当大量学生需要在短时间内通过容量有限的通道时，容易发生踩踏事故。导致学生过度拥挤并引发踩踏事故的常见情况有以下几种。

（1）逆行。在狭窄的楼梯或通道中，一部分学生上行，另一部分学生下行，上下行人群交织，很容易造成学生互相推挤，从而引发踩踏事故。

（2）不慎摔倒。在拥挤的通行人群中，因学生注意力不集中或其他原因导致的摔倒，会迅速波及周围人群，从而引发踩踏事故。

（3）途中急停。学生在行走过程中突然停下来处理个人事务，如系鞋带、拾东西等，会阻碍后面的学生通行。尤其是在拥挤的楼梯上，后面的学生由于来不及做出反应，很可能踩踏过去或被绊倒，从而引发踩踏事故。

（4）搞恶作剧。个别学生故意堵塞通道或制造恐慌，如大喊“地震了”“鬼来了”等话语，导致其他学生急于离开并相互拥挤，从而引发踩踏事故。

（5）速度失控。当天气突变或听到铃声后，部分学生急于返回教室或宿舍，加快通行速度，导致人群推挤，从而引发踩踏事故。

（6）突然停电。在没有足够照明的情况下，学生可能会因为恐慌或害怕而相互拥挤，从而引发踩踏事故。

（7）好奇围观。楼梯或通道中发生异常情况，如有人摔倒、哭泣或打架等，部分学生可能因为好奇而围观，导致人群进一步拥挤，从而引发踩踏事故。

（8）缺乏安全防范知识和演练。学生由于缺乏安全防范知识和演练，可能无法迅速、有效地应对突发情况，导致混乱，从而引发踩踏事故。

2. 学校设施设备存在缺陷

学校设施设备存在缺陷是导致学生过度拥挤，从而引发校园踩踏事故的间接原因。

（1）安全出口、疏散楼梯的宽度不够、地面凹凸不平等，会限制人流通过速度，从而引发踩踏事故。

（2）卫生间坑位不足，造成学生长时间等待和滞留，增加拥挤风险，从而引发踩踏事故。

（3）楼道台阶湿滑、防滑条（槽）磨损或剥离，造成学生滑倒或被绊倒，从而引发踩踏事故。

3. 校园安全管理存在问题

校园安全管理存在问题是校园踩踏事故发生的深层次原因。

（1）学校管理混乱、规章制度不健全、岗位职责不明确，没有在容易发生踩踏的时间和地点安排教职工维持秩序，导致出现拥挤现象时无法及时疏散或有效应对，从而引发踩踏事故。

（2）学校对学生的安全教育不足，导致学生安全意识薄弱，不能及时辨别拥挤踩踏的征兆，增加踩踏事故发生的概率。

（3）学校对设施设备的安全隐患排查与治理不到位，未能及时发现并消除安全隐患，如照明设备老化、照明不足，从而引发踩踏事故。

小试牛刀

除上述原因外，校园发生踩踏事故的原因还有哪些？

二、校园踩踏事故的防范

学校可以从以下几个方面防范校园踩踏事故。

（一）加强校园安全管理

1. 制订预案

学校应制订校园踩踏事故应急预案，确保预案既有针对性又便于操作，并根据学校的实际情况不断修订和完善预案。

2. 落实措施

（1）建立特殊时间段的值班制度。考虑到实际情况，在出操、集合等需要全体学生上下楼梯的活动中，学校不应过分强调速度，而应让不同年级、不同班级的学生错峰上下楼梯，并安排教师值守楼梯口，负责维持秩序。

多项举措预防楼道踩踏

（2）强化晚自习管理。若有学生上晚自习，学校必须安排教师值班，以及时应对晚自习期间停电或照明设备损坏等紧急情况。

（3）优化教室布局。学校应尽可能将人数过多的班级和低年级的班级安排在低楼层，以减少上下楼梯的学生数量，降低安全风险。

（二）开展安全教育，注重能力培养

学校应采用多种形式开展预防校园踩踏事故的专题教育，提高学生的安全意识，让他们充分认识到踩踏事故的主要原因和严重后果，并掌握一定的防范措施。

学校在日常教育教学过程中应教育学生不要在楼梯间或楼道内奔跑、打闹、推搡等。一旦发现学生正在做危险行为，教师或学生安全员应立即上前告诫、制止，引导其认识错误并改正。

学校应定期组织应急演练，确保师生在发生火灾、地震等紧急情况下做到沉着冷静，尤其是教师应起到带头作用，减轻恐慌情绪的蔓延，组织学生有序撤离和疏散，防止踩踏事故的发生。

（三）加强安全检查，完善学校设施设备

（1）学校应定期进行安全检查，完善学校设施设备，如加固已损坏的楼梯扶手、更换不符合安装规定的楼梯间照明设备等。

（2）学校应定期巡查并清理楼道、楼梯间的堆积物，确保通道畅通无阻。

（3）学校应在楼梯台阶上绘制清晰的标识线及疏散指示标志，明确指示学生上下楼梯时的行进路线。

（4）学校应在楼梯迎面墙壁上悬挂醒目的安全标志牌，标明“靠右行走”“请勿拥挤”等提示语，以提醒学生上下楼梯时注意安全。此外，在雨雪天气，学校应增设防滑设施和警示标志，提醒学生缓慢行走，小心滑倒。

知识拓展

如何避免或应对人群拥挤

（1）一旦发生骚乱，首先要保持头脑清醒，切勿盲目跟随人流狂奔，尽量走向人少的地方躲避潜在危险。

（2）若发现慌乱的人群朝自己所在的方向迅速涌来，不要逆着人流行动，而应快速躲避到一旁，如紧贴墙壁或利用其他障碍物作为掩护，等人群通过后再迅速离开。

（3）一旦被卷入拥挤的人群中，一定要站稳，尽量抓住身边坚固的支撑物，缓慢而坚定地移动或保持原地不动。即使鞋子被踩掉，也不要贸然弯腰提鞋，以免被踩踏。

（4）如果已身陷拥挤的人群中无法脱身，不要拼命推搡，而应将双肘适当撑开，平放于胸前，形成一定的空间，从而保证呼吸顺畅，同时避免内脏受到挤压。在保护自身安全的同时，也要尽量保护身边的人，避免有人跌倒引起更大的混乱。

三、校园踩踏事故的处置

在踩踏事故发生后，学校应按照以下流程处置。

（一）启动应急预案

校园踩踏事故发生后，学校应立即启动校园踩踏事故应急预案，并迅速拨打120、110紧急电话，抢救受伤人员。同时，学校还应在规定时间内向上级有关部门报告事故情况，确保信息准确、报告及时。

（二）快速疏散现场人员

学校应利用一切有效手段快速疏散现场人员，将学生尽快疏散到安全地点，禁止无关人员滞留现场。同时，学校还应加强现场秩序的维护，防止有人故意制造恐慌，避免二次事故的发生。

（三）紧急救助

在专业救援人员到达现场前，学校应抓紧时间，采用科学、有效的方法开展初步救助。在施救过程中，学校应优先救治重伤者，同时妥善安置轻伤者与不幸遇难者，确保救援效率最大化。

1. 判断伤者是否清醒

区分重伤和轻伤的关键是确定伤者的意识是否清醒。如果伤者意识清醒，施救者应从头到脚对伤者进行全面检查，以判断其是否存在内伤；如果伤者意识模糊，施救者应将其视为重伤者优先处理。

2. 判断伤者有无内伤

外伤容易识别，但内出血则难以察觉。通常情况下，内脏器官和骨盆区域是容易内出血的部位，需要特别注意。

当内脏器官出血时，尤其是肺部出血，伤者口部可能会出现大量血沫。施救者应观察伤者口部，并判断其内脏是否出血。

骨盆骨折出血的隐蔽性比较高，不易被人察觉。为了初步判断伤者骨盆是否骨折，施救者可以让伤者平躺，然后用双手轻轻按压伤者的骨盆。如果伤者感到疼痛，则其骨

盆可能存在骨折。在这种情况下，施救者可以使用衣物、布条等物品将伤者的骨盆固定住，形成一个临时的支撑结构，并确保伤者不再挪动，直至专业救援人员开展进一步的救治。

3. 四肢骨折处理

施救者在检查伤者伤情时，可以通过轻轻按压伤者的四肢来判断其是否骨折。一旦确认伤者四肢骨折，施救者应使用适当长度（跨越骨折部位上下两个关节）的固定物来固定受伤部位，防止其进一步受伤。

4. 脊椎受伤处理

施救者在处理脊椎受伤的伤者时，必须让其保持原位不动，避免因不当移动导致伤者的脊椎受到二次伤害。

5. 心跳、呼吸骤停处理

若伤者心跳、呼吸骤停，施救者应立即对其进行心肺复苏，此时可采用人工呼吸与胸外心脏按压的方法进行急救，直至伤者恢复呼吸和心跳。

安全贴士

胸外心脏按压的目的是建立人工循环，恢复伤者的自主心跳，其具体方法如下：施救者跪于伤者一侧（一般为右侧），双手上下重叠，并将手掌根部放在伤者乳头连接的中心处，然后翘起手指，伸直双臂（肘关节不弯曲），双肩在伤者胸骨上方，借助自身重力和肩部力量向伤者胸骨加压，将伤者胸骨下压 5 厘米左右（成人伤者），松手使胸骨复原（手掌不离开胸骨），如此反复有节奏地按压（每分钟 100～120 次），直至伤者恢复心跳。

心肺复苏的操作流程

在采用人工呼吸和胸外心脏按压对伤者进行急救时，施救者要注意两者的协调。一般情况下，施救者在连续胸外按压 30 次后，做 2 次人工呼吸。

（四）事故善后处理

（1）及时向上级有关部门报告事故的最新进展，特别是学生的伤亡情况。

（2）组织人员到医院看望受伤学生，并协助有关部门处理好治疗、康复等问题。

（3）认真接待学生家长，并稳定家长情绪。

（4）配合相关部门做好事故调查和善后工作。

（5）对学生进行心理辅导，消除事故对学生带来的心理创伤。

任务六　防范与处置校内外集体活动事故

一、校内外集体活动事故的防范

校内外集体活动是学校教育中不可或缺的一部分，不仅能够增强学生的团队协作能力，还能丰富学生的课余生活。然而，这些活动存在一定的安全风险。为了确保学生在校内外集体活动中的安全，学校应采取一系列有效的防范措施。

（一）加强安全教育

在开展校内外集体活动前，学校应加强安全教育，向师生普及安全知识，让他们了解并掌握各类校内外集体活动事故的危害和应对措施。只有具备高度的安全意识，全体师生才能在校内外集体活动中做到防患于未然。

（二）制订完善的安全计划和应急预案

在开展校内外集体活动前，学校应详细规划活动的时间、地点、参与人员、安全措施等，确保活动流程清晰、有序。同时，针对可能发生的突发事件，学校还应制订详细的应急预案，包括应急疏散路线、医疗救助程序等，以备不时之需。

（三）加强活动组织和管理

在开展校内外集体活动前，学校应指定活动负责人，明确其职责，并提前与相关部门建立联系，共同促进活动的安全开展。在活动过程中，活动负责人应加强对参与人员的监督和管理，确保他们遵守安全规定。

（四）注重风险评估和隐患排查

在开展校内外集体活动前，学校应对活动场地、设施等进行全面的风险评估和隐患排查，及时发现并消除安全隐患，降低事故发生的概率。此外，学校还应关注天气等自然环境的变化，做好相应的应对措施。

二、校内外集体活动事故的处置

（一）处置原则及善后处理注意事项

1. 处置原则

（1）冷静应对，有序行动。事故发生后，所有人员需要保持冷静，迅速而有序地采

取行动，避免恐慌情绪扩散。

（2）生命至上，学生为先。在救援和疏散过程中，学校必须以学生为先，确保他们的生命安全得到首要保障。

（3）立即报警，紧急求援。事故发生后，学校应立即向公安、医疗等部门求救，争取专业人员快速赶到。同时，学校还应立即向当地政府和教育行政部门报告，以便协调更多的资源参与救援。

（4）维持秩序，迅速疏散。事故发生后，学校应安排专人维护现场秩序，迅速组织学生有序撤离到安全地带，并及时对受伤学生进行初步救治。

2. 善后处理注意事项

（1）学校应加强师生的心理疏导，特别是关注受伤学生及受惊吓学生，逐步消除他们的恐惧心理和其他不良心理反应。同时，学校还应尽快恢复正常的教学秩序，确保学生的学习、生活不受过多的影响。

（2）学校应配合相关部门开展事故调查工作，提供必要的协助，以查清事故原因，明确责任。

（3）学校应依托当地政府和有关部门，妥善做好学生家长的安抚工作，特别是对伤亡学生家长的安抚。在处理善后事宜时，学校必须耐心细致，避免引发不必要的矛盾和冲突。在处理赔偿问题时，学校应在能力范围内提供最大程度的支持与帮助。

（4）事故处置完毕，学校应认真做好总结教育工作，吸取事故教训，完善相关安全管理制度与应急预案，防止类似事故再次发生。

（二）校内外集体活动的易发事故及其救护

1. 拥挤踩踏事故

在校内外大型集会、文艺汇演、运动会等集体活动中，由于参与人数众多，若发生火灾、出现恶劣天气（如暴雨、冰雹）等紧急情况，学生容易产生恐慌和骚乱，进而导致拥挤踩踏事故。

一旦发生拥挤踩踏事故，学校应立即启动应急预案，迅速疏散人群，维持秩序。对于受伤学生，特别是出现骨折迹象、头部受伤并伴随头晕呕吐、因挤压或踩踏感到强烈痛感的学生，学校应立即将其送往医院接受检查和治疗。

2. 工具伤害事故

在劳动类实践活动中，学生对工具的不当使用、工具本身的缺陷、团队成员之间配合不默契等因素，可能会伤害到自己或危害到他人，出现割伤、砍伤、划伤、扎伤、碾压伤、擦伤等情况。

对于皮肤擦伤等轻伤，活动负责人应立即对受伤学生的伤口进行清洗和消毒，并嘱咐其从事轻体力劳动或休息。活动结束后，活动负责人应安排受伤学生接受专业的治疗，并要求其遵循医嘱按时内服或外敷药物，避免伤口接触污染物。

对于大面积出血、骨骼损伤、肌肉拉伤等重伤，活动负责人应对受伤学生进行紧急处置，并立即安排人员将其送往医院接受专业的诊治。

小试牛刀

在使用劳动工具时，学生应如何避免受到伤害？

3. 陷入泥潭、沼泽事故

在采药、采集动植物标本等校外集体活动中，学生可能会遭遇陷入泥潭、沼泽的紧急情况。这类事故的发生原因主要有以下两点：一是活动负责人未提前勘探地形，对活动环境中存在的潜在危险认识不足；二是学生缺乏识别这类危险环境的能力。对于这类事故，活动负责人应采取以下措施。

（1）预先警告和规避。活动前，活动负责人应详细勘探活动区域的地形，特别留意寸草不生的黑色平地、布满苔藓的湿润区域等。若发现潜在危险，活动负责人应另行选择活动区域或设置明显的警示标志，并在活动前明确告知学生，要求他们注意警示标志，小心绕行。

（2）紧急救援，有序指挥。一旦发现学生陷入泥潭或沼泽，参与人员应保持冷静，听从活动负责人的安排。活动负责人应发挥领导作用，给出清晰、明确的救援指示，确保救援行动有条不紊。在救援过程中，其他人员应积极配合，保持安静，以免干扰救援工作。

安全贴士

在施救时，救援人员应避免直接冲入泥潭或沼泽，可以将绳索、树枝、木棍等可抓握的物体抛向遇险者，让其抓紧后，再合力施救，确保救援过程安全有效。

4. 坠崖、掉坑事故

在植树、采摘野果等校内外集体活动中，学生可能会遭遇坠崖或掉坑的紧急情况。这类事故发生的原因可能是师生对环境不熟悉而盲目前进，也有可能是师生过于专注某项任务而忽略了周围环境的安全隐患。对于这类事故，活动负责人应采取以下措施。

（1）确认遇险者状态。通过呼叫遇险者的姓名来确认其是否清醒，并询问其伤情。

（2）使用绳索救援。若遇险者能够响应且四肢可活动，活动负责人可使用绳索施救。在施援时，活动负责人可以将绳索的一端固定在附近的大树或巨石上，将另一端系上手电筒后抛下，待遇险者自行系牢并发出信号后，将其提升至安全位置。

（3）加大救援力度。若遇险者没有应答或其不方便移动，活动负责人应加大救援力

度，派遣救援人员下去救援。活动负责人应优先挑选身材轻小、动作敏捷、沉着冷静，并具有一定组织才能和生活阅历的教师作为救援人员，以提高救援的成功率。

5. 迷路、走失事故

在户外探险、研学旅行、郊游、夏令营等校外集体活动中，个别学生被好奇心驱使偏离原定主线路，又因自身对路线不熟悉且方向感差而迷路或走失。对于这类事故，活动负责人应采取以下措施。

（1）确认走失情况。活动负责人应通过清点人数和询问目击者，确认学生是真的走失，而非暂时离开队伍（如前往洗手间）。

（2）组织搜寻小组。确定学生走失后，在确保安全的前提下，活动负责人应迅速组织在场的教师和学生组成搜寻小组，明确每组的搜寻区域和任务。

（3）开展搜寻行动。搜寻小组应沿着走失学生可能行走的路线进行搜寻，包括主线路、支线路及其可能感兴趣的区域。如果沿着上述路线仍未找到走失学生，搜寻小组应扩大搜寻范围，包括周边区域、隐蔽角落、树林、草丛等走失学生可能藏身或迷路的地方。在搜寻过程中，搜寻小组可以利用地图、指南针、GPS 定位设备等，也可以求助熟悉所在区域情况的居民，以提高搜寻效率。

（4）协调搜寻进程。在搜寻过程中，搜寻小组之间应保持密切联系，以便及时传递信息和协调行动。同时，各搜寻小组还应在走过的路上留下标记，以便在无法会合或接收其他信息时，能够按照正确的路线返回。

安全贴士

如果活动区域的地形比较复杂，活动负责人可在第一时间向专业搜救人员寻求帮助，避免更多的师生在搜寻走失学生的过程中迷路或走失。

项目考核

一、单项选择题

1．校园意外伤害类事故的处置原则不包括（　　）。

A．依法依规　　B．注重协商和调解

C．客观公正　　D．委曲求全

2．拟订消防工作计划、组织人员制订消防安全制度和操作规程属于（　　）的职责。

A．校长　　B．各部门负责人

C．分管安全工作的副校长　　D．学校保安

3．实验室内的金属钾着火，现场人员可用（　　）来灭火。

A．沙土　　B．二氧化碳灭火器

C．水　　D．泡沫灭火器

4．下列选项中，不属于骑行安全常识的是（　　）。

A．穿拖鞋骑车　　B．不闯红灯

C．不超速骑行　　D．不骑车带人

5．下列选项中，说法错误的是（　　）。

A．校车上应配备逃生锤、灭火器、急救箱等安全设备

B．未取得校车标牌的车辆不能提供校车服务

C．学校应每 2 年对校车进行 1 次全面的机动车安全技术检测，确保校车的各项性能达标

D．校车不得超载、不得超速、不得违章行驶

6．小明认为自己精通水性，在没有做好防护措施的情况下就涉足危险水域，最终导致溺水。这主要是因为（　　）。

A．小明的安全意识薄弱　　B．小明的游泳技能不足

C．学校监管不力　　D．天气因素

7．下列选项中，可以防范校园踩踏事故的措施是（　　）。

A．行走时注意力不集中　　B．在楼道内奔跑

C．不更换老化的照明设备　　D．设置防滑标志

二、多项选择题

1．校园意外伤害类事故的类型包括（　　）。

A．校园火灾事故　　B．校内外溺水事故

C．校内外交通事故　　D．校园踩踏事故

2．常见的校园火灾事故类型包括（　　）。

A．生活火灾　　B．自然现象火灾

C．电气火灾　　D．人为纵火

3．学校应在（　　）设置应急照明设备。

A．疏散通道　　B．安全出口

C．重要功能房间　　D．超过一定建筑面积的区域

4．灭火的基本方法包括（　　）。

A．隔离法　　B．增加可燃物质

C．窒息法　　D．冷却法

5. 下列选项中，防范校内外交通事故的措施包括（　　）。

A．加强交通安全教育

B．强化校车安全防护体系

C．严格管控校园及其周边交通环境安全

D．设置符合消防要求的基础设施

6. 下列选项中，防范校内外溺水事故的措施包括（　　）。

A．深化防溺水安全教育

B．提高学生的游泳技能

C．擅自下水施救

D．在危险地段进行水上活动

7. 下列选项中，可能引发校园踩踏事故的行为包括（　　）。

A．逆行　　B．速度失控

C．在楼梯间搞恶作剧　　D．定期检查照明设备

8. 下列选项中，防范校内外集体活动事故的措施包括（　　）。

A．加强安全教育

B．加强活动组织和管理

C．制订完善的安全计划和应急预案

D．注重风险评估和隐患排查

三、判断题

1. 随意设置燃气设施、在可燃物附近用火、学生违规使用电热毯和电暖器等都可能引发火灾。（　　）

2. 实验室的乙醚着火时，现场人员可以用水或沙土来灭火。（　　）

3. 学生在骑行过程中，遇到雨、雪、雾等天气，应加快行车速度，快速赶至家中。（　　）

4. 只要是自己熟悉的水域，在没有大人的陪同下也可以自己去游泳。（　　）

5. 楼梯、走廊、校门口等位置很容易发生校园踩踏事故，从而造成群体性伤亡。（　　）

6. 在开展校内外集体活动前，学校应对活动场地、设施等进行全面的风险评估和隐患排查。（　　）

四、简答题

1. 简述校园火灾事故的防范措施。

2. 简述校内外交通事故的处置措施。

3. 简述如何开展防溺水安全教育。

4. 简述学生溺水时的自救措施。
5. 简述校园踩踏事故的处置措施。
6. 简述常见的校内外集体活动事故及其处置措施。

项目实践

实践目的

通过深入体会可能面临的校园意外伤害类事故，使学生能够理论联系实际，运用所学知识解决实际问题。

实践描述

以小组为单位，组织一场关于校园意外伤害类事故应对策略的汇报交流活动。

（1）设计故事情境。各小组分别设计一个典型的校园意外伤害类事故，如学生宿舍发生火灾、学生在放学途中被摩托车撞倒受伤、学生在放学途中发现有人溺水、学生在疏散时发生踩踏事故、学生在春游时迷路等，并用200～300字将事故内容表述清楚。

（2）随机选取事故。各小组抓阄选取一个事故。该事故可能是由本组设计的，也可能是由其他小组设计的。

（3）制作演示文稿。各小组根据所选择的事故，思考学校及学生在面临这种情况时应如何处置、平时应如何预防此类事故的发生，并将事故概要、原因分析、处置措施、防范措施等内容制作成演示文稿，然后派出一名代表在课堂上进行汇报。

实践准备

全班学生以3～5人为一组进行分组，各组选出组长并进行任务分工，然后将小组成员及分工情况填入表7-1中。

表7-1　小组成员及分工情况

班级		组号		指导教师	
任务内容					
小组成员	姓名	学号	任务分工		
组长					
组员					

实践记录

将实践任务的具体完成情况记录在表 7-2 中。

表 7-2　实践任务完成情况记录表

时间和任务安排	实施步骤
	1．明确本组设计的事故类型，具体内容如下：
	2．本组需要解决的事故，具体内容如下：
	3．分析事故发生的原因，具体内容如下：
	4．提出处置措施，具体内容如下：
	5．提出防范措施，具体内容如下：
	6．合力制作演示文稿，要点如下：
	7．针对其他小组的发言，积极发表自己的见解，具体内容如下：
	8．结合其他小组的意见，完善本小组的报告内容，要点如下：

项目综合评价

指导教师可以根据学生的课堂表现、项目考核情况、项目实践情况对其进行评价。学生配合指导教师共同完成项目综合评价表（见表 7-3）。

表 7-3　项目综合评价表

<table>
<tr><td>班级</td><td></td><td>组号</td><td></td><td>日期</td><td colspan="2"></td></tr>
<tr><td>姓名</td><td></td><td>学号</td><td></td><td>指导教师</td><td colspan="2"></td></tr>
<tr><td>学习成果</td><td colspan="6"></td></tr>
<tr><td rowspan="2">评价维度</td><td rowspan="2">评价指标</td><td rowspan="2">评价标准</td><td rowspan="2">分值</td><td colspan="2">评价分数</td></tr>
<tr><td>自评</td><td>师评</td></tr>
<tr><td rowspan="4">素养评价 20%</td><td>学习态度</td><td>刻苦认真，勇于钻研</td><td>5</td><td></td><td></td></tr>
<tr><td>纪律意识</td><td>遵守课堂纪律，认真完成课堂作业与课后作业</td><td>5</td><td></td><td></td></tr>
<tr><td>互动意识</td><td>积极发言，完成课堂互动</td><td>5</td><td></td><td></td></tr>
<tr><td>团队精神</td><td>尊师爱友，积极合作，团结奋进</td><td>5</td><td></td><td></td></tr>
<tr><td rowspan="3">知识评价 20%</td><td rowspan="2">基础知识</td><td>了解校园意外伤害类事故的类型</td><td>4</td><td></td><td></td></tr>
<tr><td>了解校园意外伤害类事故的处置原则</td><td>6</td><td></td><td></td></tr>
<tr><td>应用知识</td><td>掌握防范校园意外伤害类事故的措施</td><td>10</td><td></td><td></td></tr>
<tr><td rowspan="2">能力评价 20%</td><td>风险识别能力</td><td>能够敏锐察觉和识别校园内的安全隐患</td><td>10</td><td></td><td></td></tr>
<tr><td>应急处置能力</td><td>能够正确处置校园意外伤害类事故</td><td>10</td><td></td><td></td></tr>
<tr><td rowspan="6">成果评价 40%</td><td>时间观念</td><td>按时完成实践任务</td><td>5</td><td></td><td></td></tr>
<tr><td rowspan="4">校园意外伤害类事故应对活动</td><td>事故情境完整、故事脉络清晰</td><td>5</td><td></td><td></td></tr>
<tr><td>针对特定的校园意外伤害类事故，能够提出具体的处置措施</td><td>10</td><td></td><td></td></tr>
<tr><td>针对特定的校园意外伤害类事故，能够提出具体的防范措施</td><td>10</td><td></td><td></td></tr>
<tr><td>针对其他小组的发言，能够提出建设性的意见</td><td>5</td><td></td><td></td></tr>
<tr><td>演示文稿</td><td>清晰流畅、重点突出、详略得当</td><td>5</td><td></td><td></td></tr>
<tr><td colspan="3">合计</td><td>100</td><td></td><td></td></tr>
<tr><td>总评</td><td colspan="2">自评（30%）+师评（70%）=</td><td colspan="3">教师（签名）：</td></tr>
</table>

项目八

校园故意伤害类事故的管理

导语

校园故意伤害类事故的发生不仅会对受害者造成一定程度的身体伤害和精神伤害，还会破坏校园的和谐氛围，影响学生的学习和生活。为了积极预防、妥善处置校园故意伤害类事故，保障师生的安全，学校在实施各项防范与处置措施的同时，应加强对学生的安全教育和自护自救教育，增强学生的安全意识和自我保护能力。

学习目标

知识目标

- 了解校园故意伤害类事故的类型，熟悉校园故意伤害类事故的损害赔偿。
- 了解校园性侵害的表现形式、特点和影响，熟悉校园性侵害的防范与处置。
- 了解校园欺凌的类型和原因，熟悉校园欺凌的防范与处置。
- 熟悉校园非法入侵、校园滋扰、校园绑架、校园抢劫、校园盗窃等其他校园故意伤害类事故的防范与处置。

技能目标

- 能够有效分析校园故意伤害类事故中的损害赔偿。
- 能够及时发现校园性侵害、校园欺凌等行为，并进行合理的防范与处置。
- 能够正确防范与处置校园非法入侵、校园滋扰、校园绑架、校园抢劫、校园盗窃等其他校园故意伤害类事故。

素养目标

- 培养正确处理矛盾和冲突的能力。
- 遵守社会公德和法律法规，培养积极的人生观和价值观。

项目导入

江某某正当防卫案

2024 年 5 月，最高人民法院首次发布未成年人司法保护专题指导性案例。其中，江某某遭受 15 人校园欺凌后持刀反击，被认定为正当防卫的案件入选这批案例。

一、基本案情

2019 年，湖南省某中学 14 岁初二学生江某某因误解遭邻班同学胡某欺凌。虽然江某某尝试和解，但胡某不满意，并产生殴打江某某的意图。5 月 17 日，江某某被胡某、孙某某等多人围殴于厕所。情急之下，江某某掏出折叠刀乱挥，致 2 人重伤二级，1 人轻微伤。8 月 7 日，江某某向公安机关投案。

二、裁判结果

湖南省吉首市人民法院一审认定被告人江某某的行为构成正当防卫，宣告其无罪。宣判后，湖南省吉首市人民检察院提出抗诉。二审期间，湖南省湘西土家族苗族自治州人民检察院申请撤回抗诉，湖南省湘西土家族苗族自治州中级人民法院裁定维持原判。

法院认为，江某某因遭受多名学生欺凌而持刀反击，具有防卫意图，没有明显超过必要限度，构成正当防卫，不负刑事责任。

（资料来源：刘言，《最高法发布指导性案例：1 名初中生持刀反击 15 名霸凌者被认定为正当防卫》，中国青年报客户端，2024 年 5 月 30 日）

思考：如果你是江某某，你会怎么做？学校又该如何正确防范校园欺凌等故意伤害类事故的发生？

任务一　了解校园故意伤害类事故及损害赔偿

一、校园故意伤害类事故的类型

根据伤害行为的不同，校园故意伤害类事故大致可分为以下几种。

（一）校园性侵害

校园性侵害是指在校园范围内发生的，加害者为满足自身的某种欲望，通过威胁、暴力、诱骗等方式，迫使受害者与其发生性接触的犯罪行为。这种行为严重侵害了受害者的个人权利和尊严，给受害者带来严重且深远的身心伤害。

（二）校园欺凌

校园欺凌是指在校园范围内发生的，加害者通过肢体或语言攻击等方式对受害者的身体、精神或财产等造成侵害的一种蓄意或恶意行为。这种行为多发生在学生之间，加害者和受害者既可能是个人，也可能是群体，实施地点多为校园内人少僻静处，如厕所、楼道拐角处等。

（三）校园非法入侵

校园非法入侵是指外部人员未经授权或违反规定，擅自进入校园区域，对师生安全和学校正常的教学秩序造成威胁和干扰的行为。

（四）校园滋扰

校园滋扰是指在校园范围内发生的，滋事者对学校师生无端挑衅、人身侵犯乃至伤害，以及扰乱校园秩序的行为。滋事者多为社会闲散人员，以结伙作案较为常见。一般来说，滋事者没有深思熟虑的策划，也没有明确的作案目标和方向，常常是临时起意。

（五）校园绑架

校园绑架是指在校园范围内发生的，以勒索财物或扣押人质为目的绑架师生或其他人员的行为。

（六）校园抢劫

校园抢劫是指在校园范围内发生的，以暴力、胁迫或其他方式强行抢走公私财物的行为。这种行为不仅直接侵犯了受害者的财产权，还破坏了校园的和谐与安全，甚至引发整个校园的恐慌和不安。

（七）校园盗窃

校园盗窃是指在校园范围内发生的，秘密窃取公私财物的行为。校园盗窃的发生时间具有一定的规律，新学期开学、大型文体活动、寒暑假、考试等期间往往比较容易发生盗窃事故。

（八）校园恐怖袭击

校园恐怖袭击是指在校园范围内发生的，有目的地使用暴力手段制造恐怖氛围，造成人员伤亡或财产损失的行为。袭击者实施校园恐怖袭击的目的可能是个人心理失衡而报复社会，也可能是通过制造社会恐慌来满足自身某种利益需求。

二、校园故意伤害类事故的损害赔偿

校园故意伤害类事故的损害赔偿是指加害者在校园故意伤害类事故中应承担的赔偿责任，包括对受害者的人身损害、精神损害、财产损失等的赔偿。

（一）校园故意伤害类事故损害赔偿的原则

1. 全部赔偿原则

全部赔偿原则是指加害者承担因其加害行为给受害者造成的全部损失赔偿的法律原则。损失赔偿一般包括受害者的医疗费用、精神损害赔偿、失学期间的学费补偿等。这一原则旨在维护受害者的合法权益，确保受害者得到全面、合理、公正的补偿。

知识拓展

全部赔偿和全额赔偿

全部赔偿的赔偿范围比较广泛，包括人身损害、精神损害和财产损失赔偿责任。虽然精神损害和其他非财产损害无法用金钱来衡量，但为了维护受害者的合法权益，抚慰受害者，制裁违法行为，相关法律仍规定给予赔偿一定数量的损害赔偿金。

全额赔偿只包含财产损失的赔偿数额，其不仅不包括精神损害，而且对难以计算的间接财产损失也不予以赔偿。

2. 过失责任原则

过失责任原则是指以行为人（进行民事法律行为的民事主体，可以是自然人，也可以是法人或非法人组织）主观上的过错为承担民事责任的基本条件的法律原则。这一原则强调学校在管理和监督学生方面的责任，并鼓励学校积极采取有效的措施来预防故意伤害类事故的发生。

3. 综合考虑原则

综合考虑原则是指法院或相关机构综合考虑多种因素，以确保公平合理地确定赔偿责任和赔偿金额的法律原则。一般来说，综合考虑的因素包括事故的性质、受害者的损失、加害者的行为、学校的管理情况等。

4. 衡平原则

衡平原则是指在确定赔偿范围和赔偿金额时，考虑加害者的经济状况等因素，使赔偿责任的确定更公正的法律原则。例如，如果加害者的经济状况不好，全部赔偿后将使其本人及其家属的生活陷于极度困难时，法院或相关机构可依据具体情况适当减少赔偿金额。

安全贴士

以上是校园故意伤害类事故损害赔偿的一般性原则，具体的赔偿责任划分和赔偿标准等会根据实际情况来合理确定。

（二）校园故意伤害类事故的伤残鉴定

伤残鉴定是指对受害者的人身损害程度进行评定，以确定其伤残程度和影响范围，从而为损害赔偿提供客观依据的行为。校园故意伤害类事故的伤残鉴定流程如下。

（1）申请和委托。受害者或其法定代理人（如家长、监护人）首先应向学校或相关部门提出伤残鉴定的申请，详细说明伤害情况、治疗过程及要求鉴定的具体事项，然后委托具有相应资质的专业鉴定机构进行伤残鉴定。

（2）诊断和评估。专业鉴定机构全面检查、评估受害者的身体情况后，便可确定伤残的性质、程度和影响。这一过程需要借助各种专业的医学检查手段。

（3）评定伤残等级。专业鉴定机构根据相关的伤残评定标准评定受害者的伤残等级。

（4）出具伤残鉴定报告。专业鉴定机构根据评估结果出具伤残鉴定报告，包括受害者的伤残情况、对学习和生活的影响程度、治疗建议等。伤残鉴定报告具有一定的法律效力，可以作为受害者要求赔偿、追究加害者责任的重要依据。

（三）校园故意伤害类事故的人身损害赔偿

1．校园故意伤害类事故人身损害的内容

校园故意伤害类事故的人身损害不仅包括轻微伤、轻伤和重伤，还包括致人死亡等，具体内容如下。

（1）侵害身体权所造成的损害。这种损害不以受害者感受身体上的痛苦为必要，也不以肉体上的实际损伤为必要。

（2）人体致伤。人体致伤以人体造成伤害为起点，以伤害经治愈为临界点。

（3）人体致残。人体致伤以造成人体伤害为前提，以经治疗仍留有残疾为必要条件。

（4）致人死亡。致人死亡以受害者生命丧失为必要条件，以人身伤害为必要前提。

2．校园故意伤害类事故人身损害赔偿的范围

校园故意伤害类事故人身损害赔偿的范围主要根据人身损害的内容而定，具体如下。

（1）人身损害的常规赔偿。这种赔偿是指侵害身体权、健康权、生命权造成人身损害的一般赔偿范围，即造成人身损害一般都要赔偿的项目，包括医疗费、康复费、误工费等。无论致伤、致残、致死，凡有常规赔偿所列的项目，均应予以赔偿。

（2）劳动能力丧失的赔偿。这种赔偿是指人身伤害所致残疾，造成劳动能力丧失所应赔偿的范围。它是在常规赔偿的基础上，对受害者因伤害致残而丧失劳动能力所赔偿

的项目，包括医疗费、残疾赔偿金、残疾生活辅助工具费等。

（3）致人死亡的赔偿。这种赔偿是指人身伤害致受害者死亡所应赔偿的项目，包括丧葬费等。致人死亡的，加害者对常规赔偿项目也应予以赔偿。

安全贴士

人身损害的赔偿范围在确定时要实事求是，既要保证受害者的损害得到妥善的救济，又要保证责任确定合情合理，不损害加害者的正当利益。但是，不能借口保护加害者的合法利益而使受害者的合法权益受到损害，使受害者得不到公正、合理的赔偿。

（四）校园故意伤害类事故的精神损害赔偿

1. 校园故意伤害类事故的精神损害

精神损害是指侵权行为导致受害者遭受精神痛苦或精神利益受到损害的结果。在校园故意伤害类事故中，精神损害主要表现在以下几个方面。

（1）负面情绪。受害者可能会产生恐惧、焦虑、愤怒等强烈的负面情绪，影响日常生活和学习。

（2）心理创伤。受害者可能会出现心理创伤，表现为噩梦、回避行为等，严重影响心理健康。

（3）社交障碍。受害者可能因害怕再次受到伤害而避免与他人交往，导致社交障碍。

（4）学习困难。受害者可能无法集中精力学习，导致学习成绩下降。

2. 校园故意伤害类事故精神损害赔偿金额的确定

由于精神损害具有主观性和难以量化的特点，精神损害赔偿金额的确定并没有固定的标准。法院一般会根据具体情况进行裁量，同时会综合考虑以下几个因素。

（1）严重性和持续时间。精神损害赔偿金额通常与受害者所遭受精神痛苦的严重性和持续时间成正比。例如，长期的抑郁、焦虑、恐惧或其他精神障碍可能需要更高的赔偿金额。

（2）医疗证据和专家意见。精神损害赔偿金额的确定通常需要专家提供专业的医疗鉴定，并出具专业意见，证明受害者确实遭受了精神损害，并且该损害与该故意伤害事故直接相关。

（3）影响程度。精神损害可能会对受害者的日常生活、社交关系、工作能力、生活质量等造成不同程度的影响。受害者受到的影响越大，精神损害赔偿金额越高。

（4）司法体系的特点。不同国家和地区的法律体系对精神损害赔偿的处理方式各有不同，可能会有赔偿上限或其他特定规定。

（5）加害者的经济能力。加害者的经济能力是影响赔偿金额的一个因素，法院在判决时会考虑加害者的经济状况，以确保判决的可执行性。

任务二　防范与处置校园性侵害

一、校园性侵害概述

（一）校园性侵害的表现形式

校园性侵害有多种表现形式，大体上可分为非身体接触型性侵害和身体接触型性侵害。非身体接触型性侵害包括加害者对受害者说猥亵的话，向受害者暴露隐私部位或要求看受害者的隐私部位，诱导或强迫受害者观看色情或淫秽物品，等等。身体接触型性侵害包括加害者触摸受害者的隐私部位，诱导或强迫受害者触摸自己的隐私部位，实施性暴力，等等。

（二）校园性侵害的特点

1. 隐蔽性强

校园性侵害的隐蔽性很强，主要体现在以下两个方面：一是加害者往往是受害者所熟悉或信任的人，如教师、校长、宿管人员等，且加害者实施性侵害前后的行为没有明显的差异，不易被发觉；二是受害者可能缺乏对性行为和性知识的认知，或感到羞耻和害怕，在受到性侵害时不知道如何反抗或不敢声张。

2. 加害者身份权威

校园性侵害的加害者多为学校内部的权威人物，如教师、校长或其他教职工。他们拥有对学生的领导和管理权力，常常利用自己的职务之便，如辅导学习、单独谈话等机会，对受害者实施性侵害。

3. 持续时间长

校园性侵害从发生到被发现可能长达几个月、一年，甚至更长时间。有不少受害者直到怀孕或身体损伤时才被发现遭受了性侵害。这种滞后性不仅增加了受害者的心理压力和创伤，也使案件的调查和取证变得更加困难。

（三）校园性侵害的影响

校园性侵害对受害者的影响是深远且多方面的，具体如下。

（1）生理方面。校园性侵害会使受害者的身体器官受损或功能丧失，如生殖器官严重损伤、感染性病、不孕等。

（2）心理方面。受害者遭受性侵害后往往会出现心理障碍，表现出恐惧、愤怒、不安、沮丧等不良情绪，甚至患上焦虑症、抑郁症等心理疾病。

（3）行为方面。受害者遭受性侵害后往往会变得沉默寡言，对周围的事物失去兴趣，不再积极参与各种活动，甚至放弃学业，严重的还会出现自残、滥用药物、酗酒等行为。

二、校园性侵害的防范

预防校园性侵害需要全社会的共同努力，而学校在其中扮演着重要的角色。对此，学校应做到以下几点。

（一）加强教育与宣传

学校应提供系统、全面的性教育，为学生构建一个安全、健康的成长环境。

（1）开设生理卫生和法治教育课程。学校应将生理卫生纳入常规课程体系，通过科学、系统的课程，向学生传授性别平等、尊重他人、自我保护等知识；开设法治教育课程，让学生不仅知法、懂法，还能在遇到性侵害时及时识别并有效维护自身权益。

（2）开展专题讲座和主题活动。学校应定期邀请专家、学者或心理咨询师来校开展专题讲座；组织主题班会、手抄报比赛等活动，提高学生对性侵害的认识和防范意识。

（3）加强家长宣传。学校应通过家长会、家校联系平台等渠道，向家长普及预防性侵害的知识，增强家长的防范意识，鼓励家长与学生进行开放、诚实的对话，共同关注学生的性教育问题。

知识拓展

预防校园性侵害安全指导

预防校园性侵害，学生应从以下几点做起。

（1）隐私部位不能碰。背心、裤衩遮盖的部位不许别人看、不许别人触摸。如果有人偷摸自己的隐私部位，应及时告诉家长和老师。

（2）结伴而行不落单。尽量和朋友、同学结伴而行，不独自走夜路或去偏僻场所，不去隧道、娱乐场所等危险多发地带。

（3）小恩小惠不能要。不能贪图便宜接受他人的食物、饮料或贵重财物，防止掉入坏人设下的圈套。

（4）不良信息不去看。要养成良好的上网习惯，不看淫秽色情的网站，抵制不良信息。

（二）加强对教职工的专业培训

学校应为教职工提供专业培训，以确保他们了解如何有效预防和妥善处置相关问

题，为创造安全、具有支持性的校园环境贡献力量。这种专业培训不仅应涵盖如何辨识和预防性侵害，还应包括如何对受害者提供支持和帮助。

此外，学校还应对教师开展全面的法治教育，确保每位教师都能深刻理解并遵守法律法规，做到学法、知法、懂法、守法，防止校内教师实施性侵害。

（三）完善反性侵害制度

学校应从以下几个方面完善反性侵害制度。

（1）制订明确的反性侵害制度，明确性侵害的定义、处置流程和责任追究制度，确保性侵害事故能够得到及时、公正的处理。

（2）建立多形式的性侵害报告渠道，如热线电话、电子邮箱、匿名举报箱等，确保学生能够安全、便捷地报告性侵害事故。

（3）加强对教师行为的监督与管理。一旦发现教师有性侵害学生的行为，学校应立即依据相关法律法规进行严肃处理，全力保护学生的合法权益，维护其身心健康。

（四）建立健全安全监控系统

学校应建立健全安全监控系统，配备足够数量的安保人员，要求他们定点巡逻校园，特别是在学生宿舍、教学楼、操场等关键区域，以及时发现并制止可疑行为。同时，学校应在校园关键区域内，安装高清摄像头，实现全方位、无死角的监控。

（五）建立支持服务体系

校园性侵害会对学生造成严重的心理影响。为避免这类问题的出现，学校应建立支持服务体系，做好以下准备。

（1）心理辅导服务。学校应配备专业的心理咨询师或心理健康专家，确保其具备帮助受害者修复心理创伤、缓解焦虑、走出阴影、恢复自信的能力。

（2）法律援助服务。学校应与相关的法律机构合作，确保其具备提供针对性侵案件的法律援助和法律救济的能力。

（3）其他支持服务。学校应安排有经验的社会工作者，确保其具备为受害者提供日常生活上的帮助和支持的能力。

三、校园性侵害的处置

（一）学生对校园性侵害的处置

学生在遭遇校园性侵害时，可以采取以下处置措施。

1. 保持冷静，坚持反抗

学生不要过度恐慌，要尽量保持冷静，积极想办法逃脱，同时要坚持反抗，尽可能地大声呼救，以引起路人的注意。

2. 积极防卫，趁机逃脱

学生要积极寻找自己身上或周围环境可以用作防卫的工具，如指甲刀、棍棒、石头等，然后趁机用工具袭击加害者的要害部位，如头、眼睛、裆部等，使其丧失侵害能力，并趁机逃跑。

3. 及时报警，勇于求助

学生不仅要想办法逃跑，还要想办法报警或与家人联系，让警方或家长知晓自己的地点，发出求救信号。需要注意的是，无论是否遭到侮辱和强暴，学生都不要隐瞒，一定要及时告诉家长并报警，避免再次受到伤害。

4. 保留证据，调整心态

学生应注意留存证据（如通信记录、衣服、毛发、体液、身体伤痕等），以支持后续的指证和调查工作。如果加害者是陌生人，学生应记住其体貌特征，如身高、体型、脸型、发型与发色、眼睛形状、有无胡须、有无疤痕及疤痕形状等，为后续警方的调查提供支持。

配合警方做笔录时，学生应如实陈述，不隐瞒、不夸大、不做虚假陈述。结束笔录后，学生要多和家人、朋友交流，也可以咨询专业的心理医生，尽可能地减少负面情绪。

小试牛刀

在校园遭遇性骚扰时，如何正确、有效和有力地拒绝骚扰者？

（二）学校对校园性侵害的处置

在接收到校园性侵害的报告后，学校可以按照以下程序进行处置。

（1）立即报警，并尽快联系受害者的家长或监护人。

（2）将受害者带到安全的地方，确保其不再受进一步的伤害和威胁。

安全贴士

学校不要试图在警察到来前盘问受害者，必须让警方听取受害者对于性侵害事故的第一次描述。因为受害者的第一次描述往往是最直接、最原始、最真实的感受和记忆，这些未经干扰的细节对于警方了解案情、收集证据和追踪加害者至关重要。

（3）在家长和警方赶到之后，立即将学生送往当地医院接受检查、诊治。

（4）保护好校园性侵害的案发现场，并协助警察展开调查。

（5）调查结束后，依法对校内加害者进行处理（如停学、开除等），并配合司法机关对其进行法律追责。

（6）做好善后工作，如赔偿、慰问受害者及其家庭等。

（7）编制事故报告书，详细记录事故发生的时间、地点、相关人员、经过、调查结果、处置措施等。

任务三　防范与处置校园欺凌

一、校园欺凌概述

（一）校园欺凌的类型

1. 肢体欺凌

肢体欺凌是指通过肢体动作来伤害或威胁他人的行为，包括直接的身体攻击、强制行为等。

（1）直接的身体攻击。加害者会拳打脚踢、推搡、拉扯、绊倒受害者，使其身体受到伤害。

（2）强制行为。加害者会强迫受害者进行不愿意的身体接触或动作，甚至性侵受害者，这是极其严重的犯罪行为。

2. 语言欺凌

语言欺凌是指通过口头或书面的语言来伤害、贬低、嘲笑或威胁他人的行为，包括嘲笑与辱骂、恶意中伤等。

（1）嘲笑与辱骂。加害者会直接对受害者进行言语上的贬低、嘲笑或恶意辱骂，使用贬低性的语言或称呼，伤害其自尊心。

（2）恶意中伤。加害者会编造或夸大关于受害者的负面信息，如谣言、谎言或误解，并在同学间传播，损害其声誉。

安全贴士

加害者进行肢体欺凌或语言欺凌时，往往会强迫或威胁受害者交出财物，或强行从受害者身上抢走财物。这涉及对他人财物的非法侵占和暴力威胁，属于犯罪行为。

3. 社交欺凌

社交欺凌，也称“关系欺凌”或“心理欺凌”，是指通过一系列行为使受害者感受到被孤立、排斥和疏远的行为，包括排挤与孤立、区别对待等。

（1）排挤与孤立。加害者会通过集体行动将受害者排除在社交活动之外，使其感到孤独和无助。

（2）区别对待。加害者会不公平地对待受害者，如拒绝与其分享信息、资源或机会。

4. 网络欺凌

网络欺凌是指利用互联网、社交媒体、手机短信、电子邮件等平台，对受害者进行侮辱、威胁、骚扰，或散布不实信息的行为。这种行为可以跨越时间和空间的限制，对受害者造成持续的心理伤害。

5. 歧视性欺凌

歧视性欺凌是指加害者基于性别、性取向、种族、宗教、身体特征（如残疾、外貌）等个人特质，对受害者造成伤害的行为。这种欺凌往往伴随着更深的偏见和歧视。

小试牛刀

如果你目睹了校园欺凌，你会怎么做？为什么？

（二）校园欺凌的原因

校园欺凌是一个复杂的现象，其原因多种多样，涉及以下几个层面。

1. 学生个体层面

学生个体层面上，校园欺凌的原因往往涉及加害者和受害者。

加害者大多法治观念淡薄，对行为的法律后果没有充分的认识，加上情绪自我控制能力不足，容易在面临一些看似微不足道的小事时采取过激行为。这种过激行为可能是出于对权力的渴望、对同伴的嫉妒、对自我认同的追求，或是为了缓解自身的压力和不满。

受害者往往因为害怕遭到报复或觉得自己无法反抗而选择沉默。这种沉默不仅不能解决问题，反而可能让加害者更加嚣张，从而加剧欺凌的程度。

2. 家庭层面

家庭层面上，校园欺凌的原因主要涉及以下几点。

（1）家庭环境不良。家庭环境对学生的性格和行为有着深远的影响。不良的家庭环境，如父母关系紧张、家庭暴力等，会给学生带来极大的心理压力和负面影响，使他们更容易成为欺凌的加害者或受害者。

（2）家庭教育方式不当。家庭教育方式对学生的行为模式有着直接的塑造作用。过分溺爱或放任不管的家庭教育方式，容易使学生形成自私、任性的性格，缺乏对他人的尊重和同理心，从而增加欺凌行为的发生风险。

（3）家长榜样作用。家长的行为举止对学生有着强烈的示范作用。如果家长本身存在暴力倾向或不良行为，学生很容易模仿并内化这些行为模式，进而成为校园欺凌的加害者。

3. 学校层面

学校层面上，校园欺凌的原因主要涉及以下几点。

（1）管理制度不健全。部分学校管理不力，缺乏有效的防范与处置校园欺凌的机

制，无法及时察觉和制止欺凌行为，也无法在事发后进行有效干预。

（2）思想道德教育和法治教育缺失。部分学校比较看重学生的文化教育，忽视学生的思想道德教育和法治教育，导致学生缺乏足够的法律知识和自我保护能力，无法有效应对欺凌行为。

（3）心理健康教育不足。部分学校缺乏专业的心理咨询师和有效的心理辅导手段，导致学生在遇到问题时无法及时寻求帮助和支持，进而可能采取极端行为来宣泄情绪。

4. 社会层面

社会层面上，校园欺凌的原因主要涉及以下几点。

（1）社会不良风气的影响。社会上的一些不良风气，如暴力文化、拜金主义等，会对学生的价值观和行为模式产生负面影响。例如，一些影视作品和网络游戏中充斥着暴力和血腥的场面，容易激发学生的攻击性和暴力倾向。

（2）法治宣传力度不够。虽然我国已经出台了一系列法律法规来保障未成年人的权益和打击校园欺凌行为，但法治宣传或多或少存在漏洞，导致学生无法正确认识到校园欺凌的实际后果。

二、校园欺凌的防范

如何避免校园欺凌

为了避免校园欺凌事故的发生，学校可以采取以下防范措施。

（一）树立正确导向，营造健康环境

学校应重视思想道德教育，教育学生既要自尊、自爱、自强，也要宽容、体谅、理解，教他们友善待人，尊重他人的差异，包容不同的观点和文化背景。同时，学校还应要求教师注重自身的言行举止，以言传身教引导学生知礼仪、明是非、守规矩，努力为学生营造一个积极、健康、向上的成长环境。

（二）强化法治教育，提高法治意识

学校应在日常教育教学中对学生进行法治教育，让学生认识到校园欺凌的危害性，培养学生的法治意识和法律应用能力。同时，学校还可以充分利用主题班会、黑板报、广播等形式科普法律法规知识，让学生知法、懂法，自觉遵守法律法规。

经典案例

模拟法庭开进校园

福建省武平县人民法院联合共青团武平县委、武平二中开展了“模拟法庭进校园 让青春与法同行”的沉浸式普法宣传活动。武平二中200余名师生参加。

同学们穿上制服，化身审判长、审判员、公诉人、辩护人、法警、被告人等角色，严格依照审判程序，模拟了庭前准备、法庭调查、法庭辩论、被告人最后陈述、当庭宣判等环节，完整展现了法庭审理全过程。

其中，“未成年人寻衅滋事案”庭审以校园欺凌为主题，根据真实案例改编。庭审过程环环相扣，现场气氛严肃，师生们听得聚精会神。

“通过亲身体验和现场观摩，我们感受到了法律的威严，面对校园欺凌，要勇敢说‘不’。我们要做知法、守法、懂法、敬法的好公民，将所学的法律知识传递给身边的每一个人。”模拟庭审结束后，一名同学如是说。

（资料来源：陈立烽、林素珍，《模拟法庭开进校园》，《人民法院报》2024 年 6 月 25 日）

（三）加强校园管理，创造安全环境

（1）学校应完善校园安全监控系统，在易发生欺凌的无监控区域，如楼道拐角处、厕所等，应加强校园安全巡逻，增加安保人员和教师的巡逻频次。

（2）学校应制订校园欺凌处置办法和惩戒措施，明确界定欺凌行为的范围、性质和后果，确保处置过程公正、透明。

（3）学校应设立匿名举报渠道，如热线电话、邮箱、举报箱等，鼓励学生、家长及教职工积极报告欺凌事故，确保信息畅通无阻。

（四）开展心理辅导，有效预防欺凌

学校应设立心理咨询室，并配备专业的心理咨询师。心理咨询师一方面可以通过情绪疏导、认知调整等方法，帮助学生减轻心理压力；另一方面可以通过心理教育和行为矫正等方法，引导有暴力倾向的学生树立正确的价值观和道德观，学会尊重他人、关爱他人。

（五）注重家校合作，共同解决问题

学校应建立起和家长之间的沟通渠道，如定期召开家长会、进行家访等。双方通过深入交流和沟通，可以及时了解学生的心理状态、情绪变化和社交状况等，共同探讨遇到的问题及解决方案，做到家校协同。此外，学校还可以组织校园欺凌研讨会，邀请专家讲解相关内容或案例，为家长提供关于如何沟通、如何识别学生的异常行为等方面的培训和指导，帮助家长掌握有效的应对策略。

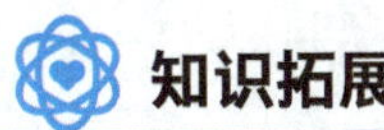

知识拓展

预防校园欺凌，应做到“三不”

预防校园欺凌，学生应做到以下几点。

一、不做受害者

（1）不携带较多的钱和手机等贵重物品，不公开显露自己的财物。

（2）前往厕所、楼道拐角处或学校周边巷子等校园欺凌多发地时尽量结伴而行。

（3）加强身体素质训练，提升自我防护意识和防护能力，以便在危险时刻自保。

二、不做加害者

（1）自觉遵守法律法规，尊重他人的权利和尊严。

（2）知法懂法，明白暴力侮辱他人、暴力索取他人财物、故意伤害他人等行为可能会触犯《刑法》，构成强制侮辱罪、抢劫罪、故意伤害罪等。

三、不做附和者或冷眼旁观者

（1）拒绝煽风点火，拒绝成为加害者的帮凶。

（2）拒绝当事不关己的旁观者，在能力范围内施以援手，帮助受害者。

（3）要及时向教师、家长报告，必要时可以报警。

三、校园欺凌的处置

（一）学生对校园欺凌的处置

学生在遭遇校园欺凌时，可以采取以下处置措施。

（1）沉着应对：不要过分恐慌或激动，避免言辞激烈激怒对方，加剧冲突。

（2）离开现场：想办法逃离现场，并立即前往一个安全的地方。

（3）留存证据：尽量记录校园欺凌发生的时间、地点、涉及人员等信息，也可以保留相关证据，如聊天记录、录音等。

（4）寻求帮助：向保安、教师、家长等相关人员求助，必要时可以报警。

安全贴士

无论遇到何种情况，校园欺凌都不应被容忍。受害者一味忍让只会让自己频频受害，只有积极寻求帮助、增强自我保护能力，才能有效应对校园欺凌。

（二）学校对校园欺凌的处置

校园欺凌的处置程序应系统化和规范化，以确保欺凌事故得到公平、公正、及时、有效的处置。

1. 立即介入

一旦发现欺凌事故，或接到关于欺凌事故的报告，学校应立即介入，平息争端，并确保受害者的安全。

2. 安抚受害者

学校应立即评估受害者的状况。对于未造成显著伤害的情况，学校应为受害者提供心理和情感支持，增强其安全感，避免受害者再次遭遇欺凌；对于造成严重伤害的情况，学校应立即将受害者送往医院，缓解或消除其身体伤害，并提供专业的心理干预，必要时提供法律援助，确保受害者得到全面关怀。

3. 开展调查

学校应组建调查小组，对欺凌事故进行全面调查。调查人员应分别与受害者、加害者及其他相关人员面谈，了解事故的具体细节，详细记录事故的发生过程，并保留相关证据，包括目击者的证词、现场视频监控记录、相关人员的网络聊天记录等。

4. 制订处置方案

首先，学校应核实所有收集到的信息，确认欺凌事故的性质和严重程度，并根据不同的情形制订初步的处置方案，包括对加害者的教育和惩戒措施、对受害者的支持和保护措施等。然后，学校应分别与受害者和加害者的家长进行沟通，让他们了解欺凌事故的具体情况和初步的处置方案，听取他们的意见和建议，共同协商并确定最终的处置方案。

5. 实施惩戒措施

学校应根据情节轻重给予加害者纪律处分，如警告、记过、留校察看、开除学籍等。对于情节严重、构成犯罪的欺凌行为，学校应及时报警并配合司法机关处置加害者。

6. 提供支持服务

对于加害者，学校应对其进行行为矫正和心理辅导，使其认识到自身的错误并积极改正。对于受害者，学校应为其提供必要的心理辅导、学业帮助等支持，确保其全面恢复。

7. 跟踪后续发展

学校应跟踪欺凌事故的后续发展，一是对受害者进行跟踪关注，防止其被报复或出现行为、精神异常等情况；二是对事后所采取的各项措施进行跟踪关注，评估各项措施的实施效果，并根据实际情况及时调整。

任务四　防范与处置其他校园故意伤害类事故

一、校园非法入侵的防范与处置

（一）校园非法入侵的防范

为了保护师生的生命和财产安全，防止非法入侵事故的发生，学校应采取一系列有效的防范措施。

1. 加强进出管理

学校应实行校园进出实名制，如使用门禁卡、生物识别技术等进行身份确认。外来访客进入校园前必须在门卫处进行详细登记，包括姓名、证件号码、来访原因、联系方式等，并领取临时通行证，以便学校追踪和识别所有在校园内的人员。此外，学校还应对校内外的车辆实行分类管理，校外车辆必须通过申请并获取车辆通行证才能进出校园。

2. 安装监控系统

学校应在校园的关键区域安装监控系统，如校门口、走廊、停车场等地方，并进行全天候监控，以便及时发现和记录可能的安全威胁或异常活动。在条件允许的情况下，监控系统最好具备人脸识别、异常行为检测等功能，以提高预警能力。

3. 加强巡逻防范

学校应增加校园内的安全巡逻频率，安排安保人员重点监控校内学生宿舍、实验室、办公室等区域。同时，学校还应为安保人员配备必要的通信设备和防护器材，确保他们在紧急情况下能够迅速响应。

4. 落实安全责任

学校应制订安全管理责任制，明确界定各岗位教职工的安全管理责任，并将安全管理纳入各部门的考核指标，有效落实各项安全措施。

5. 加强安全教育

学校应定期开展安全教育培训，提高师生对校园非法入侵事故的认识，同时通过宣传栏、广播、网络等多种渠道，普及与校园非法入侵相关的安全知识，增强师生的防范意识。

6. 进行信息共享

学校应与当地警方保持紧密联系，建立信息共享机制，以在校园非法入侵事故发生时快速与警方取得联系，协调资源和行动，提高应急响应的效率和效果。

（二）校园非法入侵的处置

发现非法入侵者时，学校可以按照以下程序进行处置。

1. 启动警报系统

学校发现非法入侵者时，应立即通知全体师生有紧急情况发生，并指示他们采取正确的应急措施。

安全贴士

必要时，学校应立即报警，报告发生非法入侵的单位及详细地址、非法入侵者的人数、非法入侵者随身携带的危险武器、当前事态发展的情况等。

2. 组织撤离

学校应安排教职工迅速将学生撤离到最近的安全区域，并确保所有门窗锁好，避免非法入侵者进入。在疏散学生的过程中，教职工要格外注意狭窄的楼梯和过道，以免发生拥挤踩踏事故。

3. 进行隔离和保护

在安全区域内，师生应保持安静，避免使用手机或发出噪音，以免暴露藏身地点。同时，教职工应密切关注学生的情绪状态，给予必要的安抚和鼓励，避免出现恐慌或混乱的情况。

安全贴士

在警方到达现场前，若遇到紧急情况，学校安全管理人员应安排安保人员携带安防工具与非法入侵者周旋，以拖延时间，等待警方援助。在与非法入侵者较量时，安保人员应注意自我保护，尽最大可能减少伤害。

4. 配合警方行动

当警方到达现场时，学校安全管理人员应听从警方的指挥，维持好现场秩序，并向警方提供所有可能的情报和信息，配合警方制服非法入侵者。

5. 发布安全通知

危险解除后，学校应向学生家长发布安全通知，说明当前情况和采取的应对措施，以安抚家长的情绪，减少不必要的恐慌和误解。

二、校园滋扰的防范与处置

（一）校园滋扰的常见形式和易发场所

1. 常见形式

（1）滋事者为了给校内一些认识的学生出气、壮威，有目的地到学校寻衅滋事、伺机报复。

（2）滋事者混入学校后到处闲逛，把学校当作娱乐场所，故意扰乱秩序，以把学校搅得鸡犬不宁为乐。

（3）滋事者与在校学生争抢活动场地，最后引发矛盾冲突。

（4）滋事者利用在学校游泳、观看比赛等偶然机会，故意制造事端，引发矛盾冲突。

（5）滋事者喝酒后进入校园破坏设施，一旦被人说教，就借机大打出手。

2. 易发场所

（1）体育运动场所，如操场、篮球场等。

（2）公共娱乐活动场所，如礼堂等。

（3）生活场所，如宿舍、食堂等。

（4）学习场所，如图书馆、教室等。

（5）行人稀少、阴暗、偏僻的校园边角地带。

（二）校园滋扰的防范

校园滋扰虽未构成犯罪，但严重影响了学校正常的教学秩序。对此，学校可以采取以下防范措施。

1. 落实安防工作

学校应加强门禁管理，严格执行 24 小时值班制度，要求门卫按时值班并做好外来人员进出登记，妥善处理值班期间发生的问题。同时，学校还应加强校园巡逻和安保力度，及时发现和制止可能的滋扰行为。

2. 开展防滋扰安全教育

学校应定期开展防滋扰安全教育活动，使师生了解什么是滋扰、如何辨别滋扰行为、如何保护自身权益、如何预防和应对等，提升师生的防范意识和应对能力。

3. 建立明确的举报渠道

学校应建立明确的举报渠道，确保这些渠道的可信度和保密性，让师生可以匿名或有保护地报告滋扰行为。

（三）校园滋扰的处置

学生在遭遇校园滋扰时，可以采取以下处置措施。

1. 保护自身安全

在许多场合，滋事者一般都会采用挑逗性的语言或动作来寻衅滋事，令人气恼。遇到这种情况，学生应迅速远离滋事者，寻找安全区域，如教室、图书馆等，避免在空旷或无人区域与滋事者单独接触。如果必须面对滋事者，学生应尽量与其保持安全距离。

2. 立即求助

逃到安全区域后，学生应立即向教师、安保人员等求助，描述具体情况，必要时应拨打 110 报警，并提供详细的地址、滋事者的体貌特征、具体的滋扰行为等信息，以便警方及时抓获滋事者。

3. 留存证据

在确保自身安全的前提下，学生应留心观察和收集与滋扰事故相关的证据，如使用手机拍照、录像、录音等，记录现场状况、滋事者的体貌特征、事故大致的经过、各类痕迹证据等。

4. 配合调查

学生应积极配合学校或警方的调查工作，提供必要的情况描述和证据材料，做到如实陈述事实，不隐瞒、不夸大。

安全贴士

一旦发现校园滋扰行为或接到相关报告，学校应立即采取制止措施，防止事态扩大。在制止过程中，学校要注意策略和方法，避免与滋事者发生直接冲突，确保人员安全。在应急处置结束后，学校应做好善后工作，包括安抚受害者、协助警方调查等。学校对于校园绑架、校园抢劫、校园盗窃、校园恐怖袭击的处置可参考校园滋扰，后面不再赘述。

三、校园绑架的防范与处置

（一）校园绑架的形式和原因

1. 校园绑架的形式

（1）强行绑架。绑匪通过暴力手段或武力威胁将受害者从学校带走。

（2）诱拐绑架。绑匪通过欺骗、哄骗等方式引诱受害者离开校园。

（3）非法拘禁。绑匪非法限制受害者的行动自由，通常伴随着勒索、威胁或其他犯罪行为。

2. 校园绑架的原因

（1）个人动机。绑匪的犯罪动机多种多样，如个人恩怨、勒索赎金、报复社会、贩卖人口等。这些动机都可能促使绑匪实施绑架行为。

（2）校园安全管理漏洞。学校安保措施不足、监控设备缺乏、进出管理松散等，都会增加绑架事故发生的风险。

（3）安全教育不足。学校对学生的安全教育不足，导致学生缺乏自我保护意识和能力，容易成为绑架目标。

（二）校园绑架的防范

为了有效预防校园绑架事故，学校可以采取以下防范措施。

（1）学校应开设法治教育课程，普及必要的法律常识，并传授学生实用的防护技巧，如识别可疑人员和可疑情况的方法、防身术等，提高学生的自我保护意识和能力。

（2）学校应加强校园安全管理和校园周边治安巡逻，禁止外来人员随便进出学校，防止绑匪轻易进入校园。

（3）学校应协助警方维护好校园周边治安秩序，制止不法侵害。

（4）学校应要求教师多关注学生的思想动态及结交人群，发现不良苗头及时采取适当方法批评指正。

（三）校园绑架的处置

学生一旦遭遇校园绑架，可以采取以下处置措施。

（1）学生在与绑匪斡旋时，若无充分把握，勿以言语或动作刺激绑匪，以免激怒绑匪，招来杀身之祸；若绑匪询问家中电话号码、地址，学生应据实以告；若绑匪要学生给家里写信或打电话，学生要设法提示所在地点及行踪，以便警方实施营救。

（2）学生应尽量进食，维持体力，可以尝试使用随身携带的物品进行自卫，并伺机逃跑；待逃到附近人多的地方，再向家人、亲友或警方求助。

安全贴士

若绑匪是陌生人，学生应记住其体形、容貌、衣着、口音等特征，以便后期协助警方侦破案件。

四、校园抢劫的防范与处置

（一）校园抢劫的形式

（1）暴力抢劫。劫匪使用暴力手段，如殴打、捆绑、禁闭等，对受害者进行威胁或攻击，迫使他们交出财物。

（2）恐吓抢劫。劫匪通过语言或动作来威胁受害者，使其产生恐惧而不敢反抗，从而被迫交出财物。

（3）诈骗抢劫。劫匪通过装可怜、编故事等欺骗性手段吸引注意，待受害者靠近后突然劫取财物。这种方式可能涉及计划精密的骗局或诱导。

（4）药物抢劫。劫匪利用药物使受害者丧失反抗能力，然后趁机劫取财物。

（5）武装抢劫。劫匪使用武器（如枪支、刀具或其他危险工具）威胁受害者，然后劫取财物。这种方式可能会导致严重的人身伤害或死亡。

安全贴士

《刑法》规定，抢劫罪是行为犯，即只要行为人当场以暴力、胁迫或其他方法实施了抢劫财物的行为，无论是否抢到钱财，也不论实际抢到多少钱财，原则上均已构成抢劫罪。但对于未满18周岁的未成年人，法律给予了一定的宽容。例如，已满14周岁不满16周岁的人使用轻微暴力或威胁，强行索要其他未成年人随身携带的生活、学习用品或钱财数量不大，且未造成受害者轻微伤以上或不敢正常到校学习、生活等危害后果的，一般不认为是犯罪。

（二）校园抢劫的防范

为了有效预防校园抢劫事故，学校可以采取以下防范措施。

1. 加强安全教育

学校应定期开展安全教育活动，重点讲解抢劫的危害性，让学生认识到其严重后果。同时，学校还可以通过分析抢劫案例、普及法律知识等传授自我保护技巧，让学生学会应对校园抢劫，从而增强自我保护意识和能力。

知识拓展

预防校园抢劫安全指导

为了预防校园抢劫的发生，学生可以采取以下措施。

（1）尽量避免单独行动，尤其是在夜晚前往偏僻的地方。

（2）不要随身携带大量现金或贵重物品。

（3）提高警惕，注意周围环境的变化和可疑人员的活动。

（4）学习基本的防身技能，如挣脱技巧等。

（5）尽量随时与家人保持联系。

2. 加强校园安全管理

（1）学校应完善校园进出管理制度，对外来人员进行严格登记和身份核实。

（2）学校应完善监控系统，防范和记录可疑活动或犯罪行为，同时提高安保人员的巡逻频率。

（3）学校应设立一键报警系统，在发生紧急情况时迅速触发警报，以快速求助安保人员或当地警方。

（4）学校应设计和改进校园布局，减少或消除偏僻区域，确保校园内所有关键区域（如步道、停车场等）的照明充足。

（5）学校应定期检查安防设施，如围墙、围栏等，确保其完好无损。

（6）学校应与警方合作，确保在紧急情况下能够迅速得到帮助。

3. 制订应急预案

学校应制订详细的防抢劫应急预案，明确各部门的职责和应对措施，并通过模拟演练，让师生能够及时、正确地做出反应，提高应对能力。

（三）校园抢劫的处置

学生一旦遭遇校园抢劫，可以采取以下处置措施。

（1）保持冷静。学生应保持冷静，不要贸然做出激烈的举动，可以先判断劫匪的身体状况和周围的环境条件，再确定防卫方法，减少受伤的风险。

（2）确保人身安全。在无法安全摆脱劫匪的情况下，学生应尽量顺从劫匪的要求，不要试图反抗或挑衅，以免激怒劫匪。

（3）观察并记录。学生应把耳闻目睹的一切谨记于心，如抢劫发生的时间、地点，以及其他相关细节，事后尽可能用文字记录下来，以免因慌乱而忘记重要的细节。如果有条件，学生可以拍照或录像作为证据。

（4）及时报警。一旦有机会，学生应立即报警，告知警方抢劫发生的地点、时间、劫匪的体貌特征等信息，并提交相关证据。

安全贴士

学生千万不要试图追赶或拦截正在逃脱的劫匪，以免自身陷入更危险的境地。

（5）寻求支持。学生应向学校报告此事，以获得相关支持。若受到身体伤害，学生应及时就医并保存好医疗记录；若受到心理伤害，学生应及时寻求心理咨询师或心理医生的帮助。

五、校园盗窃的防范与处置

（一）校园盗窃的手段

校园盗窃的手段因情况而异，主要包括以下几种。

（1）顺手牵羊。顺手牵羊是指盗窃者趁人不备（如睡觉），将放在桌面、衣服外兜等处的财物顺手偷走的手段。这类盗窃事故多发生在教室、图书馆、食堂等场所。

（2）溜门窜户。溜门窜户是指盗窃者在室内无人且门未锁的情况下，溜进室内实施盗窃的手段。有些盗窃者会利用事先盗得的钥匙或复制好的钥匙开门，并进入室内实施盗窃。这类盗窃事故多发生在宿舍、教室、办公室等场所。

安全贴士

在室内有人的情况下，盗窃者如果是陌生人，可能会以推销、调研等形式作掩护；如果是熟人，可能会以找人、串门为由，稍做攀谈后离开。

（3）强制入室。强制入室是指盗窃者通过破坏门窗、锁具等方式进入室内实施盗窃的手段。例如，有些宿舍门缝隙较大且门锁为无反锁功能的老式暗锁，盗窃者能够轻易地将身份证、银行卡、饭卡等薄片物品插入门缝，使暗锁锁舌缩进，打开宿舍门入室盗窃。

（4）窗外钓鱼。窗外钓鱼是指盗窃者用竹（木）竿等工具在窗外钩走室内的衣服或其他物品的手段。这类盗窃事故多发生在一楼或窗户靠近走廊的房间，被盗物品通常是生活用品。

（5）假冒身份盗窃。盗窃者通过假扮学生、教职工或其他工作人员混入校园内，获取进入某些区域的权限后择机行窃。

（二）校园盗窃的防范

为了有效预防校园盗窃事故，学校可以采取以下防范措施。

1. 加强防盗安全教育

学校应定期开展防盗安全教育活动，如开展法律讲座、防盗知识培训等，邀请法律专家、警察等为学生讲解相关知识和真实案例，让学生了解盗窃的严重性和常见手段，提高他们对盗窃行为的警惕性和防范能力。

知识拓展

防盗安全指导

学生应掌握基本的防盗常识，具体包括以下几个方面。

（1）锁好门窗，保管好钥匙。在离开宿舍或教室时，学生一定要确保锁好门窗，并妥善保管钥匙，避免丢失或被盗。如果钥匙丢失，学生应报告教师和宿舍管理员，及时更换新锁，以确保安全。

（2）严格遵守宿舍管理规定。学生应严格遵守宿舍管理规定，不随意留宿外来人员，避免盗窃者利用留宿的机会实施盗窃。同时，学生之间也要相互监督，发现可疑人员及时向学校报告。

（3）妥善保管贵重物品。学生应时刻注意保管自己的贵重物品，如钱包、手机、银行卡等，以确保个人财物的安全。

（4）保护个人信息。学生应学会保护个人信息，不要把写有个人信息（如姓名、地址、联系方式等）的笔记本等物品留在教室或公共场所，以免被他人利用。

2. 培养正确的价值观

学校应培养学生正确的价值观，防止学生误入歧途。对于屡教不改的学生，学校可以联合家长或相关部门，共同教育学生，帮助他们纠正错误行为并养成良好的行为习惯。

小试牛刀

你认为学生选择盗窃作为获取物品的手段是出于什么样的心理动机？

3. 完善安全设施

学校应完善安全设施，如安装门禁系统、安装监控摄像头、提高门窗锁具的安全性等，以防公私财物失窃。此外，学校还应注意财物保管的问题，如提供安全的储物柜或寄存处，供学生存放贵重物品。

（三）校园盗窃的处置

学生一旦遭遇校园盗窃，可以采取以下处置措施。

（1）保持冷静和安全。无论盗窃者是否在现场，学生都要保持冷静，并确保自身安全。

（2）立即报告。学生应尽快向学校报告，提供详细的案发时间、地点、可能的失窃物品等信息，并描述盗窃者的体貌特征。学校接到报告后应立即报警。

（3）保护现场。警方到达现场前，学校应尽可能地保护现场，不要挪动现场的任何物品，以保留可能的指纹、脚印等证据。

（4）配合调查并提供线索。警方到达现场后，学生应配合调查取证工作，积极提供线索，如目击者、案发过程、盗窃者的体貌特征及逃跑方向等，帮助警方尽快处理和解决盗窃事故。

（5）及时挽救损失。如果发现贵重物品或信息丢失，学生应立即采取行动，如挂失重要证件、更改密码、锁定账户等，以减少潜在的损失和不便。此外，学生还应详细记录失窃物品及其价值，以备后续的索赔。

安全贴士

如果发现银行卡被盗，学生可以先拨打相关银行的客服电话进行挂失，然后尽快到银行柜台办理正式挂失手续，以确保账户安全。

如果发现身份证被盗，学生应准备好相关材料，前往当地公安局户籍管理部门进行挂失和补办。

如果发现手机、电脑等被盗，学生应迅速更改与该设备相关联的所有密码，包括与金融相关的账户、社交媒体、电子邮件、云存储等服务的密码。

六、校园恐怖袭击的防范与处置

（一）校园恐怖袭击的手段

校园恐怖袭击的手段多种多样，具有极大的破坏性和杀伤力，给校园安全带来了严重威胁。一般来说，校园恐怖袭击主要包括以下几种手段。

（1）砍杀袭击。砍杀袭击包括使用刀、斧等利器进行砍杀。砍杀袭击事故往往会造成严重的身体伤害，甚至死亡。

（2）爆炸袭击。爆炸袭击主要包括炸弹爆炸、汽车炸弹爆炸、自杀性人体炸弹爆炸等。爆炸袭击事故的波及范围较大，会导致大量人员伤亡和财产损失。

（3）劫持袭击。劫持袭击包括劫持人质或重要车辆等。劫持袭击事故可能导致人质受到生命威胁，给救援工作带来极大困难。

（4）纵火袭击。纵火袭击指故意纵火，可能导致建筑物被烧毁，人员被困或伤亡。

（二）校园恐怖袭击的防范

为了有效预防校园恐怖袭击事故，学校可以采取以下防范措施。

1. 开展安全教育

学校应定期开展安全教育活动、举办安全知识讲座，邀请警方或安全专家作为主讲，普及防范校园恐怖袭击的基本知识和技能，以提高师生对校园恐怖袭击事故的防范意识和应对能力，让他们在面对危险时能够迅速采取正确的行动。

2. 加强门禁管理

学校应严格控制校园入口，设置门禁系统，对进入校园的人员进行身份核验，如刷校园卡、人脸识别等。若条件允许，学校可以在校门口和主要出入口安装金属探测器和X光行李扫描仪，防止有人携带危险物品混入校园。

> **安全贴士**
>
> 金属探测器可以检测出金属物品，有助于发现潜在的金属利器或其他危险物品。X光扫描仪可以透视行李内部，有助于发现隐藏的爆炸物、危险物品等。

3. 完善应急响应系统

（1）制订应急预案。学校应制订详细的应急预案，包括紧急疏散、伤员救治、报警求助等内容，明确应急处置流程和人员职责，确保在发生恐怖袭击事故时能够迅速响应。

（2）组织应急演练。学校应定期组织师生进行安全疏散和应急演练，模拟恐怖袭击事故，提高师生在紧急情况下的自救互救能力。

（3）建立紧急通知机制。学校应安装校园广播系统，或采用短信通知系统和安全应用程序，以便在紧急情况下能够迅速向全校发布通知和指示。

（4）建立一键报警系统。学校应在校园内设置多个报警点，并配备紧急报警电话和一键报警装置，以便师生在发现异常情况时可以迅速报警。

4. 加强合作与联动

学校应与当地警方建立紧密的合作关系，共同制订防止校园恐怖袭击的安全保卫方案。同时，学校还可以加强与其他学校的信息交流和合作，及时了解和学习其他学校的安全管理措施和经验，提高防范、应对恐怖袭击事故的能力。

5. 提供心理支持

学校应提供心理干预服务，如开设心理健康教育课程、举办心理健康讲座和活动、建立心理健康档案等，加强师生心理健康教育，提高他们应对恐怖袭击事故的心理素质。同时，学校应为受到恐怖袭击事故影响的师生提供及时的心理援助，包括心理咨询、心理治疗等，帮助他们缓解心理压力，恢复心理健康。

（三）校园恐怖袭击的处置

学生应根据校园恐怖袭击的不同情况进行灵活应对。

1. 砍杀袭击的处置

在面对砍杀袭击的紧急情况时，学生应做到以下几点。

（1）逃离现场。一旦发现有砍杀袭击，学生应快速逃离现场，做到不围观、不停留、不回头。

（2）寻找遮挡物。如果无法立即逃离，学生应尽量与袭击者拉开距离，利用身边的建筑物、树木、车辆、课桌等障碍物，或利用随身携带的物品（如书包、水壶、雨伞等）和随手能够拿到的物品（如拖把、椅子、灭火器等）阻挡、躲避砍杀，保护自身安全。

（3）大声呼救。如果无法跑开或躲避，学生应大声呼救，吸引周围人的注意，以便其他人及时报警并提供帮助。

（4）及时报警。在确保自身安全的情况下，学生应尽快报警，向警方提供详细的地点信息和袭击情况，以便警方能够迅速采取行动。

2. 爆炸袭击的处置

爆炸袭击的紧急情况一般有两种，一种是爆炸未发生，一种是爆炸已发生。

1）爆炸未发生的处置

针对爆炸未发生的紧急情况，学生应做到以下几点。

（1）逃离现场，奔走相告。一旦发现有疑似爆炸物，学生应立即逃离现场，不要停留观望或上前试探，并奔走相告，让周围的人也尽快离开危险区域，同时报告学校。

（2）及时报警。到达安全地带后，学生应立即报警，提供疑似爆炸物的情况，以便救援人员迅速采取行动。

2）爆炸已发生的处置

针对爆炸已发生的紧急情况，学生应做到以下几点。

（1）迅速趴下。由于爆炸产生的冲击波和碎片会对人体造成伤害，学生应抱头趴下，以减少受到的伤害。

（2）安全防护。爆炸可能产生有毒烟雾，学生应用湿纸巾或衣物捂住口鼻，减少吸入有害物质。此外，爆炸可能导致玻璃破碎、窗户变形等，学生应尽量远离玻璃、窗户等，以免受伤。

安全贴士

发生爆炸后，校园可能会断电，此时千万不要用打火机等明火照明，以免引起二次爆炸。

（3）有序撤离。在撤离过程中，学生应听从现场人员的指挥，有序撤离，避免造成混乱和踩踏事故。

（4）寻求帮助。如果有人在爆炸中受伤，学生应在确保自身安全的前提下，及时提供力所能及的帮助，同时立即拨打120急救电话，寻求专业人员的救助。

3. 劫持袭击的处置

在面对劫持袭击的紧急情况时，学生应做到以下几点。

（1）保持冷静和服从。在遭遇劫持袭击时，学生应保持冷静，暂时服从袭击者的命令，尽量避免与其发生对话或对视，以减少与其发生语言和行为冲突的风险。

（2）观察周围环境。学生应观察周围的环境，寻找可能的逃生路线和安全区域。

（3）配合解救行动。当警方发起解救行动时，学生应随机应变，积极配合解救行动，千万不要擅自行动，以免给自己和他人带来更大的危险。

4. 纵火袭击的处置

在面对纵火袭击的紧急情况时，学生应做到以下几点。

（1）立即报警。学生发现有人纵火后，应立即拨打 119 报警，报告纵火地点、火势情况、是否有人员被困等信息。

（2）迅速撤离。如果无法报警，学生应留心疏散通道、安全出口及楼梯方位等，为撤离做准备。

（3）及时求助。在撤离到安全地带后，学生应立即拨打 110 报警，并向警方提供详细信息。同时，如果有人员受伤，学生应立即拨打 120 急救电话，寻求专业人员的救助。

项目考核

一、单项选择题

1.（　　）旨在维护受害者的合法权益，确保受害者得到全面、合理、公正的补偿。

A. 综合考虑原则　　B. 衡平原则

C. 过失责任原则　　D. 全部赔偿原则

2. 在校园故意伤害类事故中，精神损害的主要表现不包括（　　）。

A. 正面情绪　　B. 心理创伤　　C. 社交障碍　　D. 学习困难

3. 非身体接触型性侵害不包括（　　）。

A. 对受害者说猥亵的话　　B. 向受害者暴露隐私部位

C. 触摸受害者的隐私部位　　D. 诱导或强迫受害者观看色情或淫秽物品

4. 下列关于学生对校园性侵害的处置，错误的是（　　）。

A. 积极想办法逃脱，同时坚持反抗，尽可能地大声呼救，以引起路人的注意

B. 因自责和羞耻而选择隐藏校园性侵害事故，不告诉任何人

C. 不仅要想办法逃跑，还要想办法报警或与家人联系，发出求救信号

D. 趁机用工具袭击加害者的要害部位，使其丧失侵害能力，并趁机逃跑

5. 下列选项中，不属于校园欺凌的是（　　）。

A. 直接的身体攻击　　B. 嘲笑与辱骂

C. 排挤与孤立　　D. 在网络上发表意见

6.（　　）是指在校园范围内发生的，滋事者对学校师生无端挑衅、人身侵犯乃至伤害，以及扰乱校园秩序的行为。

A. 校园滋扰　　B. 校园绑架　　C. 校园抢劫　　D. 校园盗窃

7. 校园恐怖袭击的手段不包括（　　）。

A. 纵火袭击　　B. 诈骗袭击　　C. 砍杀袭击　　D. 爆炸袭击

二、多项选择题

1. 精神损害赔偿金额的确定需要考虑的因素包括（　　）。

A. 严重性和持续时间　　B. 医疗证据和专家意见

C. 影响程度　　D. 司法体系的特点

2. 校园故意伤害类事故损害赔偿的原则包括（　　）。

A. 全部赔偿原则　B. 过失责任原则　C. 综合考虑原则　D. 部分赔偿原则

3. 校园性侵害的特点包括（　　）。

A. 隐蔽性弱　　B. 加害者身份权威

C. 持续时间长　　D. 迷惑性小

4. 为了避免校园欺凌事故的发生，学校可以采取的防范措施包括（　　）。

A. 树立正确导向，营造健康环境　　B. 强化法治教育，提高法治意识

C. 加强校园管理，创造安全环境　　D. 注重家校合作，共同解决问题

5. 校园故意伤害类事故人身损害的内容包括（　　）。

A. 侵害身体权所造成的损害

B. 人体致伤、致残，致人死亡

C. 精神痛苦或精神利益受到损害

D. 侵害身体权、健康权、生命权所致的精神损害

6. 校园盗窃的防范措施包括（　　）。

A. 加强防盗安全教育　　B. 建立支持服务体系

C. 培养正确的价值观　　D. 完善安全设施

三、判断题

1. 全额赔偿只包含财产损失的赔偿数额，其不仅不包括精神损害，而且对难以计算的间接财产损失也不予以赔偿。（　　）

2. 精神损害赔偿金额的确定有固定的标准。（　　）

3. 校园非法入侵通常指外部人员未经授权或违反规定，擅自进入校园区域，对师生安全和学校正常的教学秩序造成威胁和干扰的行为。（　　）

4. 爆炸可能导致玻璃破碎、窗户变形等，学生应尽量远离玻璃、窗户等，以免受伤。（　　）

5. 溜门窜户多发生在一楼或窗户靠近走廊的房间，被盗物品通常是生活用品。（　　）

四、简答题

1. 简述校园故意伤害类事故人身损害赔偿的范围。

2. 简述校园故意伤害类事故的伤残鉴定流程。

3．简述学校对校园欺凌的处置流程。

4．简述校园非法入侵的防范措施。

5．简述校园滋扰、校园绑架、校园抢劫的防范措施。

6．简述爆炸袭击的处置措施。

项目实践

实践目的

通过校园故意伤害类事故的情景模拟，使学生增强防范意识，提高应对校园故意伤害类事故的能力。

实践描述

以小组为单位，选择模拟的校园故意伤害类事故类型，并围绕其收集相关资料，然后结合所学知识完成以下任务。

（1）设定校园故意伤害类事故发生的具体场景，如教室、操场或宿舍。

（2）设计校园故意伤害类事故的剧本，包括起因、发展、高潮和结局。

（3）根据剧本分配角色，如加害者、受害者、目击者、救援人员等，并进行彩排。

（4）分析、评估彩排结果，修改、完善剧本。

（5）在课堂上进行模拟表演。

实践准备

全班学生以 6～8 人为一组进行分组，各组选出组长并进行任务分工，然后将小组成员及分工情况填入表 8-1 中。

表 8-1 小组成员及分工情况

班级		组号		指导教师	
任务内容					
小组成员	姓名	学号	任务分工		
组长					
组员					

实践记录

将实践任务的具体完成情况记录在表 8-2 中。

表 8-2　实践活动完成情况记录表

时间和任务安排	实施步骤
	1．拆解任务，明确任务中的重点和难点，具体内容包括：
	2．确定本组选择模拟的校园故意伤害类事故类型：
	3．记录本组收集的相关资料，具体内容包括：
	4．设定校园故意伤害类事故的具体场景，并设计详细的剧本。剧本内容应包括加害者的动机和行动方式、被害者的反应和求助方式、学校的处置过程，具体内容包括：
	5．根据剧本分配角色并进行彩排，记录彩排过程中遇到的问题，具体内容包括：
	6．分析彩排过程中遇到的问题，找出剧本存在的问题和不足，如受害者应对不当、救援者救援不及时、学校安全管理人员防范不当等，并提出修改建议，具体内容包括：
	7．整理所有的修改建议，集中讨论后共同修改、完善剧本，并确定最终的剧本，具体内容包括：
	8．各小组进行正式表演前彩排，并进一步优化表演过程，具体内容包括：
	9．各小组在班级内轮流进行表演，教师和其他小组成员可以发表意见与建议，具体内容包括：

项目综合评价

指导教师可以根据学生的课堂表现、项目考核情况、项目实践情况对其进行评价。学生配合指导教师共同完成项目综合评价表（见表 8-3）。

表 8-3　项目综合评价表

班级		组号		日期	
姓名		学号		指导教师	
学习成果					
评价维度	评价指标	评价标准	分值	评价分数	
				自评	师评
素养评价 20%	学习态度	刻苦认真，勇于钻研	5		
	纪律意识	遵守课堂纪律，认真完成课堂作业与课后作业	5		
	互动意识	积极发言，完成课堂互动	5		
	团队精神	尊师爱友，积极合作，团结奋进	5		
知识评价 20%	基础知识	了解校园故意伤害类事故的类型，熟悉校园故意伤害类事故的损害赔偿	2		
		了解校园性侵害和校园欺凌，熟悉校园性侵害和校园欺凌的防范与处置	3		
		熟悉校园非法入侵、校园滋扰、校园绑架、校园抢劫、校园盗窃等其他校园故意伤害类事故的防范与处置	3		
	应用知识	能够有效分析校园故意伤害类事故中的损害赔偿	4		
		能够及时发现校园性侵害、校园欺凌等行为，并进行合理的防范与处置	4		
		能够正确防范与处置校园非法入侵、校园滋扰、校园绑架、校园抢劫、校园盗窃等其他校园故意伤害类事故	4		
能力评价 30%	检索能力	熟练应用多种信息检索方法	10		
	实践能力	精心设计模拟剧本，认真进行模拟表演	10		
	探索创新能力	在实践过程中有新的想法或思路，有自主探究学习的意识	10		
成果评价 30%	时间观念	按时完成实践任务	5		
	模拟剧本	情节合理且能真实反映实际情况	10		
	模拟表演	表演生动，无忘词等现象	5		
		应急处置正确、有效	10		
合计			100		
总评	自评（30%）+师评（70%）=		教师（签名）：		

项目九

自然灾害类事故的管理

导语

自然灾害类事故包括但不限于地震、飓风、洪水、泥石流等，具有严重的破坏性，能够瞬间摧毁建（构）筑物、中断交通通信，造成巨大的人员伤亡和财产损失。学校可通过了解自然灾害类事故的防范与处置，加强自然灾害预警和应急管理体系的建设，提高师生的防灾意识和应对能力，确保在灾害发生时能够迅速、有序地采取行动，从而减轻灾害带来的影响。

学习目标

知识目标

- 了解自然灾害类事故的管理。
- 了解洪水灾害的基础知识及其防范与处置。
- 了解地震灾害的基础知识及其防范与处置。

技能目标

- 能够根据实际情况对洪水灾害进行合理的防范与处置。
- 能够根据实际情况对地震灾害进行合理的防范与处置。

素养目标

- 培养应急响应能力和决策能力。
- 培养社会责任感，在自然灾害发生后积极参与救援活动，帮助他人共渡难关。

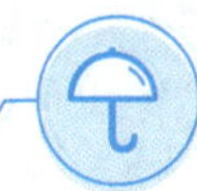

清风实验学校的抗洪救灾工作纪实

2024 年 6 月 19 日，广西壮族自治区桂林市遭遇持续强降雨天气，防汛形势严峻。清风实验学校收到洪水红色预警后，迅速启动了防洪应急预案，召开学校防汛工作会议，落实防范措施，众志成城抵御洪水。

一、加强家校联动，维护师生安全

6 月 19 日中午，学校发布停课通知，向学生和家长告知停课要求，教育引导家长履行监护人职责，树立安全防范意识，实时掌控学生的在家情况。

二、提前做好防备，确保校产安全

6 月 19 日下午，学校组织全体教师将一楼办公室及教室内的贵重物品转移到二楼办公楼或教室内最高处，并做好应急值守。

三、加强部门协同，确保信息畅通

6 月 19 日晚上，学校联系桂林气象台、叠彩区应急管理局等部门，建立信息共享机制，及时关注气象、水情，以及社区情况，确保信息畅通。

四、发挥党建引领，开展志愿服务

6 月 20 日下午，学校组织教师、党员志愿者、家长志愿者等到学校开展志愿服务活动。他们齐心协力，抢救学校财产，清理教室、办公室等场所，恢复校园整洁，为学校复课复学做准备。

五、加强安全排查，确保师生安全

6 月 21 日，学校加强排查电气设备、燃气设施、排水设施等方面的安全隐患，特别是洪水浸泡后的食堂、教学楼、围墙等，确保不漏一处风险、不留一处隐患，防止发生次生灾害。

六、做好卫生防疫，加强防疫教育

6 月 22 日，学校组织有关单位对教室、办公楼、食堂、操场等场所进行全面消毒，并利用学校公众号、教师群、家长群广泛宣传防疫知识，提高师生及家长的防疫意识。

七、开展部门联动，确保校园复学

6 月 23 日，学校联合叠彩环卫站、城市管理局协助清理校园垃圾，联合桂林供电局检查校园电气设备，联合桂林市疾病预防控制中心检查水源质量，共同为学校顺利复学保驾护航。

八、提供心理关怀，重建心灵家园

洪水退却后，学校开展了心理健康教育和心理咨询活动，帮助师生克服灾情恐慌心理，树立积极向上的健康心态，以更加饱满的热情积极投入到教育教学和学习生活中去。

（资料来源：卫文俊，《党建引领抗洪护校 众志成城全力以“复”——桂林市清风实验学校抗洪救灾工作纪实》，桂林市清风实验学校微信公众号，2024 年 6 月 23 日）

思考：如何评价清风实验学校的做法？你认为学校应如何应对洪水灾害？

任务一 了解自然灾害类事故的管理

一、自然灾害类事故的影响

自然灾害类事故具有高度的突发性和不可预测性，影响广泛且破坏力巨大。在校园内，自然灾害类事故的影响如下。

（一）对学生的影响

自然灾害类事故对学生的影响主要涉及以下几个方面。

1. 安全和健康

地震、洪水、泥石流等自然灾害类事故，可能对学生的安全构成直接威胁，造成其身体受伤甚至死亡。同时，灾害后环境恶化，长时间的停电、停水、食物短缺等也可能对学生的健康产生不良影响，增加其感染疾病的风险。

2. 情绪和心理

自然灾害类事故常常会引发学生的恐慌、无助、焦虑、绝望等情绪。这些负面情绪不仅会导致即时的生理反应，如失眠、食欲下降等，还可能演变为长期的心理问题。特别是对于那些亲身经历或亲眼看见自然灾害的学生来说，他们可能会患上创伤后应激障碍，严重影响其心理健康发展。

3. 学业和成绩

自然灾害类事故可能导致学校停课或临时关闭，直接打断了学生的正常学习节奏，这会影响他们的学业和成绩，使他们花费额外的时间和资源来弥补学习上的损失。即使学校恢复正常运作，学生也可能需要花费大量时间来适应新的学习环境，如新的教室、教师或教学方法等，这无疑给他们的学业增添了额外的压力。

（二）对学校的影响

自然灾害类事故对学校的影响主要涉及以下几个方面。

1. 基础设施

自然灾害类事故可能对学校的基础设施造成重创，包括校舍、操场、实验室，以及电力、水力、网络等。基础设施的破坏不仅直接影响了学校的正常运作，还可能带来严

重的安全隐患。对此，学校需要投入大量的人力、物力、财力等进行灾后重建或修复。

2. 教学质量

自然灾害类事故可能导致学校教学计划的中断或更改，如重新安排课程、考试等，影响教学工作的连贯性和系统性，从而影响整体的教学质量。此外，灾后恢复期间，教材、教学设备等教学资源的短缺，也会对教学质量造成一定的影响。

3. 声誉和形象

自然灾害类事故发生后，学校如果不能迅速、有效地应对和处置灾害带来的问题（如恢复进展缓慢、恢复效果不好等），极易引发家长和社会的质疑和不满，进一步影响学校的声誉和形象。

二、自然灾害类事故的防范

为了减轻自然灾害类事故的影响，学校应采取以下防范措施。

（一）建立健全自然灾害预警制度

学校应加强与当地气象、地震、水利、海洋等部门的沟通与合作，建立健全自然灾害预警机制，及时获取自然灾害的预警信息和实际情况。

接收到自然灾害预警信息后，学校应立即启动应急响应程序，通过校园广播、短信、应用程序等多种方式向师生传递预警信息，提醒师生注意安全。同时，学校还应根据预警信息的严重性和紧急程度，灵活采取预防措施，必要时可以自行调整上课时间、停课、将学生转移到安全场所上课等，确保师生的生命安全和身心健康。

知识拓展

灾害性天气与预警信号

2004 年 8 月，中国气象局公布了《突发气象灾害预警信号及防御指南》（以下简称《指南》），将灾害性天气分为台风、暴雨、高温、寒潮、大雾、雷雨大风、大风、沙尘暴、冰雹、雪灾、道路积冰等 11 类。为直观反映灾害的严重性和紧急程度，《指南》将预警信号划分为 4 级，并依次采用蓝色、黄色、橙色和红色代表一般、较重、严重和特别严重 4 个等级。

《指南》不仅明确了各级预警信号的标准，还对每一类、每一等级的灾害性天气制订了普遍性的防御指南。此外，由于不同省份在气象条件与灾害特征上存在差异，部分省份还结合本省气象灾害的实际情况制订了本省的防御指南，使之更加贴合地方要求。

（二）提高基础设施的防灾抗灾能力

为了提高基础设施的防灾抗灾能力，学校应注意以下几点。

（1）在新建、改建、扩建基础设施时，学校应邀请专业机构进行自然灾害危险性评估，在选址时避开自然灾害高危地区，从根本上降低灾害风险。

（2）学校应对校舍实施全面的抗震、抗风、防水等加固工程，特别是校舍位于易受灾区域或历史上有过自然灾害记录的区域，应确保其在自然灾害发生时能够保持稳定，保障师生安全。

（3）学校应在校园内合理规划并建设防洪堤坝、疏散通道、避难场所等，确保在自然灾害来临时为师生提供必要的保护和救助。

（4）学校应加强校园排水系统的建设和维护，确保在暴雨等灾害天气下排水顺畅，减少内涝风险。

（三）加强校园安全隐患排查

学校应加强校园安全隐患排查，定期检查校舍、电气设备、安全设施等，并重点检查抗震性能、防雷设施等方面的问题，及时发现并消除校园安全隐患。

对于可立即消除的安全隐患，学校应迅速整改；对于难以立即消除的安全隐患，学校应先采取一定的防范措施，再及时以书面报告形式向上级主管部门报告，寻求支持，以彻底消除隐患。

（四）制订自然灾害应急预案

为了提高应急管理能力，减少自然灾害造成的损失，学校应根据实际情况制订详细的自然灾害应急预案，明确应急响应流程、应急组织机构及其职责、资源调配、应急联系方式、灾后救助与恢复重建等关键信息，确保在自然灾害发生时能够迅速、有效地响应，保证救灾工作有序进行。

（五）加强自然灾害教育与培训

学校应通过课堂教育、知识讲座、宣传栏、宣传册、校园广播等多种方式，向师生普及自然灾害防范知识和技能，提高师生的防灾意识和能力。此外，学校还应针对不同类型的自然灾害，组织师生进行专门的应急演练和技能培训，如地震逃生、洪水自救等，确保师生在自然灾害来临时能够迅速、有序地采取应对措施，有效减轻自然灾害带来的伤害和损失。

经典案例

绘画科普进校园　防灾避险记心中

校园是学生接受防灾减灾教育的重要场所之一。2023 年 10 月 13 日是第 34 个国际减灾日，福建省南平市建阳区西门小学举办了“童心绘气象 普查进校园”绘画比赛，以增强师生的防灾减灾意识。

一幅幅生动的图画，主题鲜明，想法新奇、大胆，展现了学生储备的气象知识、防灾避险知识和自救互救知识，如图 9-1 所示。水彩的柔美、版画的深刻、素描的细腻，多种艺术手法的融合，不仅让作品本身更具观赏性和感染力，也使防灾减灾教育变得更加生动有趣。

图 9-1　学生的比赛作品

（图片来源：南平市应急管理局）

通过这场绘画比赛，西门小学成功地向学生普及了暴雨、冰雹等常见自然灾害的防灾避险知识，激发了他们探索自然、关爱生命的热情。在创作过程中，学生们不仅加深了对气象灾害的认识，还学会了如何应对自然灾害，为构建安全、和谐的校园环境贡献自己的力量。

（资料来源：黄少雯、吴佳佳，《南平市建阳区西门小学：绘画科普进校园 防灾避险记心中》，人民网，2023 年 10 月 16 日）

（六）强化应急物资储备和应急队伍建设

学校应根据实际情况和可能面临的自然灾害，储备足够的应急物资，包括食物、饮用水、急救药品、应急工具（如手电筒、备用电池、简易通信设备）等，并对其数量和质量进行定期更新和检查，以应对自然灾害发生后的紧急需求。此外，学校还应组织和培训应急救援队伍，包括教职工和学生志愿者，以协助开展应急处置和救援工作。

三、自然灾害类事故的处置

（一）应急转移

自然灾害类事故发生后，为了减少人员伤亡和财产损失，学校应将受到威胁的师生和重要财产（如教学设施设备）紧急转移到安全地带。在进行应急转移时，学校应做到以下几点。

（1）及时决策，不能因为怕担责任而延迟不决，错失最佳转移时机。

（2）有计划、有组织地转移，以免在混乱中造成更大的人员伤亡和财产损失。

（3）选择合理的转移路线、转移地点，以免遭遇更大的风险或困难。

（4）积极争取公安、消防、交通、卫生等相关部门的协助与支持，确保转移工作的顺利进行。

（二）紧急抢救

学校在紧急抢救时应做到以下几点。

1. 坚持“救人第一”的原则

学校必须始终将师生的生命安全置于首位，确保所有救援行动均围绕“救人第一”的原则展开。需要强调的是，学校不能组织学生参与任何形式的抢救工作，以保障他们的绝对安全。

2. 合理安排抢救工作

学校应合理安排抢救工作，明确责任分工，确保救援工作迅速有序。必要时，学校应请求公安、专业救援组织、医疗机构、交通、电力、通信等相关部门的支援，形成救援合力，共同应对灾害挑战。

（三）灾情传送

学校向上级主管部门报告灾情时应做到以下几点。

1. 及时

学校应及时向上级主管部门报告灾情信息，包括自然灾害类型、受灾地点、受灾范围、受灾程度等，确保相关部门在第一时间了解灾情，为其决策提供及时、全面的参考依据。

2. 如实

学校必须严格遵守法律法规和应急管理制度，确保所有灾情信息的真实性和准确性，坚决杜绝任何形式的瞒报、漏报或谎报，以保障救援资源的有效配置与利用。对于瞒报、漏报、谎报灾情等渎职行为，学校应依法追究相关人员的责任。

3. 公开

学校应通过各种途径，如官方网站、新闻发布会、社交媒体等，向社会公开灾情信息，确保公众了解灾情的进展情况和救援情况，增强社会各界对救援工作的信任与支持。

（四）安顿师生

学校在安顿师生时，应确保他们的基本生活和心理健康得到妥善保障。

1. 安置师生生活

学校应及时了解师生的生活需求和困难，并据此调配和发放帐篷、饮用水、食物、衣物等基本生活物资。必要时，学校可与政府、社会组织和慈善机构建立联系，争取更多的资源支持，为长期恢复做好物资准备。

2. 安定师生心理

学校应及时安抚师生的情绪，并邀请专业的心理医生为师生提供灾后心理疏导服务。对于孤儿、残疾学生及受灾严重的师生群体，学校应给予他们更多的关注和帮助，确保他们得到充分的情感支持。

（五）安定秩序

学校应及时安定秩序，保障师生的人身安全，以尽快恢复正常的教学工作。

（1）维持校园治安秩序。学校应采取一系列措施，如完善监控系统、加强门禁管理、启动校园安防体系等，防止社会闲散人员趁机到校园进行打砸抢等违法犯罪活动。

（2）防控公共卫生风险。学校应对校园环境进行全面消毒，并向师生宣传防灾减灾知识和健康防护知识，预防灾后传染病的传播与蔓延。

任务二 防范与处置洪水灾害

一、洪水灾害概述

洪水灾害是指江、河、湖、海等水体的水量迅猛增加，导致水位急剧上涨并超过常规或防洪设施所能承受的水位，进而对人类的生产生活、生命财产及生态环境造成危害与损失的现象。洪水灾害是世界上最严重的自然灾害之一，对人类社会的生存和发展构成了直接且重大的威胁。

（一）洪水灾害的原因

洪水灾害的原因复杂多样，主要包括自然因素和人为因素。

1. 自然因素

自然因素是多方面的，包括气象因素、地形因素、地质因素等。这些因素相互作用、相互影响，最终导致洪水灾害的发生。

1）气象因素

（1）暴雨。暴雨是导致洪水灾害的主要气象因素。当降雨强度超过土壤和地表的吸水能力时，多余的雨水就会形成地表径流，迅速汇入河流、湖泊等水体，导致水位急剧上涨，超出堤坝等防洪设施的承受能力，从而引发暴雨洪水。这类洪水是中国最常见、分布最广、危害最大的洪水。

知识拓展

暴雨预警信号

（1）暴雨蓝色预警信号：未来 12 小时内降雨量将达 50 毫米以上或已达 50 毫米以上，且降雨可能持续。

（2）暴雨黄色预警信号：未来 6 小时内降雨量将达 50 毫米以上或已达 50 毫米以上，且降雨可能持续。

（3）暴雨橙色预警信号：未来 3 小时内降雨量将达 50 毫米以上或已达 50 毫米以上，且降雨可能持续。

（4）暴雨红色预警信号：未来 3 小时内降雨量将达 100 毫米以上或已达 100 毫米以上，且降雨可能持续。

（2）融雪和融冰。在高纬度地区或高山地区，春季气温回升会导致积雪和冰川融化，使大量融水迅速汇入河流，从而引发融雪洪水或融冰洪水。这类洪水通常发生在春季或夏季，具有季节性和周期性。

（3）冰凌。在河流封冻和解冻的过程中，冰块可能堆积形成冰坝而阻塞河道。一旦冰坝溃决，大量冰水和融水会迅速下泄，从而形成冰凌洪水。这类洪水主要发生在初春，特别是当气候转暖、冰块融化时。

（4）风暴潮。在强风作用和气压骤变等恶劣天气的影响下，海平面异常升高，导致海水倒灌，从而形成风暴潮洪水。风暴潮洪水会给沿海地区带来较大的威胁。

2）地形因素

地势低洼、排水不畅的地区，以及地形陡峭的山区，一旦遭遇强降雨，容易形成积水或山洪，进而演变成洪水灾害。

3）地质因素

地质结构不稳定的地区容易发生地质变动，如断层、滑坡等，进而引发洪水。

2. 人为因素

人为因素在很大程度上增加了洪水发生的风险和灾害的严重程度，主要体现在以下几个方面。

（1）破坏森林植被。破坏森林植被不仅削弱了土壤保持水分的能力，还使雨水更容易形成地表径流，增加了洪水发生的概率和规模。

（2）围湖造田。围湖造田降低了湖泊的蓄洪能力，增加了下游河道的流量和流速，加剧了洪水灾害的风险。

（3）非法侵占河道。非法侵占河道严重阻碍了河流的自然流动，降低了河道的排洪能力，使洪水更容易泛滥成灾。

（4）防洪设施标准偏低。部分地区的防洪设施年久失修、标准偏低，无法有效抵御洪水的侵袭，增加了洪水灾害的破坏力。此外，部分城市的排水设施老化、排水能力不足，遇到强降雨时也容易出现内涝现象。

小试牛刀

有人说："面对洪水灾害，人类什么都做不了。"你认同这种看法吗？说说你自己的想法，并与同学们讨论。

（二）洪水灾害的特征

1. 季节性

洪水灾害具有一定的季节性，多发生在夏季和秋季，这个时期被称为汛期。每年汛期的到来有一定的规律，主要取决于雨带的南北位移和秋季频发的台风暴雨。

2. 地域性

洪水灾害具有明显的地域性。由于不同地区的气候、地形、水文等自然条件是不同的，各地洪水灾害发生的频率、强度、影响范围等也存在显著差异。例如，河流中下游平原地区地势低洼、排水不畅，是洪水灾害的高发区。

3. 突发性

洪水灾害具有突发性，通常在较短时间内发生，留给人们的预警时间相对较短。尤其是短时强降雨造成的山洪、中小河流洪水等，突发性更强。

4. 破坏性

洪水灾害具有较大的破坏性，可以瞬间摧毁房屋、道路、桥梁等基础设施，还可能直接威胁到人们的生命安全。此外，洪水灾害还可能引发山体滑坡、泥石流、疫病等次生灾害，形成灾害链效应，进一步加剧灾害损失。

5. 长期性

洪水灾害的影响远不止于灾害发生时，还会长期影响经济社会的发展。这种长期影响要求防灾减灾工作不仅要关注短期内的抢险救援，还要重视灾后的恢复和重建规划。

（三）洪水灾害的级别

洪水灾害可以根据其影响和严重程度划分为以下 4 个级别。

1. 特别重大洪水灾害

特别重大洪水灾害是罕见且极其严重的洪水，可能造成灾害发生区域 30 人以上死亡、100 万元以上财产损失。其特点包括以下几个方面。

（1）某个流域发生特大洪水。

（2）多个流域同时发生大洪水。

（3）大江大河干流重要河段堤防发生决口。

（4）重点大型水库发生垮坝。

2. 重大洪水灾害

重大洪水灾害会对人们的生命和财产造成严重影响，可能造成灾害发生区域 10 人以上、30 人以下死亡，或 10 万元以上、100 万元以下财产损失。其特点包括以下几个方面。

（1）一个流域发生大洪水。

（2）大江大河干流一般河段及主要支流堤防发生决口。

（3）一般大中型水库发生垮坝。

（4）预报超强台风登陆或严重影响我国。

3. 较大洪水灾害

较大洪水灾害会对人们的生命和财产造成一定影响，可能造成灾害发生区域 3 人以上、10 人以下死亡，或 10 万元以上、100 万元以下财产损失。其特点包括以下几个方面。

（1）一省（自治区、直辖市）发生较大洪水。

（2）大江大河干流堤防出现重大险情。

（3）大中型水库出现严重险情或小型水库发生垮坝。

（4）预报强台风登陆或严重影响我国。

4. 一般洪水灾害

一般洪水灾害大都不会对人们造成严重威胁，可能造成灾害发生区域人员受伤，或 10 万元以下财产损失。其特点包括以下几个方面。

（1）多个省（自治区、直辖市）同时发生一般洪水。

（2）大江大河干流堤防出现险情。

（3）大中型水库出现险情。

（4）预报热带风暴、强热带风暴、台风登陆或影响我国。

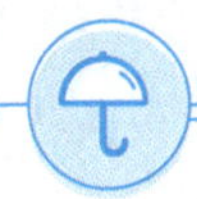

安全贴士

结合我国的江河防洪能力，洪水等级可根据重现期（某量级的洪水在长时期内出现的频率）进行如下划分：重现期在5年以下的洪水为一般洪水；重现期在10年至20年的洪水为较大洪水；重现期在20年至50年的洪水为大洪水；重现期超过50年的洪水为特大洪水。

二、洪水灾害的防范

为了减轻洪水灾害对校园的影响，学校应采取以下防范措施。

（一）建立健全洪水灾害预警机制

学校应与当地气象部门合作，建立健全洪水灾害预警机制，及时获取最新的气象预报和洪水预警信息。同时，学校还应通过校园广播、通信工具等，向全体师生传递信息、通报情况，确保他们能够提前做好准备。

（二）修建和加固防洪设施

学校应修建和加固防洪设施，提高防洪抗洪能力。特别是位于洪水易发区域的学校，更应加大防洪设施的修建和加固力度，如优化和完善排水系统、设置防洪堤、加固附近河堤等，以减少洪水灾害对校园的直接影响。

（三）深化防洪隐患排查工作

学校应全面深化防洪隐患的排查工作，做好以下几点。

（1）重点检查校舍的屋顶是否漏水、墙体是否淋雨、排水设施是否畅通、电气设备是否符合规定等，一旦发现问题要设立警示标志并及时维修，消灭安全隐患。

（2）在自然资源、水务等部门和当地政府的协助下，仔细摸排校园周边环境，特别是加强对临近易滑坡山体、河道的监测，防止因洪水灾害造成的滑坡、塌方等次生灾害。

（3）重点检查校园内的电线杆、大型树木、悬空指示牌等，防止其在大风、暴雨中倾倒或坠落，砸伤师生。

（四）制订防洪应急预案

学校应制订切实可行的防洪应急预案，明确各部门职责，确保师生在洪水灾害发生时能够迅速、有序地采取行动，保障自身安全。

（五）加强防洪教育与演练

学校应充分利用各种渠道，如班会、专题报告、安全讲座、校园媒体等，对师生进行防洪安全知识的宣传教育，教导师生如何识别洪水预警信号，提高师生的安全防范意识和自救互救能力。同时，学校还应定期开展防洪安全演练，使师生熟悉安全疏散的路线，提高他们应对洪水灾害的能力。

知识拓展

洪水预警信号

（1）洪水蓝色预警信号（满足下列条件之一，下同）：水位（流量）接近警戒水位（流量），洪水重现期接近5年。

（2）洪水黄色预警信号：水位（流量）达到或超过警戒水位（流量），洪水重现期达到或超过5年。

（3）洪水橙色预警信号：水位（流量）达到或超过保证水位（流量），洪水重现期达到或超过20年。

（4）洪水红色预警信号：水位（流量）达到或超过历史最高水位（最大流量），洪水重现期达到或超过50年。

（六）储备防洪救灾物资

学校应认真储备必要的防洪救灾物资，以更好地应对洪水灾害。常见的防洪救灾物资如表9-1所示，学校可根据实际情况进行合理配置与定期更新。

表9-1 常见的防洪救灾物资

防洪救灾物资	具体物资
抢险救灾工具类	麻绳、铁锹、沙袋、水泵、抽水机、挖掘机（如有条件）、发电机等
个人防护装备类	安全帽、防护服、手套、防护靴、救生衣等
照明设备类	手电筒、头灯、应急照明灯等
通信设备类	对讲机、卫星电话、手机充电设备等
生活物资类	食物、饮用水、急救包、帐篷、睡袋、防潮垫等

三、洪水灾害的处置

洪水灾害发生时，学校各部门应密切协作，保护师生安全，尽可能减少洪水灾害可能带来的影响。一般来说，学校应采取以下处置措施。

（一）分析洪水预警信息

在接到洪水预警信息后，学校应做到以下几点。

（1）核实预警信息。学校应及时核实预警信息，确认其准确性和时效性，避免误传失实或过时信息引起不必要的校园恐慌。

（2）进行风险评估。核实无误后，学校应进行风险评估，详细分析预计的降雨量、持续时间、洪水到达时间、可能的水位高度等关键数据，并据此综合评估洪水灾害对校园的威胁程度。

（二）启动防洪应急预案

确定洪水灾害对校园的威胁程度后，学校应做到以下几点。

（1）启动预案。学校应立即启动防洪应急预案，确保所有相关部门和人员明确自己的职责、行动步骤等。

（2）信息通报。学校应及时启动校园警报系统，通过广播、短信等多种方式向全体师生发布洪水预警的重要信息，并告知师生具体的疏散路线、安全避难场所位置、个人防护措施等，确保师生能够充分理解并迅速采取行动。

（三）组织师生迁移或撤离

学校应根据防洪应急预案，组织师生进行有序迁移或紧急撤离。在迁移或撤离的过程中，学校应做到以下几点。

发生洪水时，如何自救

（1）定时清点人数。学校应设立明确的清点机制，每当师生队伍到达一个新的安全区域或集合点，就用手持计数器、点名册或电子点名系统，统计在场人数。对于未到达的师生，学校应及时追踪，明确其位置和安全状况。

（2）优化疏散路线。学校应随时勘察、了解潜在的障碍物、积水区域等，确认疏散路线的安全性，必要时应使用路障、警示灯或临时标志来引导师生绕开危险区域。

（3）关注特殊人群。学校应格外关注特殊人群，提前准备必要的辅助设备，如轮椅、担架等，并安排专人负责陪同与引导，确保他们能够安全、快速地撤离。

（四）组织抢险救灾

在安置好师生后，学校应组织抢险队伍进行抢险救灾工作，包括实施水利工程抢险（加固堤防、疏通排水管道等）、堵复决口（用沙袋、土石料等物资构筑临时堤坝，或用挖掘机、装载机等专业设备进行快速封堵作业）等，以确保校园及其周边地区免受洪水灾害的影响。

（五）做好灾后恢复工作

洪水灾害过后，学校应做好以下灾后恢复工作。

（1）上报灾情。学校应组织人员对受灾情况进行调查、评估、统计，包括人员伤亡、房屋倒塌、设施毁坏等，然后上报给上级主管部门，寻求支持和协助。

（2）清理校园。学校应根据受灾情况组织人员开展校园环境清理工作，彻底清除淤泥、垃圾等废弃物，恢复校园环境。同时，学校还应全面检修损坏的设备，确保校园设施安全可用。

（3）恢复生活。学校应供应食物、饮用水等生活必需品，保障受灾师生的基本生活，并尽快恢复供水、供电、供气等，为恢复校园生活做准备。

（4）卫生防疫。学校应加强校园卫生防疫工作，监测水源、食物等卫生状况，并对师生进行健康检查，预防传染病的传播与蔓延。

（5）心理援助。学校应提供心理援助服务，帮助受灾师生缓解心理压力，恢复心理健康。

（6）总结反思。学校应对洪水灾害的处置进行全面回顾和总结，提炼成功经验，反思不足之处，并据此修订和完善原有的应急预案，进一步提升学校应对洪水灾害的能力和水平。

经典案例

筑牢安全防线，守护师生安宁

为确保师生安全和校园财产安全，山东省临沂市兰陵县东苑高级中学特制订了以下防洪应急处置流程。

（1）及时报告灾情。值班人员发现洪水危及师生安全和校舍安全时，应及时向自然灾害事故应急领导小组汇报。

（2）迅速响应与启动预案。自然灾害事故应急领导小组接到值班人员汇报后，应立刻核实灾情，确认无误后启动应急预案。

（3）对外通报与协作。学校应及时向有关部门报告具体情况，争取外部支持与协作，避免不必要的人员伤亡。

（4）开展防洪工作。应急领导小组应根据实际情况开展防洪工作，如组织师生迁移或撤离、执行紧急抢险任务等。

（5）强化值班制度。汛期期间，学校应安排值班人员24小时值班，并要求值班人员坚守岗位，不离岗、脱岗、代岗。

（6）校园安全检查与防护。学校应及时检查校舍和校园环境，封堵、关闭危险场所，停止开展各项活动，同时做好避险看护工作，防止学生擅自行动。

（7）灵活调整教学安排。汛期期间，学校可视情况灵活调整教学计划，并要求家长亲自接送学生。

（资料来源：兰陵县东苑高级中学，《兰陵县东苑高级中学洪涝灾害事故现场应急处置方案》，兰陵县人民政府网，2024 年 5 月 15 日）

任务三　防范与处置地震灾害

一、地震灾害概述

地震灾害是指由地震引起的地面强烈震动及伴生的地面裂缝和变形，使各类建（构）筑物倒塌和损坏，交通、通信中断，其他基础设施（如供水、供电系统）瘫痪，以及由此引起的火灾、爆炸、疫病、有毒物质泄漏、放射性污染、场地破坏等造成人员伤亡和财产损失的现象。

（一）地震的原因

地球可分为 3 层，由内至外分别是地核、地幔、地壳。其中，地壳并不是一块完整的岩石，而是由大小不等的板块相互镶嵌组成的。这些板块时刻处于动态变化之中，由此产生的内力作用，使地壳岩层变形、断裂、错动，最终引发地震。

（二）地震灾害的特征

1. 突发性和不可预测性

地震灾害的突发性和不可预测性是其最显著的特点之一。一般来说，从地震波的产生到传递至地面造成破坏，这个过程可能只有几分钟甚至几秒钟。尽管科技不断进步，但地震的精确预测仍然是全球科学界面临的一大难题。人们虽然无法准确预测地震发生的时间、地点、震级，但通过观察地震来临前的一些前兆现象，可以提高警惕，做好应急准备。

地震前兆

地震来临前会出现一些异常现象，人们将这类现象称为地震前兆，如表 9-2 所示。

表 9-2　地震前兆

前兆	具体现象
地下水异常	井水或泉水发浑、冒泡、升温、变色、变味、水位突升或突降等
动物异常	冬蛇出洞、鱼跃水面、猪牛跳圈、鸡飞狗跳等
气象异常	久旱不雨（或阴雨绵绵）、黄雾四散、日光晦暗、狂风大作、六月飞雪等
地声异常	从地下传来如重车行驶或大风鼓荡的声音
地光异常	出现以红色和白色为主的地光，并呈现带状、球状、柱状、弥漫状等形态
地气异常	出现来自地下的白、黑、黄等颜色（或无色）的雾气，并伴随怪味、声响或高温
地面异常	地面出现鼓包、裂缝、地陷或异常晃动等
电磁异常	家用电器出现异常，如收音机失灵、日光灯自明；电气设备工作出现异常，如微波站异常、无线电广受干扰等

需要注意的是，观察到地震前兆并不意味着地震一定会发生。无论是否观察到地震前兆，人们都应提高警惕，并采取相应的防震措施。

2. 破坏性大

地震波的强烈冲击会破坏建（构）筑物、道路、桥梁等，直接导致人员伤亡和财产损失。此外，地震还会破坏通信、电力、水利等基础设施，严重影响救援工作和灾区人民的生活。

3. 次生灾害严重

地震可能引发火灾、爆炸、疫病、有毒物质泄漏、山体滑坡、地面塌陷、海啸等次生灾害。这些次生灾害的破坏力有时超过地震，对灾区造成二次重创。

4. 持续时间长

地震发生后，有感地震、中强地震等余震往往会持续一段时间，使灾区人民生活在持续的恐惧与不安之中。此外，地震引发的一系列连锁反应，如经济活动停滞、社会结构重组等，也会对该地区甚至整个国家的长远发展造成巨大冲击。

安全贴士

有感地震是指地震级数为 3.0～4.5 级，人能感觉到，但一般不会造成破坏的地震。中强地震是指地震级数为 4.5～6.0 级，可能造成破坏的地震。

5. 影响范围广

地震灾害的影响范围往往非常广泛，可能会对周边地区甚至全球产生影响。例如，海底地震可能会破坏铺设在海底的光缆，进而影响全球通信。

小试牛刀

除了上述几点，地震灾害还有哪些特征？请结合实际举例说明。

（三）地震灾害的分级

地震灾害可以根据其造成的损失分为以下 4 个级别。

1. 特别重大地震灾害

造成 300 人以上死亡，或直接经济损失占该省（自治区、直辖市）上年国内生产总值 1%以上的地震；发生在人口较密集地区 7.0 级以上地震，可初步判断为特别重大地震灾害。

2. 重大地震灾害

造成 50 人以上、300 人以下死亡，或造成一定经济损失的地震；发生在人口较密集地区 6.5～7.0 级地震，可初步判断为重大地震灾害。

3. 较大地震灾害

造成 20 人以上、50 人以下死亡，或造成一定经济损失的地震；发生在人口较密集地区 6.0～6.5 级地震，可初步判断为较大地震灾害。

4. 一般地震灾害

造成 20 人以下死亡，或造成一定经济损失的地震；发生在人口较密集地区 5.0～6.0 级地震，可初步判断为一般地震灾害。

知识拓展

如何大致判断地震级数

地震级数，简称“震级”，是对地震强度大小的一种度量，根据地震释放多少能量来划分。震级每增强 1 级，释放的能量约增加 32 倍。一般来说，地震分为 12 级，人们可以通过以下特征大致判断震级。

1 级地震，人感觉不到震动。

2 级地震，人在高楼才能感到震动。

3 级地震，室内悬挂的物品开始晃动，人在地面的室内能感到震动。

4 级地震，汽车开始晃动，一些木墙或窗框会出现裂缝。

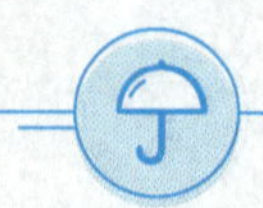

5级地震，容器中的液体会溅出，睡觉的人会被震醒，小物件会移位。

6级地震，墙上悬挂的物品会掉下来，大件家具会移位。

7级地震，人会站不稳，池塘出现水波。

8级地震，一些砖墙会破裂甚至倒塌。

9级地震，建（构）筑物会倒塌，地面出现裂缝，地下水管破裂。

10级地震，水库出现裂缝，桥梁破坏，铁路扭曲。

11级地震，地下水管及排水系统全被破坏。

12级地震，地面全面破坏，巨石也因震动而发生移位。

二、地震灾害的防范

为了减轻地震灾害造成的损失，提高师生抵御地震灾害的能力，学校应在日常工作中树立“防灾第一”的思想，并采取以下防范措施。

（一）设计和加固校舍

学校应在校舍设计、施工阶段充分考虑其抗震性能，采用合理的结构和材料，提高其抗震能力。对于老旧校舍，学校应及时进行抗震加固，如加固梁、柱、墙等承重结构，增强其整体稳定性。

（二）安装地震预警系统

地震预警系统是学校安防体系中不可或缺的一环。一旦探测到潜在的地震威胁，该系统能在第一时间向师生发出预警信号，为他们争取宝贵的逃生时间。

经典案例

地震预警系统走进校园

“呜呜呜——”一阵急促的警报声响，广东省广州市培正中学教室内的多媒体教学屏弹出“地震预警”画面：“地震预计45秒后到达，请立即避险。”学生们在班主任的带领下有序地撤离，迅速抵达学校操场。

2024年3月25日，正值第29个全国中小学生安全教育日，培正中学举办了“防震减灾，平安校园”活动，首次演示了地震预警系统的实际应用。

地震预警系统的核心功能是其快速响应能力与提前告知能力。当地震灾害发生后，距离震中较近的地震台站，在监测到地震波信号后，会马上发出警报，这一预警信息能够迅速传递给距离震中较远的学校，使学校在地震波还未到达之前，立即启动预警系统，以强提醒的方式提醒教室内师生，为大家争取宝贵的逃生时间。

参加此次演练的一名初一同学表示："过去都是从科普课堂中了解地震预警系统，这是第一次在教室里就能看到预警信号，让我瞬间就紧张起来了，也对防震减灾的知识记忆更为深刻。"

（资料来源：许青青，《全国中小学生安全教育日：地震预警走进校园》，中新网，2024 年 3 月 26 日）

（三）加强防震宣传教育

"五字诀"抓实地震科普教育

学校应充分利用课堂教育、宣传栏、校园广播、学校网站、微信公众号等渠道，向师生普及防震知识，提高他们的防震意识和自救互救能力。

知识拓展

地震自救常识

发生地震时，学生应根据自己的实际情况，选择合适的自救方式。

（1）如果发生地震时在街上或在平房里，应迅速跑到空旷的地方避险，尽量不在高大建（构）筑物、立交桥、广告牌下或狭窄的胡同等危险的地方停留，并远离高压线、化工厂、煤气站等设施。

（2）如果发生地震时在楼房中，不要试图跑到楼外，也不要去阳台或窗下躲避，更不要因为慌乱而选择跳楼，而是要及时躲避到两个承重墙之间最小的房间，如厕所、厨房等，或躲在桌子、柜子等家具旁边及房间内侧的墙角，并保护好头部。

（3）如果已经离开房间，千万不要地震一停就立即返回房间取东西。因为第一次地震后，很可能随时会发生余震，其同样会对人们造成很大的威胁。

（4）如果发生地震时在公共场所，不要惊慌乱跑，听从工作人员指挥，就近躲到比较安全的地方。

（5）如果地震后被困在建（构）筑物中，应设法清除压在腹部以上的物体；用毛巾、衣服捂住口鼻，防止烟尘窒息；保存体力，寻找食物和水，维持基本的生存需求；设法用砖石等物品加固自己的生存空间，等待救援。

（四）准备防震应急物资

学校应储备必要的防震应急物资，如应急照明设备、食物、饮用水、急救药品等，以备不时之需。同时，学校还应定期检查和维护防震应急物资，确保其处于良好状态，能够在需要时发挥作用。

（五）制订地震应急预案

学校应结合实际情况，制订详细的地震应急预案，明确应急领导小组的职责、疏散路线、避难场所等，确保在地震灾害发生时，能够高效、有序地开展应急工作，尽可能减少地震灾害造成的损失。

（六）开展防震演练

为了提升师生的地震避险能力，学校每年都要进行至少 1 次防震演练。演练前，学校应确保学生明确自己的逃生路线，确保教师明确自己负责的楼层及职责。演练过程中，各部门要密切配合，确保全体师生快速、有序地从教学楼撤离至安全区域。

经典案例

地震中，这所学校“零伤亡”

2023 年 12 月 18 日凌晨，甘肃省积石山县发生 6.2 级地震。受灾较为严重的积石山县大河家中学校长表示，全校 2 100 余名学生，190 余名教师全都安全，没有出现一例伤亡的情况。

之所以全校上下没有出现伤亡，是因为该学校每学期都会固定安排 1 到 2 次防灾演练，这些演练不仅是“演”，而且是实打实的“练”。不久前，学校专门邀请消防救援人员对全校师生进行了防火防震专项指导。本次地震来袭时学生从宿舍楼撤离至操场的路线，就是当时演练时制订好的路线。

该校长还表示，此前学校普及防震知识，都是通过观看视频和实际演练相结合来进行的。目前，全校师生已基本掌握防震知识，这为他们在紧急情况下自救互救提供了有力保障。

（资料来源：叶珠峰、刘向南，《地震中，这所学校“零伤亡”》，《中国新闻周刊》2023 年 12 月 21 日）

三、地震灾害的处置

地震灾害发生时，学校应采取以下处置措施。

（一）组织师生避震和疏散

在地震发生时，学校应立即组织师生避震和疏散。

（1）地震初发时，当堂教师应迅速引导学生就近避震，躲在课桌下、讲桌下、钢筋混凝土构造柱旁、坚实稳定的大件物体旁，同时提醒学生避开玻璃门窗、悬挂物、易碎物品、危险化学物品等。在这一过程中，当堂教师应保持冷静，有效安抚学生情绪，防止学生因慌乱出现跳楼、翻窗、无序逃逸等危险行为。

（2）地震震动结束后，当堂教师应听从学校应急领导小组的指令，按照紧急疏散方案组织学生撤离。在撤离过程中，各楼层应设立疏导员，由本层第一个疏散班级的当堂教师担任，负责维护本楼层的疏散秩序，防止学生推挤、倒地和掉队。待整栋教学楼内的全部学生撤离后，各层疏导员方可撤离。

（3）在学生转移至安全区域后，学校应立即清点师生人数。其中，学生以班级为单位由当堂教师清点人数，教师以办公室为单位由办公室主任清点人数，后勤、医务、保卫等部门则由其负责人清点人数。清点完毕，所有清点结果应迅速汇总至学校应急领导小组，以便学校及时掌握全体师生的安全状况，为后续应急处置提供依据。

（二）组织现场营救

如果有师生未及时撤离，被困在校舍中，学校应立即组织教职工实施现场营救。

（1）学校应根据校舍内被困人员数量成立营救小组，明确分工。

（2）营救小组进入现场前，应设置警戒范围，确保救援环境安全，然后在当堂教师的指引下，迅速判断被困人员的位置。

（3）在营救过程中，营救小组可采取挖掘、手抬等方式使被困人员脱离险境。若情况复杂，营救小组应及时报告学校应急领导小组，然后向当地政府、教育主管部门请求支援。需要注意的是，营救小组应维持和保护被困人员的生存环境，避免环境破坏对被困人员造成二次伤害。

（4）一旦被困人员被成功救出，学校应组织校医对其进行初步检查和救治，若伤势严重，应立即将其送往附近医院，确保其得到进一步的治疗。

（三）统计并报告灾情

学校最迟不得超过事发后的 30 分钟报告上级主管部门，更不得瞒报、漏报、谎报。通常情况下，上报的内容包括以下几个方面。

（1）灾情信息（时间、地点、规模等），人员伤亡情况（附伤亡名单），校舍破坏情况，次生灾害情况（如火灾、水管破裂等），校园周边道路损坏情况。

（2）救援进展情况及面临的问题。

（3）请求支援及下一步应急工作安排。

（四）协助与善后工作

学校在完成上述应急工作后，还应开展以下协助和善后工作。

（1）当政府相关部门到达现场并负责现场指挥救援工作时，学校应积极配合，做好道路引领、师生安置、师生心理疏导、后勤保障、秩序维护等协助工作。

（2）学校应争取在最短时间恢复正常秩序。教学场地破坏严重的，学校可在安全区域临时搭建校舍、借（租）用房屋等方式尽快恢复教学秩序，确保教育教学的延续性。

（3）学校应根据受灾地区的实际情况，制订重建方案，并在政府的统一领导下，充分利用各类救灾资金，落实学校的灾后重建方案。

项目考核

一、单项选择题

1．洪水灾害的特征不包括（　　）。

A．季节性　　B．温和性　　C．破坏性　　D．地域性

2．导致洪水灾害的人为因素不包括（　　）。

A．破坏森林植被　　B．融雪和融冰　　C．围湖造田　　D．非法侵占河道

3．洪水灾害的防范措施不包括（　　）。

A．建立健全洪水灾害预警机制　　B．储备防洪救灾物资

C．加强防洪教育与演练　　D．启动防洪应急预案

4．下列关于地震灾害的说法，错误的是（　　）。

A．地震灾害可能造成严重的人员伤亡和财产损失

B．根据地震造成的损失，地震灾害可以分为特别重大地震灾害、重大地震灾害、较大地震灾害、一般地震灾害

C．板块运动产生的内力作用，使地壳岩层变形、断裂、错动，引发地震

D．凡是发生地震，一定会造成严重的人员伤亡和财产损失

5．学校最迟不得超过事发后的（　　）报告上级主管部门，更不得瞒报、漏报、谎报。

A．5 分钟　　B．30 分钟　　C．1 小时　　D．2 小时

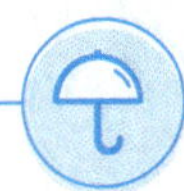

二、多项选择题

1. 自然灾害类事故的处置包括（　　）。

A. 应急转移　　B. 紧急抢救　　C. 灾情传送　　D. 安顿师生

2. 学校向上级主管部门报告的灾情信息包括（　　）。

A. 自然灾害类型　　B. 救灾物资储备　　C. 受灾地点　　D. 受灾范围

3. 洪水灾害过后，学校应做好的灾后恢复工作包括（　　）。

A. 组织人员对受灾情况进行调查、评估、统计，包括人员伤亡、房屋倒塌、设施毁坏等，然后上报给上级主管部门，寻求支持和协助

B. 根据受灾情况组织人员开展校园环境清理工作，彻底清除淤泥、垃圾等废弃物，恢复校园环境

C. 尽快恢复供水、供电、供气等，为恢复校园生活做准备

D. 设置防洪堤坝、避难场所等，确保其在洪水灾害来临时提供必要的保护和救助

4. 地震灾害的特征包括（　　）。

A. 突发性和不可预测性　　B. 破坏性大

C. 次生灾害严重　　D. 影响范围广

5. 下列关于地震灾害的防范措施，说法正确的是（　　）。

A. 学校应校舍设计、施工阶段充分考虑其抗震性能，采用合理的结构和材料，提高其抗震能力

B. 地震预警系统可以准确预测地震发生的时间、地点、震级，为师生争取宝贵的逃生时间

C. 学校应定期检查和维护防震应急物资，确保其处于良好状态，能够在需要时发挥作用

D. 学校应充分利用课堂教育、宣传栏、校园广播、学校网站、微信公众号等渠道，向师生普及防震知识，提高他们的防震意识和自救互救能力

三、判断题

1. 自然灾害类事故发生后，为了减少人员伤亡和财产损失，学校应将受到威胁的师生和重要财产（如教学设施设备）紧急转移到安全地带。（　　）

2. 学校可以组织学生参与校园财产的抢救工作。（　　）

3. 特别重大洪水灾害是罕见且极其严重的洪水，可能导致大规模的人员伤亡和财产损失。（　　）

4. 如果没有观察到地震前兆，则说明不会发生地震，人们不必采取相应的防震措施。（　　）

5．地震可能引发火灾、爆炸、疫病、有毒物质泄漏、山体滑坡、地面塌陷、海啸等次生灾害。这些次生灾害的破坏力有时超过地震，对灾区造成二次重创。 （ ）

四、简答题

1．简述自然灾害类事故的影响。

2．简述自然灾害类事故的防范。

3．简述洪水灾害的防范与处置。

4．简述地震灾害的防范与处置。

项目实践

实践目的

通过策划并模拟防灾演练，深化学生对防灾减灾重要性的认识，使学生了解如何防范与处置自然灾害，掌握防灾知识和自救互救技能。

实践描述

以小组为单位，结合所学知识完成以下任务。

（1）编制防灾演练计划。各小组应明确防灾演练的目标、内容、时间、地点等，并编制详细的防灾演练方案。

（2）宣传教育。各小组通过制作海报、宣传册或短视频等方式宣传防灾知识，普及基本的自救互救技能。

（3）制作演示文稿。各小组根据所编制的防灾演练方案，制作一份演示文稿，然后派出一名代表在课堂上进行汇报。

（4）班级评选。根据各小组代表的汇报情况，结合各小组前期的宣传情况，每人一票，在班级内评选出最完善的防灾演练方案。

（5）模拟防灾演练。全班同学按照评选出的方案进行模拟演练。演练过程要尽可能真实地还原灾害场景，包括警报声、灯光效果等，营造紧张逼真的氛围。

（6）总结。演练结束后，各小组分析演练过程中存在的问题和不足，提出改进措施和建议，不断优化防灾演练方案。

实践准备

全班学生以 6～8 人为一组进行分组，各组选出组长并进行任务分工，然后将小组成员及分工情况填入表 9-3 中。

表 9-3 小组成员及分工情况

<table>
<tr><td>班级</td><td></td><td>组号</td><td></td><td>指导教师</td><td></td></tr>
<tr><td>任务内容</td><td colspan="5"></td></tr>
<tr><td>小组成员</td><td>姓名</td><td>学号</td><td colspan="3">任务分工</td></tr>
<tr><td>组长</td><td></td><td></td><td colspan="3"></td></tr>
<tr><td rowspan="6">组员</td><td></td><td></td><td colspan="3"></td></tr>
<tr><td></td><td></td><td colspan="3"></td></tr>
<tr><td></td><td></td><td colspan="3"></td></tr>
<tr><td></td><td></td><td colspan="3"></td></tr>
<tr><td></td><td></td><td colspan="3"></td></tr>
<tr><td></td><td></td><td colspan="3"></td></tr>
</table>

实践记录

将实践任务的具体完成情况记录在表 9-4 中。

表 9-4 实践任务完成情况记录表

时间和任务安排	实施步骤
	1．明确演练的目标、内容、时间、地点，具体内容如下：
	2．编制详细的防灾演练方案，具体内容如下：
	3．在班级内通过多种方式进行防灾知识的宣传教育，具体内容如下：
	4．根据防灾演练方案，制作演示文稿，要点如下：
	5．班级内评选出最完善的防灾演练方案，具体内容如下：

（续表）

时间和任务安排	实施步骤
	6．模拟防灾演练，要点如下：
	7．根据演练过程中存在的问题和不足，提出改进措施和建议，具体内容如下：
	8．优化防灾演练方案，要点如下：

项目综合评价

指导教师可以根据学生的课堂表现、项目考核情况、项目实践情况对其进行评价。学生配合指导教师共同完成项目综合评价表（见表 9-5）。

表 9-5　项目综合评价表

班级		组号		日期		
姓名		学号		指导教师		
学习成果						
评价维度	评价指标	评价标准	分值	评价分数		
				自评	师评	
素养评价 20%	学习态度	刻苦认真，勇于钻研	5			
	纪律意识	遵守课堂纪律，认真完成课堂作业与课后作业	5			
	互动意识	积极发言，完成课堂互动	5			
	团队精神	尊师爱友，积极合作，团结奋进	5			
知识评价 20%	基础知识	了解自然灾害类事故的影响	5			
		了解洪水灾害、地震灾害的基础知识	5			
	应用知识	掌握洪水灾害、地震灾害的防范与处置	10			

（续表）

<table>
<tr><th rowspan="2">评价维度</th><th rowspan="2">评价指标</th><th rowspan="2">评价标准</th><th rowspan="2">分值</th><th colspan="2">评价分数</th></tr>
<tr><th>自评</th><th>师评</th></tr>
<tr><td rowspan="2">能力评价 20%</td><td>宣传策划能力</td><td>通过多种方式宣传防灾知识，策划防灾演练，最终达到预期的宣传效果</td><td>10</td><td></td><td></td></tr>
<tr><td>自救互救能力</td><td>在自然灾害类事故中能够迅速、有效地保护自己和他人的生命安全</td><td>10</td><td></td><td></td></tr>
<tr><td rowspan="4">成果评价 40%</td><td>时间观念</td><td>按时完成实践任务</td><td>5</td><td></td><td></td></tr>
<tr><td>演示文稿</td><td>清晰流畅、重点突出、详略得当</td><td>10</td><td></td><td></td></tr>
<tr><td rowspan="2">防灾演练</td><td>防灾演练方案内容完善，考虑周全，在班级评选中获得较高评价</td><td>10</td><td></td><td></td></tr>
<tr><td>在防灾演练过程中具有较强的应变能力和团队协作能力，表现较为突出</td><td>15</td><td></td><td></td></tr>
<tr><td colspan="3">合计</td><td>100</td><td></td><td></td></tr>
<tr><td>总评</td><td colspan="2">自评（30%）+师评（70%）=</td><td colspan="3">教师（签名）：</td></tr>
</table>

参考文献

[1] 甄守文．学校安全管理一本通：学校安全工作管理规范与实操指南［M］．北京：中国市场出版社，2019．

[2] 贾水库．校园安全管理［M］．北京：新华出版社，2022．

[3] 雷思明．学校安全管理：律师的建议清单［M］．北京：中国人民大学出版社，2022．

[4] 教育部政策法规司，中国教育科学研究院．学校安全事故预防与处理指导手册［M］．北京：教育科学出版社，2022．

[5] 熊安锋，阳军．校园安全教育［M］．镇江：江苏大学出版社，2022．